Erläuterungen und Dokumente

William Shakespeare
Hamlet

Von Hans H. Rudnick

Philipp Reclam jun. Stuttgart

Shakespeares »Hamlet« liegt unter Nr. 31
in Reclams Universal-Bibliothek vor

Universal-Bibliothek Nr. 8116
Alle Rechte vorbehalten
© 1972 Philipp Reclam jun. GmbH & Co., Stuttgart
Durchgesehene Ausgabe 2001
Gesamtherstellung: Reclam, Ditzingen. Printed in Germany 2001
RECLAM und UNIVERSAL-BIBLIOTHEK sind eingetragene Marken
der Philipp Reclam jun. GmbH & Co., Stuttgart
ISBN 3-15-008116-5

www.reclam.de

Inhalt

Hans Martin Rudolph zum Gedächtnis

I. Texterläuterungen

Die Zahlen am linken Seitenrand beziehen sich auf die Zeilenzählung des englischen Textes der Globe Edition. Geringfügige Abweichungen in der Zeilenfolge sind besonders in den Prosastellen durch syntaktische Notwendigkeiten der deutschen Übersetzung bedingt. Verweise auf Akt, Szene und Zeile beziehen sich ebenfalls auf die Zeilenzählung der Globe Edition. Die in Klammern stehenden Seitenzahlen verweisen auf die Textausgabe in Reclams Universal-Bibliothek.

Erster Aufzug. Erste Szene

(S. 5)

1 ff. Shakespeare hat die ersten Zeilen in Blankversen verfaßt. Schlegels Übersetzung gibt dieses Versmaß nicht wieder.

14 *dieses Bodens:* Dänemarks.
des Dänen: des dänischen Königs.

(S. 6)

29 *Er unsern Augen zeug':* Horatio soll den Eindruck Bernardos und Marcellus' bestätigen.
mit ihr spreche: Bisher haben Horatio und Marcellus nicht gewagt, die Erscheinung anzusprechen. Sie vertrauen darauf, daß der gebildete Horatio den in der Gestalt des Königs erscheinenden Geist in korrekter Form anredet. Vgl. »The Merry Wives of Windsor«, V,5,51; »Macbeth«, IV,1,89.

39 *Indem* (then): als.

(S. 7)

48 *Dänmark* steht für ›dänischen Königs‹, ähnlich I,2,28 (S. 12). 69 (S. 13). 125 (S. 15); IV,3,60. 67 (S. 94).

49 *Weiland* (sometimes): erstarrter Instr. Plur. des femininen Wortes ›Weile‹ mit der Bedeutung ›vormals, einst‹.

61 *Norweg:* der ältere Fortinbras, vgl. I,1,80–86 (S. 7 f.).

62 *dräut':* drohte.

62 *in hartem Zwiesprach* (in an angry parle): bei einem Gespräch zwischen verfeindeten Heerführern.

63 *Aufs Eis ... Polacken* (he smote the sledded Polacks on the ice): Die Polen fuhren demnach auf Schlitten, als es zur Auseinandersetzung kam. Tiecks Lesart: »er seine wuchtige Streitaxt schlug aufs Eis« versteht »pollax« (in Quarto II und Folio I) als ›pole axe‹. Schlegels Lesart erscheint überzeugender und ist heute weitgehend akzeptiert.

64 *schritt ... unsre Wacht vorbei:* transitiver Gebrauch von ›schreiten‹, an ... vorbei.

65 *kriegrisch:* in Kriegsausrüstung. Vgl. I,1,110 (S. 9) *In Waffen.*

68 *Allein ... erachte:* Allein soviel ich jetzt schon weiß.

69 *Gärung* (eruption): Ausbruch, drohendes Unheil.

72 *Den Untertan:* generalisierender Singular.

75 f. *Warum gepresst ... trennt?* (why such impress of shipwrights whose sore task / does not devide the Sunday from the week): Warum werden so viele Schiffbauer eingezogen, deren schwere Arbeitslast den Sonntag vom Werktag zu trennen nicht erlaubt. Schlegel übersetzt hier ziemlich frei.

(S. 8)

89 *So er besaß:* die er besaß; relativer Gebrauch von ›so‹.

97 *Landloser:* Schlegel folgte dem »landless« der Folio. Die Quarto II enthält »lawless« (gesetzlos, unstet).

100 *Herz* (stomach) *hat:* Mut erfordert.

105 *Zurüstungen* (preparations): Vorbereitungen, Wachsamkeit, Aufrüstung.

(S. 9)

108–125 *Nichts anders, denk ich ... und Landsgenossen:* Diese Zeilen fehlen in den Quartos.

112–125 *Ein Stäubchen ist's ... und Landsgenossen:* Die Reihenfolge dieser Zeilen ist umstritten.

113 *palmenreichsten Stande* (palmy state): ein Hinweis auf die triumphale Größe Roms.

114 *Julius:* Julius Cäsar.

115 *schrien:* Die Stimme der Geister wird für schrill und dünn gehalten. Vgl. die »vox exigua« in Vergils »Aeneis«, VI,492 f.; auch »Julius Caesar«, II,2,24.

117 *feu'rgeschweifte Sterne:* Unter den Wunderzeichen, die
Cäsars Tod ankündigten, erwähnt Plutarch Feuerzeichen
am Himmel.
blut'ger Tau: ein oft angeführtes Vorzeichen von Unglück.
Vgl. »Julius Caesar«, II,2,21.

118 *der feuchte Stern:* der Mond. Nach der antiken Wissenschaft war der Mond das feuchte Gestirn, welches Fluten
(Reich Neptuns), Tau und Nebel regierte. Vgl. »Romeo
and Juliet«, I,4,62; »Winter's Tale«, I,2,1; »Midsummer
Night's Dream«, II,1,162.

126 *Ich kreuz es:* Horatio kreuzt den Weg des Geistes, um so
die Aufmerksamkeit der Erscheinung auf sich zu ziehen.

136 *Erpresste* (extorted): unrechtmäßig angehäufte, (den Geist)
beunruhigende.

(S. 10)

146 *boshafter Hohn* (malicious mockery): Das Verhalten der
Wache gegenüber dem Geist könnte beleidigend auf ihn
wirken.

149 *Schreckensruf* (fearful summons): Ladung vor Gericht,
auch vor das Jüngste Gericht.

152 *seine Mahnung:* Der Hahn warnt die Geister vor dem An-
bruch des Tages, denn das Sonnenlicht können die Geister
nach altem Glauben nicht ertragen.

158 *wann:* heutiger Sprachgebrauch: wenn.

162 *trifft kein Stern* (no planets strike): kein plötzliches Her-
einbrechen von Unheil, das von einem bösen Stern verursacht wird. Vgl. »Titus Andronicus«, II,4,14; »Coriolanus«, II,2,117 f.

163 *Kein Elfe faht* (no fairy takes): ›fahen‹ ist eine veraltete und
dichterische Form für ›fangen‹, die nur im Präsens verwendet wurde. Hier: keine Elfe übt ihre Zauberkraft aus. Alle
möglichen Untaten wurden bösen Feen und Elfen zugeschrieben, von körperlicher Züchtigung bis zu Dummheit,
Wahn und Tod. Vgl. »Comedy of Errors«, II,2,194; »The
Merry Wives of Windsor«, V,5,49.

165 *zum Teil:* Horatio spricht mit skeptischer Vorsicht.

168 *aufbrechen:* abbrechen.

(S. 11)

171 *ihm wird er reden* (will speak to him): mit ihm wird er reden.
175 *am bequemsten:* sehr wahrscheinlich.

Zweite Szene

Diese Szene findet noch an demselben Morgen der ersten Szene statt. Besonders zu beachten ist die erste Staatsrede des Claudius und der erste Monolog des Hamlet.

1 *Wiewohl:* obwohl.
5 *Urteil* (discretion): (Selbst-)Beherrschung.
7 f. *uns, Wir:* majestätischer Plural.
8 *weiland Schwester:* einstige Schwester, vgl. Anm. zu I,1,49.
15 *eurer bessern Weisheit* (your better wisdoms): Claudius unterstreicht, daß er den klugen Vorschlägen seiner Berater gefolgt ist.

(S. 12)

22 *Botschaft* (message): durch Boten überreichte Forderungen.
28 *Ohm* (uncle): Oheim, Onkel; erster Wortteil geht auf lat. avus zurück, zweiter Wortteil wahrscheinlich Bezeichnung für Verwandtschaftsbeziehung.
30 *diesem Anschlag* (his nephew's purpose): des jungen Fortinbras' Forderungen.
30 f. *Gang ... hemmen:* Fortinbras soll unter dem Einfluß des norwegischen Königs von seinen Plänen abrücken.
31 *sintemal:* seit dem Mal, seit der Zeit, seit; hier: zumal, da.
33 *seinem Volk:* Anscheinend wurden von Fortinbras norwegische Truppen angeworben.
37 *Zu handeln* (to business): zu verhandeln.
40 *ihn:* den Eifer.
44 f. *Ihr könnt ... verlieren:* Jeder vernünftigen Frage an den König wird Gehör geschenkt.
49 *deinem Vater:* Offenbar schuldet Claudius dem Vater des Laertes (Polonius) für die Wahl zum König Dank.
51 *Vergünstigung* (leave and favour): Erlaubnis und Gunst.

(S. 13)

56 *Und neigt ... Erlaubnis:* Und bittet um Eure gnädige Erlaubnis.

58 *Mir ... abgedrungen* (wrung from me): durch Drängen abgerungen.

60 *Der schwierigen Bewilligung* (my hard consent): Die Zustimmung fiel ihm schwer.

63 *Und eigne Zierde ... Lust:* Schlegel folgt einer falschen Interpunktion. »And thy best graces spend it at thy will«: Und verbringe sie (die Zeit) nach deinem Willen und deinen besten Gaben.

64 *mein Vetter Hamlet und mein Sohn:* Claudius möchte seiner Zuneigung für Hamlet Ausdruck verleihen.

65 *Mehr als befreundet, weniger als Freund:* Schlegel versuchte, in seiner Übersetzung den alliterativen Gleichklang von »a little more than kin, and less than kind« wiederzugeben. Allerdings kommen dabei die vom Dichter implizierten Bedeutungen zu kurz, denn Hamlet bezieht seine Bemerkung auf den vorhergehenden Satz des Königs: *Mein Vetter Hamlet und mein Sohn.* Hamlet modifiziert die Worte des Königs etwa so: »Ja beides, Vetter und Sohn zugleich – ein wenig mehr als normal verwandt und doch nicht ganz so sehr verwandt (freundlich) in meinen Gefühlen zu Euch.« Diese Ausdrucksweise geht auf alte, antithetische Sprichwörter zurück: »The nearer we are in blood, the further we must be from love; and the greater the kindred is, the lesser the kindness must be« (Je näher wir blutsverwandt sind, desto weiter müssen wir uns von körperlicher Liebe fernhalten; je größer die Verwandtschaftsbeziehung ist, desto geringer muß die Zuneigung sein), John Lyly, »Mother Bombie«, III,1. Vgl. auch »Macbeth«, II,3,146 f.

67 *ich habe zu viel Sonne* (I am too much in the sun): Hamlet wehrt sich gegen den Vorwurf, daß noch Wolken über ihm hängen. Er bedient sich geschickt des Wortspiels, indem er durch den Gleichklang von ›sun‹ und ›son‹ sich ebenfalls versteckt dagegen sträubt, von diesem König Sohn genannt zu werden.

69 *Dänmark:* der König von Dänemark, vgl. I,1,48 (S. 7).

72 *gemein* (common): allgemein wahr, Binsenweisheit.

73 *Ew'ges nach der Zeitlichkeit* (through nature to eternity):
   Nach der Zeitlichkeit erfolgt der Eintritt in die Ewigkeit.
74 *gemein* (common): Hamlet bedient sich wieder eines
   Wortspiels.
80 *der ergieb'ge Strom* (fruitful river): Tränen.

(S. 14)

90 *der Nachgelassne* (survivor): der den Vater überlebende
   Sohn.
91 *kindlich* (filial): alte Suffixendung -lich bei Adverbien, bezeichnet die Pflicht des Kindes.
96 *unverschanztes* (unfortified): unbefestigtes, unsicheres.
98 *Wovon ... Gemeinste* (for what we know must be and is
   common): Wir wissen, du mußt auch mal vernünftig sein,
   das ist so normal wie das Vulgäre, das die Sinne belebt.
103 *Predigt* (common theme): Thema, Tenor, Regel, Einsicht.
109 *Dass Ihr ... seid:* Hamlet wird als möglicher Thronfolger
   bezeichnet. Der König drückt hiermit seine ehrlichen Absichten aus, mit Hamlet in Frieden leben zu wollen. Vgl.
   III,2,355–359 (S. 75 f.)
113 *Wittenberg:* Die Universität Wittenberg genoß zu Shakespeares Zeiten in England höchstes Ansehen.
114 *höchlich:* sehr, das Suffix -lich bezeichnete ein Adverb.
115 *beliebt zu bleiben* (bend you to remain): Bitte bleibt.
117 *Als ... Sohn:* Der König wiederholt seine Worte (I,2,64,
   S. 13), die Hamlets bittere Antwort (I,2,65) hervorriefen.
   Hofmann (courtier): Mann am Hofe.
118 *fehl* (let not lose): vergebens.

(S. 15)

124 *Sitzt ... Herz* (sits smiling to my heart): etwa ›bereitet meinem Herzen Freude‹.
127 *anklingt:* anstößt.
129 *feste Fleisch:* Der Text stützt sich hier auf die allgemein ak-
   zeptierte Version der Folio (solid flesh); Quarto II weist
   »sallied flesh« (sündiges, beflecktes Fleisch) auf.
131 *der Ew'ge* (the Everlasting): Gott.
138 *Zwei Mond'* (two months): zwei Monate.
139 f. *der neben ... Satyr* (that was to this / Hyperion to a
   satyr): Shakespeare weist auf die Schönheit des älteren

Hamlet gegenüber der Häßlichkeit des Claudius hin, er vergleicht den früheren König mit dem Titanen Hyperion (Vater des Helios) und Claudius mit dem häßlichen, bocksfüßigen Waldgeist. Hyperion ist hier gleichbedeutend mit Apoll (schönste Gottheit).

144 *der Wachstum:* das Wachstum.

146 *Schwachheit ... Weib!* (frailty, thy name is woman): Hamlet tadelt die ungebührliche Lustbegierde seiner Mutter.

149 *Niobe* beweinte, von Zeus zu Stein verwandelt, den Verlust ihrer zahlreichen Kinder. Herablassend hatte sich Niobe wegen ihres Kindersegens gegenüber Leto gerühmt. Letos Kinder, Apoll und Artemis, straften Niobe mit der Ermordung der Kinder.

(S. 16)

153 *Wie ... Herkules:* Eine ironische Anspielung auf Hamlets Tatkraft und Stärke. Darüber hinaus betont Hamlet den Wankelmut seiner Mutter und den fundamentalen Unterschied zwischen seinem Vater und Claudius.

160 *Euch wohl zu sehn* (to see you well): Euch wohlauf zu sehen.

161 *Horatio ... vergesse?:* Die vorhergehende Zeile war eine allgemeine Begrüßungsfloskel; nun erkennt Hamlet mit Erstaunen seinen Freund Horatio. »Or I do forget myself« ist eine starke Beteuerung im Englischen, die Schlegel fast wörtlich wiedergibt.

163 *vertauscht mir jenen Namen:* Hamlet möchte von Horatio nicht mit Prinz angeredet werden, ebenso sollte Horatio sich nicht als Hamlets Diener bezeichnen, statt dessen sollten sie sich wie gleichgestellte Freunde begegnen.

172 *Ihm:* dem Feind.

180 *Wirtschaft* (thrift): Ein bitterer Hinweis auf die ungebührlich kurze Zeit zwischen Totenfeier und Hochzeitsfest. Shakespeare dramatisiert diesen Gedanken, wenn er einen Teil der Speisen vom Leichenschmaus noch beim Hochzeitsmahl Verwendung finden läßt.

(S. 17)

198 *In toter Stille:* Schlegel folgt dem Text der Quarto II und der Folio (dead waste); die Quarto I weist »dead vast« (unendliche Stille) auf.

200 *in Wehr:* in Rüstung.
204 *So dass ... abreicht* (within his truncheon's length): Der
     Geist ging an Marcellus und Bernardo so dicht vorbei, daß
     sie mit dem Stab, dem Symbol der militärischen Komman-
     dogewalt, hätten berührt werden können.
212 *Hier ... nicht mehr* (these hands are not more like): Mit
     der Beteuerung der Wahrhaftigkeit der Erscheinung drückt
     Horatio ebenfalls seine Bestürzung über den rätselhaften
     und nichts Gutes bedeutenden Grund für das Auftreten
     des Geistes aus.

(S. 18)

237 *glaublich* (very like): wahrscheinlich.
240 *Sein Bart war greis* (grizzled): Sein Bart war grau, vom Al-
     ter gezeichnet.

(S. 19)

245 *gähnt' ... selbst* (though hell itself should gape): Hinweis
     auf die allgemeine Vorstellung des Höllenrachens, ein häu-
     fig benutztes Motiv im Mittelalter. Vgl. Dante, aber auch
     schon im angelsächsischen Cædmon.
254 *so wie meine euch* (as mine to you): so wie meine Liebe
     euch gilt; Hamlet betont wieder seine Freundschaft mit
     Marcellus und Bernardo. Vgl. I,2,162 f. (S. 16); I,5,191
     (S. 33).
255 *Es taugt nicht alles* (all is not well): Etwas stimmt nicht.

Dritte Szene

  3 *Schiffsgeleit* (convoy): Beförderungsgelegenheit.

(S. 20)

  6 *Sitte* (fashion): natürliche Gewohnheit junger Leute.
  7 *Jugend der Natur* (youth of primy nature): Metapher für
     Frühling.
 11 *Natur, aufstrebend* (nature crescent): Gemeint ist das kör-
     perliche Wachstum.
 12 *Sehnen* (thews): in erster Linie Sehnen des Körpers, stehen

für physische Kraft, dann aber auch das Sehnen des Geistes nach Weisheit.

12 *Tempel:* Metapher für Körper. Vgl. »Macbeth«, II,3,73.
14 *wird ... weit mit ihm* (grows wide withal): wächst.
18 *Geburt:* Geburtsadel.
   untertan (subject): unterworfen.
20 *Für sich auslesen:* seine eigene Wahl treffen.
23 f. *Körper ... Haupt:* Metapher für ›Volk‹ und ›Herrscher‹; vgl. die berühmte Fabel des Menenius im »Coriolanus«.
28 *Als Dänemarks ... geht:* als Dänemarks Interesse und Zustimmung reicht.
35 *Schuss und Anfall* (shot and danger): Bereich und Gefahr.
36–42 *Das scheuste Mädchen ... am gefährlichsten:* In diesen Zeilen eine rhetorische Häufung von Bildern der Keuschheit und ihrer Gefährdung.

(S. 21)

37 *dem Monde:* Der Mond ist auch ein Symbol der Keuschheit (Mondgöttin Diana).
39 *Es nagt ... an* (the canker galls the infants of the spring): Der Wurm (in der Blüte) nagt die Kinder des Frühlings (Blüten) an. Vgl. »Twelfth Night« (Was ihr wollt), II,4,114; »Love's Labour's Lost«, I,1,101; »The Two Gentlemen of Verona«, I,1,45 f.
57 *verlangt Euch* (you are stayed for): verlangt nach Euch, wartet auf Euch.
61 *gemein* (vulgar): aufdringlich.
62 *Dem Freund ... erprobt* (those friends thou hast, and their adoption tried): Freunde, die dich schätzen und sich ihrerseits freuen, dich als Freund zu besitzen.
63 *Haken* (hoops): Reifen (mit denen z. B. ein Holzfaß zusammengehalten wird).
65 *neugeheckten* (new-hatched unfledged): frisch geschlüpften, unbefiederten (in bezug auf junge Vögel), hier: neu erworbener, unerprobter (Freund).
66 *Händel* (quarrel): Streit.

(S. 22)

71 *nicht ins Grillenhafte* (not expressed in fancy): nicht zu phantastisch.

77 *der Wirtschaft Spitze* (the edge of husbandry): die Kraft
   der häuslichen Wirtschaft.
92 *Vertraute Zeit* (private time): Zeit unter vier Augen.
93 *Zutritt* (audience): Audienz; Zutritt, den man gewährt.

(S. 23)

102 *Fährlichkeiten* (perilous circumstance): gefährliche Um-
    stände, Situationen.
105–109 *So hört's ... Schaden ein* (Marry, I'll teach you: think
    yourself a baby / that you have ta'en these ten ders for
    true pay / which are not sterling. Tender yourself more
    dearly; / or – not to crack the wind of the poor phrase, /
    running it thus – you'll ten der me a fool): Schlegel über-
    spannt hier den Bogen des Wortspiels mit der Bedeutung
    ›tragen‹. ›Marry‹ war urspr. ein Schwur: »Bei der Jungfrau
    Maria«, hier als Ausdruck empörter Überraschung ge-
    braucht. ›Tender‹ (Zl. 106) bedeutet: Anträge, Angebote; in
    Zl. 107: sich betragen, sich verhalten; in Zl. 109: machen,
    jmd. stempeln zu.
113 *beglaubigt* (given countenance): bekräftigt, bestätigt. In
    dieser Zeile (wie in Zl. 110) verteidigt Ophelia sich ge-
    schickt und respektvoll gegen die Vorwürfe des Vaters.
115 *Sprenkel* (springes): Leimruten (zum Drosselfang). Dros-
    seln standen sprichwörtlich für große Dummheit, es wurde
    sogar behauptet, sie hätten kein Gehirn. Vgl. V,2,317
    (S. 134 *Gefangen in der eignen Schlinge*).
122 f. *schätzt ... bereit zu sein:* Polonius spielt auf den höfi-
    schen Werbungskodex an, demgemäß sich die Frau wie
    eine Festung ihrer Belagerer erwehren muß.

Vierte Szene
(S. 24)

9 *geräusch'gen Walzer* (swaggering up-spring): stolzierenden
  ›Hüpfauf‹. Der Hüpfauf ist ein ausgelassener altdeutscher
  Kehraustanz.
12 *Gebrauch* (custom): Brauch.
22 *Kern und Ausbund* (pith and marrow): eigtl. ›Mark‹, hier
   etwa ›Quintessenz‹.

24 *Naturmal* (mole of nature): natürlicher Fehler, Geburtsfehler.

(S. 25)

35 f. *in dem gemeinen Tadel … mit an* (shall in the general censure take corruption / from that particular fault): So wird bei der allgemeinen Rüge nur der Tadel von jenem besonderen Fehler abgeleitet.

36 *Gran* (dram): ein altes Apotheker- und Edelmetallgewicht. Shakespeare will hiermit die Kleinheit dieses Gewichtes betonen, denn so klein auch etwas Schlechtes sein mag, es erweist sich einem Wert stets abträglich.

39–45 *Engel … gib Antwort!:* Hamlet weiß ebenso wie Horatio, wie ein Geist anzureden ist. Er ist sich der Gefahr bewußt, daß es sich um einen bösen Dämon in der Gestalt seines Vaters handeln könnte. Einen solchen Geist anzureden wäre gefährlich. Daher spricht Hamlet die Erscheinung mit seines Vaters Namen an; ein geschickter Ausweg; denn sollte es sich um einen Dämon handeln, dann hat er die Erscheinung gar nicht direkt angesprochen.

43 *fragwürdig* (questionable): eine eigene Wortbildung Schlegels, heißt soviel wie ›zu einer Frage herausfordernd‹.

44 f. *Hamlet … Dänenkönig:* Die direkte Anrede soll den Geist zur Antwort zwingen.

48 *Leinen* (cerement): Totenkleid, gewöhnlich ein gewachstes Leinentuch, in das der Leichnam gewickelt wurde.

50 *Marmorkiefer* (marble jaws): Die marmorne Deckplatte und die eigentliche Gruft Hamlets d. Ä. werden vom Dichter metaphorisch als verschlingende Beißwerkzeuge gesehen.

52 *in vollem Stahl:* Der Geist kommt wiederum in voller Rüstung.

55 *furchtbarlich* (horridly): furchtbar (alte Adverbialform -lich).

57 *Was sollen wir?* (what should we do?): Was sollen wir tun? Man glaubte, ein wandelnder Geist erwarte von den Überlebenden einen Dienst.

59 *Mit Euch:* an Euch.

(S. 26)

64–67 *Was wäre … unsterblich Ding ist:* Hamlet sorgt sich nicht um sein Leben, denn seiner Seele kann der Dämon nichts anhaben. Shakespeare hält sich durchaus im Rahmen der christlichen Heilslehre.

69–71 *Wie, wenn es … seinen Fuß?:* Bei der Landschaft scheint es sich um einen Felsen zu handeln, der, von der See ausgehöhlt, die Wasseroberfläche überragt.

72–74 *Und dort … Wahnsinn treiben?:* Horatio fürchtet, daß sich der Geist in eine Schreckgestalt verwandelt und so Hamlet zu Wahnsinn und Selbstmord treiben könnte. Vgl. »Macbeth«, IV,6,67–72.

75 *Der Ort … Verzweiflung:* Horatio befürchtet, Hamlet könnte sich von der Klippe ins Meer stürzen. Die elisabethanische Bühne liebte solche Beschreibungen zur weiteren Belebung des Dramas. Vgl. die berühmte Beschreibung der Kreidefelsen von Dover in »King Lear«, IV,6,11–24. *Grillen* (toys): Launen, dumme Gedanken.

77 *Der* (that) *so viel Klafter:* Schlegel bezieht das mehrdeutige Relativpronomen auf ›Ort‹, was durchaus akzeptabel ist.

83 *als Sehnen* (as hardy as … nerve): so fest wie Sehnen. *Nemeer Löwen:* Die erste der zwölf Taten des Herkules bestand in der Tötung des Löwen von Nemea (Tal in Argolis) und der Ablieferung des Fells bei Eurystheus. Keule und Pfeile vermochten dem Tier nichts anzuhaben, Herkules erwürgte das Untier, brachte es auf seinen Schultern zu Eurystheus, der durch den Anblick zutiefst erschreckt wurde.

(S. 27)

87 *Er kommt* (waxes, etymologisch verwandt mit dt. ›wachsen‹): Er gerät.

90 *Staate Dänemarks:* Staat bezieht sich nicht nur auf Dänemark als politisches Gebilde, sondern auch auf die Regierung dieses Staates.

Fünfte Szene

3 *Flammen:* die Flammen des Fegefeuers, wie die Zeilen 10–13 dieser Szene ausweisen.

12 *Verbrechen meiner Zeitlichkeit* (my days of nature): Hamlets Vater hat natürlich keine Verbrechen begangen, aber die Fehler und kleinen Sünden, die jeder im Leben begeht, erscheinen ihm um so schwerwiegender, da er, ohne gebeichtet zu haben, vom Tode überrascht wurde.

14 *Das Innre meines Kerkers* (the secrets of his prisonhouse): Hinweis auf die qualvollen Umstände, unter denen ein Ermordeter ungerächt leben muß.

15 *Kunde* (tale): Klage, Anklage.

17 *deine Augen ... schießen machte:* Shakespeare vergleicht die Augen mit den Gestirnen, die gemäß der ptolemäischen Weltvorstellung sich im Firmament fest verankert um die Erde drehen.

(S. 28)

28 *unerhört* (most foul, strange): verrucht, verwegen.

30 *Wie Andacht ... Gedanken:* Hamlet verleiht seinem brennenden Eifer zur Rache Ausdruck, wenn er seine Reaktion mit der Schnelligkeit und Inbrunst von Gedanken vergleicht.

32 *feiste Kraut* (fat weed): Es scheint sich hier um kein bestimmtes Gewächs zu handeln, sondern eher unterstreicht dieser Hinweis vegetierende Gleichgültigkeit.

33 *Lethe:* Fluß in der Unterwelt.
Bord: Ufer.

34 *Erwachtest:* erwachte deine Empörung.

35 *weil:* dieweil, während.

36–38 *so wird ... getäuscht:* Das dänische Volk weiß nichts von den wahren Umständen, die König Hamlets Tod hervorriefen.

40 *O mein prophetisches Gemüt!:* Hier zeigt sich, daß Hamlet im stillen doch schon Claudius als Mörder verdächtigt hat, obwohl die Reaktion in Zeile 26 dies noch nicht nahelegt.

43 *Durch Witzes Zauber* (witchcraft of his wit) ... : Claudius hat also von langer Hand den Mord geplant.
Witz: Geist.

47 *Abfall* (falling-off): Abwendung, tiefer Fall (von Hamlet d. Ä.).

48 *des Liebe* (whose love): ältere Form für ›dessen Liebe‹.

50 *erniedert* (decline): erniedrigt.

(S. 29)

54 *Buhlt* (court): wirbt.
    Himmelsbildung (shape of heaven): in himmlischer Form;
    in engelhafter Schönheit.
57 *Wegwurf* (garbage): unmoralische Hingabe.
59 *Kurz lass mich sein* (brief let me be): Laß mich schnell noch
    sagen.
61 *meine sichre Stunde* (my secure hour): Der Schlaf wurde
    sicher genannt, weil man glaubte, er sei frei von Angst,
    Sorge und Verdacht. Vgl. »King John«, IV,1,130.
62 *Bilsenkraut* (Quartos: hebona, Folio: hebenon): Steht für
    ein tödlich wirkendes Pflanzengift. (Im 16. Jh. scheint man
    das in Deutschland ›Franzosenholz‹ genannte Gift gegen
    Syphilis angewendet zu haben.) Hebona könnte sich auch
    auf Ebenholz beziehen, mit dem nach Ovid das Zimmer
    des Morpheus (Gott des Schlafes) getäfelt war. Von dieser
    Verwendung könnte Hebona die Bedeutung eines ein-
    schläfernden Giftes angenommen haben.
63 *Ohr:* Marlowe zitiert diese Mordmethode in »Edward II«,
    ed. Dyce, 274 f.; vgl. auch »Othello«, II,3,362.
64 *Das schwärende Getränk* (the leperous distilment): der
    wallende, brodelnde Giftsaft.
69 *saures Lab* (curd): Geronnenes.
70 *So tat es meinem:* So geschah es meinem Blut.
72 *Wie einem Lazarus* (lazar-like): wie bei einem Aussätzigen,
    wofür der biblische Lazarus exemplarisch ist.
75 *mit eins* (at once): zugleich, auf einmal.
76 *In meiner Sünden Blüte:* Tod ohne vorherige Salbung und
    Absolution beließ alle Sünden auf dem unvorbereitet Ver-
    schiedenen.
78 *ins Gericht* (to my account): vor das Gericht Gottes.
81 *leid es nicht:* dulde es nicht.
85 *Befleck dein Herz nicht:* Der Vater warnt Hamlet, seine
    Rache nicht an der Mutter auszulassen, Hamlet ist von ih-
    rer Mitschuld an dem Mord erst überzeugt, als in III,4,30
    (S. 82) die Worte und das Verhalten der Mutter Claudius
    als Mörder identifizieren.

(S. 30)

88 *mit eins* (at once): nun, für jetzt.

90 *unwirksam Feu'r* (uneffectual fire): Das Leuchten des Glühwurms ist ein ›Feuer‹, das keine Hitze erzeugt und dessen Leuchtkraft schwindet, sobald der Morgen graut.

93 *Nenn ... mit?* (shall I couple hell?): Nach der Anrufung der Himmelsheerscharen (Engel) und anderer guter Geister, welche die Natur bewohnen, fragt sich Hamlet, ob er auch die Höllengeister anrufen soll, denn wenn er ein Verbrechen aus Rachegefühl begehen muß, ist es logisch, auch diese Geister anzurufen.

97 *Ball* (globe): Metapher für Kopf. Die Schauspieler halten sich an dieser Stelle gewöhnlich den Kopf.

102 *Und dein Gebot ... allein:* Hamlet läßt alle Werte seines früheren Lebens hinter sich und widmet sich einzig und allein dem Schwur, den er dem Geist geleistet hat.

107 *Schreibtafel her!* (my tables): Als Beweis und Mahnung an den Geist schreibt Hamlet eine Losung nieder, die ihn verschlüsselt an den geleisteten Schwur erinnern soll, denn sollte man am Hofe erfahren, daß ein Rächer lebt, dann würde Hamlet seine Aufgabe nicht erfüllen können.

(S. 31)

114 *So sei es!:* Hamlet ist bei diesen Worten noch allein, Horatio und Marcellus finden ihn erst in Zeile 117.

123–140 *Es lebt kein Schurk' ... wie ihr könnt:* Hamlets Erregung beeinflußt seine Sprache, daher erscheinen seine Worte so vage. In Zeile 122 sieht es so aus, als wolle er von der Enthüllung des Geistes berichten, doch dann entscheidet er sich anders.

124 *Bube* (knave): gemeiner, verächtlicher Mensch.

133 *wirblichte und irre Worte* (wild and whirling words): irre und wirre Wortkaskaden.

134 *herzlich* (heartily): von Herzen

136 *Sankt Patrick:* irischer Heiliger, den ein Däne gewöhnlich nicht anrufen würde. Beispiel für Shakespeares ›Anglisierungen‹ und Anachronismen, die er in seine Dramen, die in andern Ländern oder Zeiten spielen, einzufügen pflegte.

139 *was es zwischen uns doch gibt:* Später vertraut Hamlet das Geheimnis dem Horatio an (III,2,81 f., S. 67).

140 *Bemeistert, wie ihr könnt:* Haltet in Zaum, so gut ihr
könnt.

(S. 32)

145–181 *Gut, aber schwört ... Schwört:* Die Schwurszene ist
sehr dramatisch. Horatio und Marcellus wollen sich zunächst nicht an einen Schwur binden lassen, sondern sich
lieber auf ihre Ehre berufen. Hamlet kann einer so unver-
bindlichen Verpflichtung jedoch nicht zustimmen. Er besteht daher auf einem heiligen Schwur, der auf den kreuz-
förmigen Knauf seines Schwertes geleistet werden soll. Die
sehr spezifischen Einzelheiten des Eides in den Zeilen 173–
179 betonen das Bemühen Hamlets, alle möglichen Miß-
verständnisse über die Befolgung des Schwurs eindeutig
auszuschalten.

147 *Wir haben schon geschworen:* Das ›Ehrenwort‹ gilt schon
als ein milder Eid.

150 *Grundehrlich* (truepenny): guter alter Freund (vgl. auch
Zeile 161 *alter Maulwurf*, »old mole«). Eine solche Anrede
für den Geist scheint bei der gegenwärtigen Situation trotz
der Ernsthaftigkeit des Schwörens die Bedeutung des Geistes zu untergraben. Doch Hamlet will seine Freunde
schneller zum Schwören bewegen. Als der Schwur vollzogen
ist, kehrt Hamlet zum Ernst der Situation zurück (Zl. 183).

156 *Hic et ubique?:* hier und überall, unterstreicht die weittra-
gende Bedeutung des Eides.

163 *Minierer* (pioner): Mitglied der Pioniertruppe, die unterir-
dische Tunnel grub, um Minen unter die feindlichen Befe-
stigungen zu setzen.

165 *heiß als einen Fremden es willkommen:* Es war Sitte, einem
Fremden, der um Obdach bat und eingelassen worden war,
ohne Fragen Gastrecht zu gewähren.

167 *Schulweisheit* (philosophy): Hamlet scheint sich hier auf
Horatios Ansichten und generell auf die der Naturwissen-
schaft zu beziehen, wonach Geister nicht existieren. Zu jener Zeit verstand man unter ›Philosophie‹ einerseits die
Naturwissenschaften (Physik) und andererseits die Theo-
logie und Metaphysik.

170 *ich mich nehmen mag* (I bear myself): ich mich benehmen
mag.

(S. 33)

172 *Ein wunderliches Wesen anzulegen* (to put an antic disposition on): ein seltsames Benehmen zeigen; dies ist ein klarer Hinweis auf Hamlets Plan, Geistesgestörtheit vorzutäuschen. Sollte dieses Vorhaben bekannt werden, ist Hamlets Sicherheit ernsthaft gefährdet.

185 *ein armer Mann:* Möglicherweise spielt Hamlet darauf an, daß Claudius durch Wahl König wurde, wohingegen unter normalen Umständen Hamlet die Krone geerbt hätte. Vgl. III,2,354–359 (S. 75 f., *es fehlt mir an Beförderung ...*).

189 *Schmach und Gram* (o cursed spite): Was für eine höllische Bosheit des Schicksals. Hamlet ist fest entschlossen, seinen Vater zu rächen, doch ist er zu gebildet, sich blindlings in diese Rachepflicht zu stürzen, welche seine Zeit und der Ehrenkodex seiner Nation von ihm verlangen. Hamlet ist daher kein typischer ›Rächer‹ (wie z. B. in Senecas Dramen), dessen Blutdurst alles überschattet.

189 f. *Schmach ... kam!:* Eine frühere Übersetzung Schlegels lautet: »Weh mir, zu denken, / Daß ich geboren ward, sie einzurenken.«

190 *sie einzurichten* (to set it right): Nach elisabethanischer Theorie stehen alle Dinge der Welt in einer festgefügten Relation. Eine Unstimmigkeit im Mikrokosmos (Welt des Menschen) überträgt sich demnach automatisch auf den Makrokosmos (universale Welt). Die Wahl des Claudius zum König impliziert deutlich, daß das Übel nicht nur Claudius allein ist, sondern auch jene verkörpern die Korruption im Staate Dänemark, die Claudius zum König gemacht haben. Hamlet ist sich der Schwierigkeit seiner Aufgabe bewußt, er soll der Gerechtigkeit in Dänemark wieder Gehör verschaffen.

191 *Nun kommt ... gehn:* Hamlet besteht wiederum auf unprotokollarischem Benehmen unter Freunden. Vgl. I,2,253 f. (S. 19).

Zweiter Aufzug. Erste Szene

(S. 34)

Ungefähr zwei Monate sind vergangen.

7 *fragt mir* (inquire me first): ›mir‹ ist alter reflexiver Dativ.

8 *auf was Art* (what means): auf welche Art (sie ihr Geld
   ausgeben).
   und wie sie leben (and where they keep): und wo sie leben.
11 f. *so kommt ... Fragen* (come you more nearer / than your
   particular demands will touch it): So kommt ihr der Sache
   näher als mit direkten Fragen (freie Übersetzung).
19 f. *dann gebt ... schuld* (and there put on him / what forge-
   ries you please): Dann belaste ihn nach Belieben mit allen
   möglichen erfundenen Lügen.

(S. 35)

23 *Als* (as): relativer Gebrauch: die.
25 *Raufen:* Schlegel übersetzt mit Recht Shakespeares »fenc-
   ing« mit raufen. Obwohl Fechten kein verachteter Sport war
   (vgl. IV,7,72–103, S. 109), wurden die Fechtschulen häufig
   von ungezügelten Abenteurern in schlechten Ruf gebracht.
28 *Mein' Treu ... wisst* (faith no; as you may season it in the
   charge): Beim Himmel nicht, wenn du die Beschuldigun-
   gen nur recht anwendest.
30 *Unenthaltsamkeit* (incontingency): Maßlosigkeit.
32 *dass sie ... scheinen* (that they may seem the taints of
   liberty): So daß sie als Flecken (Auswüchse) der Freiheit
   erscheinen mögen.
35 *anficht:* überkommt.
38 *Pfiff* (fetch): Trick, Kunstgriff.
40 *Als wär ... beschmutzt* (as 'twere a thing little soiled i'
   the working): Als wenn es etwas wäre, das während der
   Arbeit schmutzig geworden wäre. Der Dichter bezieht sich
   auf die Erfahrungen, die ein jeder Mensch in seinem Leben
   sammeln muß.
42 *Mitunterredner* (party in converse): Gesprächspartner.
45 *Euch beitritt* (closes with you): Euch zustimmt.
50 *was wollte ich doch sagen?* Polonius verliert den Faden seiner Rede, da er sich zu sehr mit dem Ausmalen der Einzelheiten statt mit dem allgemeinen Fortschreiten seiner Gedanken befaßt.

(S. 36)

60 *saubres Haus* (house of sale): Bordell, Schlegel übersetzt
   mit euphemistischer Ironie.

62 *Wahrheitskarpfen* (carp of truth): Der Vergleich würde
   auch mit jedem anderen Fisch vollwertig sein. Polonius
   zeigt hier seine Sprachpedanterie, wenn er das Bild betont
   vervollständigt.

65 f. *Mit Krümmungen ... kommen* (with windlasses and
   with assays of bias / by indirections find directions out):
   d. h. durch Tricks werden wir die Wahrheit herausfinden.

68 *meinen Sohn erforschen:* über meinen Sohn Nachforschun-
   gen anstellen.
   Ihr habt's gefasst: Ihr habt verstanden.

71 *Bemerkt ... Wandel* (observe his inclination in yourself):
   Beobachtet seinen Lebenswandel mit eigenen Augen (und
   unter den Gesichtspunkten, die ich Euch genannt habe).

73 *Musik ... treibt:* Reinhold soll auch darauf achten, daß Laertes das Musikspielen nicht vernachlässige. Diese Kunst
   zu üben war Aufgabe jener Kreise, zu denen Laertes gehörte.

79 *Hut:* Kopfbedeckungen wurden damals auch im Hause getragen.

(S. 37)

85 *Verrückt aus Liebe?:* Hamlet hat schon in I,5,172 (S. 32) be-
   gonnen, ein seltsames Benehmen zu zeigen. Polonius glaubt
   nun, den Grund gefunden zu haben, denn verschmähte
   Liebe galt allgemein als ein Grund für Wahnsinn (mit Bezug
   auf die Besorgnis am Hofe vgl. II,2,48–50, S. 39).

95 *Bau* (bulk): Körper.

100 *ihr Licht* (their light): das Licht der Augen.

102 *Schwärmerei* (ecstasy): Wahn.

111 f. *dass ich ... beachtet:* Polonius glaubt, daß er den Charakter Hamlets falsch eingeschätzt habe, und macht sich anscheinend wegen des Fehlurteils Vorwürfe.

112 *Ich sorgt':* Ich fürchtete.

(S. 38)

116 f. *Als häufig ... ist* (as it is common for the younger sort /
   to lack discretion): Wie es in gleicher Weise häufig bei den
   jungen Leuten an Vorsicht mangelt.

118 f. *denn es ... entdecken* (this must be known; which, being
   kept close, might move / more grief to hide than hate to

utter love): Diese Entdeckung müssen wir vortragen, denn
würde sie verschwiegen, gäbe es vielleicht mehr Gram zu
unterdrücken als Haß bei der Entdeckung der Liebe. Polonius entschließt sich aus Furcht vor der Ungunst des Königs, die Liebe zwischen Hamlet und Ophelia zu enthül-
len. Allerdings schätzt er die königliche Reaktion darauf
falsch ein, denn die Königin äußert später zweimal ihr Ein-
verständnis (III,1, 38–42, S. 59; V,1,267 f., S. 121).

Zweite Szene

4 *Sendung:* Berufung an den Hof.
5 *Verwandlung Hamlets* (Hamlet's transformation): Hamlet
  hat sein Benehmen offenbar so grundlegend geändert, daß
  er nun für wahnsinnig gehalten wird.
6 *noch ... noch:* weder ... noch.
7 *Was es nur ist* (what it should be): Was kann es sonst noch
  sein außer ...
11 *Da ihr ... erzogen:* Rosenkranz und Güldenstern sind
  zwei junge Edelleute, die gemäß der Hofgepflogenheiten
  als Spielgefährten Hamlets auserwählt wurden und Hamlets Erziehung bis zum Universitätsstudium teilten.
15 *In Lustbarkeit ... erspähn:* aufzumuntern und auszufor-
  schen.
16 *Anlass* (occasion): günstige Gelegenheit.
17 *drückt* (afflicts him): bedrückt.
18 *offenbart* (opened): Wenn es erst einmal entdeckt ist. Diese
  Worte des Königs sind ein Anzeichen für das schlechte Gewissen, das er gegenüber Hamlet hat.
21 *An denen er so hängt:* Der König und die Königin über-
  schätzen Hamlets Zuneigung für Rosenkranz und Güldenstern.

(S. 39)

24 *Vorschub* (supply): Erfüllung, Unterstützung.
26–34 *Es stände ... lieber Rosenkranz!:* Shakespeare stellt Rosenkranz und Güldenstern als zwei gleichartige Charaktere
  dar, die alles gemeinsam unternehmen.
32 *Um ... zu schalten* (to be commanded): Damit Ihr uns be-
  fehlt.

36 *wer* (some of you): jemand, irgend jemand, irgendwer.
38 *Tun* (practices): Taten, Handlungen; die Verwendung dieses Wortes hatte im elisabethanischen Sprachgebrauch häufig einen unangenehmen Beigeschmack, vgl. IV,7,68 (S. 108)
»practise«: *List.*
42 *guter Zeitung* (good news): guter Nachrichten.
45 *Erst ... König* (both to my God and to my gracious
king): In Shakespeares Text ist keine Rangordnung gegeben, daher: beiden, meinem Gott und meinem gnädigen
König.
47 *Klugheit* (policy): d. i. staatsmännische Klugheit, Politik,
mit negativem Beigeschmack.
52 *Nachtisch* (fruit): Früchte galten damals als letzter Gang einer Mahlzeit (nach dem Dessert).

(S. 40)

59 *Bruder Norweg:* Bruder nur in bezug auf das Amt des Königs, nicht als leiblicher Bruder.
61 *Auf unser Erstes:* d. h., sobald der norwegische König von
unserer Besorgnis hörte.
63 *Zurüstungen* (preparation): Kriegsvorbereitungen.
65 *Drob* (whereat): darüber.
67 *Verhaft* (arrests): Fortinbras wurde auf Grund der königlichen Autorität an den Hof Norwegs berufen, um Rechenschaft abzulegen.
73 *Jahrgehalt* (annual fee): Es handelt sich um eine Land-
schenkung, die Fortinbras jährlich 3000 Kronen einbringt.
83 *wohlgenommne Müh'* (well-took labour): wohlwollend
aufgenommene Mühe.

(S. 41)

86–151 *So wäre ... uns betrübt:* Polonius beginnt hier eine
formale Rede, die eine Einleitung (exordium, 86–105), einen Hauptteil (narratio, 106–146) und einen Schluß (per-
oratio, 147–151) enthält.
90 *Witz* (wit): Weisheit, Klugheit.
93 f. *Toll nenn ... toll?:* Polonius versucht eine Definition von
Tollheit, gibt es aber wegen der Schwierigkeit auf und erklärt Tollheit mit ›toll sein‹.
95 *Mehr Inhalt, wen'ger Kunst:* Diese Bemerkung der Köni-

gin stellt weniger ungeduldige Kritik an Polonius' Redeweise dar, als vielmehr einen dramatischen Schachzug
Shakespeares, die Spannung auf den Inhalt der Rede durch
Verzögerung weiter zu erhöhen. Ironischerweise faßt Polonius die Bemerkung der Königin als Kompliment für
seine Redekunst auf, so daß er unterwürfig eine künstlerische Absicht zurückweist.

 98 *törichte Figur* (foolish figure): Polonius verstrickt sich in
leere Wortspiele und Haarspaltereien, er versucht daher,
den Gebrauch von rhetorischen Sprachfiguren zu unterlas-
sen, was ihm jedoch in den folgenden Zeilen noch nicht gelingt.
109 *liebreizende* (beautified): mit Liebreizen versehene; Hamlet folgt in seinem gespreizten Briefstil dem Brauch der
Zeit.
113 *usw.* (these, &c.): Häufig gab ein solcher Hinweis den
Schauspielern Gelegenheit zur weiteren Ausschmückung
des Gedankens. Hier aber bricht Polonius das Vorlesen ab,
so daß er zum Kern des Briefes kommen kann. Die Königin
nutzt die Pause für eine Frage nach dem Autor, während
Polonius diese Frage als Kritik mißversteht. Er meint, die
Königin wünsche, daß ihr nichts vorenthalten werde.

(S. 42)

117 *Zweifle ... Klarheit* (doubt that the sun doth move):
Zweifle daran, daß die Sonne sich bewegt. Nach dem damals noch gültigen ptolemäischen Weltbild drehte sich die
Sonne um die Erde.
120 *es gelingt ... Silbenmaße* (I am ill at these numbers): Hamlets Verse sind ungehobelt, das weiß er selber, doch es war
Sitte, daß der Liebhaber seiner Liebe in Versen Ausdruck
verleihen mußte.
123 *diese Maschine* (this machine): Hamlet sieht seinen Körper
als komplizierte Maschine, welche von der Seele regiert
wird. Die heutige Mechanisierung hat dem Wort seinen
ehemals poetischen Wert genommen.
124 *schuld'germaßen* (in obedience): gehorsam.
132 *Sich anspann* (on the wing): sich entwickelte.
136 *hätt ich ... gespielt* (if I had played the desk or tablebook):
hätte ich etwas in mein Gedächtnis eingeschlossen, wie

man etwas in einen Schreibtisch oder in ein Tagebuch einschließt.

144 *Pfänder* (tokens): Liebespfänder, Geschenke.

(S. 43)

148 *Wachen* (watch): Schlaflosigkeit.

149 *Stufen* (declension): Shakespeares Wort ist dem Wortschatz der Astronomie entnommen und verweist auf das Absinken eines Sterns auf den Horizont hin. Daher erscheint in der Übersetzung ein Begriff wie ›Phasen‹ passender.

159 *Im Mittelpunkt* (within the centre): im Mittelpunkt der Erde, welcher nach Ptolemäus auch das Zentrum des Universums war.

163 *Teppich* (arras): Es handelt sich um einen Wandteppich, der, auf einen Rahmen gespannt und ein wenig von der Wand abgerückt, Zugluft verhindern soll.

167 *Hamlet kommt lesend:* Eine solche Bühnenanweisung mit dem Hinweis auf das Lesen bedeutete, daß Hamlet ernst gestimmt war.

168 *traurig* (sadly): Ist ebenfalls auf Hamlets ernste Stimmung zu beziehen, weniger auf Traurigkeit.

174 *Fischhändler* (fishmonger): Die Bezeichnung des Polonius als Fischhändler überrascht wegen ihrer inhaltlichen Bedeutungslosigkeit. Trotz häufiger unbefriedigender Versuche, diesem Vergleich einen tieferen Sinn zu geben, erscheint es höchst plausibel, daß es sich hier um einen vermeintlichen Beweis von Hamlets Wahnsinn handelt, der, sich, bei Licht besehen, dem Polonius in den folgenden Zeilen zum Vorwurf der Heuchelei verkehrt.

(S. 44)

181 f. *Denn wenn ... Tochter?* (for if the sun breeds maggots in a dead dog, being a god kissing carrion – Have you a daughter?): Quarto und Folio enthalten »good« statt »god«. Warburtons Emendation zu »god« wird allgemein akzeptiert. Wenn also der Sonnengott es nicht vermeiden kann, daß seine Strahlen Verfall in irdischer Materie hervorrufen und darüber hinaus bei diesem Vorgang andere Lebewesen ernähren ... Hamlet scheint hier den Vergleich zwischen der Sonne und dem König wieder aufzunehmen

(I,2,67, S. 13), diesmal mit der Absicht, darauf hinzuweisen, wie schwierig es ist, einen ehrbaren Mann am Hofe zu finden, obwohl des Königs Wohlwollen doch auch auf seine Untergebenen falle. Hamlet führt diesen Gedanken aber nicht weiter aus, statt dessen leitet ihn der Überschwang des ›Wahnsinns‹ von der Slangbedeutung von »carrion« (Prostituierte) zur Frage, ob Polonius eine Tochter habe.

184 f. *Lasst sie … Freund* (let her not walk i' the sun. Conception is a blessing, but as your daughter may conceive – friend, look to 't): Hamlets Rat, Polonius solle seine Tochter nicht aus dem Hause lassen, kritisiert versteckt das Verbot, welches Ophelia den weiteren Umgang mit Hamlet untersagt. Auf der einen Seite könnte Empfänglichkeit (conception) sich in erster Linie lobend auf die weise Einsicht des Polonius beziehen. Andererseits jedoch könnte Hamlet von seiner Perspektive aus sich selbstkritisch als jene Sonne (Sohn-Wortspiel) bezeichnen, die Ophelia moralisch verderben könnte. Somit ist eine Verquickung zwischen ›Empfänglichkeit‹ und ›empfangen‹ impliziert, die sich auf alle drei betroffenen Charaktere erstreckt. Polonius findet natürlich seine Theorie von Hamlets Wahnsinn bestätigt, denn es war zur Elisabethanischen Zeit typisch für Wahnsinnige, sich in sexuellen Themen zu ergehen.

192 f. *Aber wovon … Wer handelt?* (what is the matter my lord/between who?): Hamlet wird von Polonius gefragt, wovon das Buch handele. Hamlet mißversteht aber: Was ist los, mein Herr? als wenn Polonius sich nach dem Grunde einer Mißstimmigkeit erkundige. Daher Hamlets Antwort: Zwischen wem (ist was los)?

199 *Ambra* (amber): Ausscheidung des Pottwals, hier bezogen auf den Ausfluß von alten Augen.

207 *wie ein Krebs rückwärts* (like a crab, you could go backward): Dies ist nur ein hypothetischer Hinweis, denn Hamlet räumt ein, daß Polonius im Lebensalter nur fortschreiten, nicht aber rückschreiten kann.

(S. 45)

208 *Methode* (method): verstanden als logische Gedankenkette.

209 *Luft* (air): Polonius hielt die frische Luft offenbar für
Hamlets Gesundheit schädlich. Hamlet versteht Luft allge-
meiner als Atmosphäre, in der die Menschen leben.

212 *treffend* (pregnant): bedeutungsschwer.

223 *Die langweiligen alten Narren!*: Unter dem Vorwand des
Wahnsinns hat Hamlet ungestraft Wahrheiten sagen können, die man ihm sonst nicht gestattet hätte.

232 f. *Wir sind ... Schuhe?* (on Fortune's cap we are not the
very button. / Nor the soles of her shoe?): Fortuna ist uns
durchaus nicht treu. / Doch tritt sie Euch nicht mit Füßen?

240 *Metze* (strumpet): Fortuna wurde in Sprichwörtern eine
Hure genannt, weil sie allen Menschen ihre Gunst ge-
währt, aber keinem auf die Dauer treu bleibt. (Vgl. auch
II,2,515, S. 53; »King John«, III,1,61; »Henry V«, V,1,85;
»King Lear«, II,4,52; »Cymbeline«, III,1,31.)

(S. 46)

241 *Welt ... geworden* (world's grown honest): eine allgemeine
Redensart, die Hamlet wörtlich interpretiert.

244 *habt ihr ... versehen* (have you ... deserved): habt ihr es
verdient.

247 *Dänemark ist ein Gefängnis* (prison): Hamlet begegnet den
beiden Schulfreunden mit großer Vorsicht. Das Wort ›Gefängnis‹ dient dem Zweck, Rosenkranz und Güldenstern
den Grund ihrer Mission zu entlocken. Andererseits muß
Hamlet die beiden Schulfreunde über die Ursache seines
Wahnsinns im dunkeln lassen. In diesem Falle gibt er sich
daher melancholisch. Rosenkranz und Güldenstern haben
ihre eigene Theorie über Hamlets Wahnsinn (vgl. Zl. 258).

254 *davon*: d. h. über Dänemark.

258 *Ehrgeiz* (ambition): Rosenkranz und Güldenstern lassen
sich auf Hamlets Argumente nicht ein. Sie wollen ihre Vermutung bestätigt sehen, daß Hamlets Verstörtheit auf der
Usurpation der Krone durch Claudius beruht. Daher verweisen sie auf Hamlets Ehrgeiz, der Dänemark als Gefängnis verstehe. Diese Vermutung stellt eine drohende Gefahr
für Hamlets Pläne dar, denn sollten Rosenkranz und Güldenstern dem König diese Interpretation unterbreiten,
wäre Hamlets Schicksal besiegelt.

271 *gespreizten* (outstretch'd): übergroßen; bezieht sich auf den

übergroßen Schatten eines Menschen. Monarchen und Helden erscheinen groß, nur weil sie den übergroßen Schatten eines gewöhnlichen Bettlers werfen.

272–285 *ich weiß nicht … sagt doch!* (I cannot reason … nay, speak): Hamlet hat in den vorangehenden Zeilen seine absolute Meisterschaft im Jonglieren von Worten und Ideen bewiesen. Die Auseinandersetzung über Schatten und Substanz, Erscheinung und Wirklichkeit waren Lieblingsthemen der Elisabethaner. Hamlet hat Rosenkranz und Güldenstern ein brillantes Wortgefecht geliefert, auch dies ist eine Eigenart der elisabethanischen Bühne, denn das Publikum liebte solche Szenen. Am Ende beweist Hamlet, daß ein Traum trotz seiner realen Erfahrungsdimension keine Substanz besitzt (Zl. 265). Und damit entkräftet er den Verdacht, daß er Ehrgeiz hege. Zugleich aber kehrt Hamlet den Spieß um und argumentiert, daß, wenn Ehrgeiz weniger Substanz besitze als ein Traum, Ehrgeiz dann nur ein Schatten eines Schattens sei (Zl. 269). Könige und Helden seien Musterbeispiele für Ehrgeiz. Zugleich aber seien sie nur Schatten eines Schattens, und wenn man im Vergleich mit einem König den Bettler als einen Schatten bezeichne, dann werfen die Bettler den eigentlichen Schatten und haben daher wirkliche Substanz, aber keinen Ehrgeiz (Zl. 271). Die reine Logik dieses Gedankens ist hier zu Ende, doch Hamlet läßt diese Ausführungen nicht ohne Bezug auf seine Person. Claudius ist in Wirklichkeit der Ehrgeizige, der Hamlet zum Bettler und so arm gemacht hat, daß er noch nicht einmal seinen Bediensteten gebührend danken kann (Zl. 280). Da Hamlet sich als Bettler sieht, ist er der wirkliche König und Claudius sein Schatten.

(S. 47)

287 *außer das Rechte* (but to the purpose): im Sinne von: aber nur auf die Sache bezogen.

292 *Zu was Ende* (to what end): zu welchem Zweck.

298 *geht gradeheraus gegen mich* (be even and direct with me): sagt es mir ohne Umschweife direkt auf den Kopf zu.

301 *So … weg* (nay, then I have an eye of you): etwa: So, nun bin ich euch schon voraus.

304–306 *so wird … wanken* (so shall my anticipation prevent

your discovery, and your secrecy to the king and queen
moult no feather): Hamlet erspart Rosenkranz und Güldenstern die Schande, daß sie ihr Geheimnis offen preisge-
ben. Auf diese Weise wahren beide Schulfreunde gegenüber Claudius ihr Gesicht, doch auch dies dient nur Hamlets Vorteil, denn Hamlet erfährt von den Absichten des
Königs, während der König über Hamlets Geheimnis im
dunkeln bleibt.

307 *ich weiß nicht wodurch* (but wherefore I know not): Hamlet suggeriert Schwermut als Grund für seine Tollheit.

311 *Vorgebirge* (promotory): Es handelt sich um eine felsige
Halbinsel, die in die See der Ewigkeit hineinragt (vgl.
»Macbeth«, I,7,6). Hamlet spricht zunächst über die beiden Teile der Welt: Erde und Himmel (Firmament),
dann wendet er sich dem Menschen zu, der diese Welt be-
wohnt.

(S. 48)

318 *bedeutend* (express): vollkommen.

320 *im Begreifen ... Gott!* (in apprehension how like a god):
Die intellektuelle Gleichstellung von Mensch und Gott
war dem Renaissancemenschen selbstverständlich.

324 *wiewohl ... scheint* (though by your smiling you seem to
say so): Die Übersetzung drückt Shakespeares Gedanken
negativ aus. Wörtlich: Obwohl ihr es durch euer Lächeln
zu sagen scheint. Rosenkranz und Güldenstern belächeln
den Sinn von Hamlets Worten in bezug auf sein Verhalten
zu beiden Geschlechtern, sie bemerken aber nicht, daß
Hamlet sich emphatisch auch von Ophelia distanziert.

330 *Schauspieler:* Schauspielertruppen zogen zu Shakespeares
Zeiten durch die Lande, sie kamen auch nach Kontinental-
europa.

332 *Der den König spielt:* Hamlet zählt eine Anzahl typischer
Schauspielercharaktere auf. Er läßt sich aber keine Gelegenheit entgehen, scharfe Bemerkungen mit Bezug auf den
König zu machen. Der Schauspielerkönig ist willkommen,
nicht der regierende.

334 *Tartsche* (target): kleiner, mittelalterlicher Schild.

335 *der Launige* (the humorous man): Dieser Charakter der
elisabethanischen Komödie litt an einer Unstimmigkeit

seiner Körpersäfte (humours), vgl. I,4,27 f. (S. 25). Sein
Leiden konnte schlimmstenfalls zu einer Besessenheit mit
einer fixen Idee führen. Diese Charaktere haben sich meist
von der Gesellschaft ausgeschlossen, nur wenige überwinden im Laufe der Handlung ihr Leiden. Ben Jonsons ›comedy of humours‹ »Every Man in His Humour« ist ein
Musterbeispiel für diese Figur.

338 *der ... Zwerchfell hat* (whose lungs are tickled o' the sere):
dessen Lungen fein auf den Auslöser (Abzugshahn am Ge-
wehr) eingestellt sind. Die Lunge galt häufig als das Instru-
ment des Lachens. Vgl. »As You Like It«, II,7,30–33.

338 f. *das Fräulein ... hinken:* Hamlet bezieht sich auf die
weibliche Redseligkeit. Er wird der Dame erlauben, ihre
Meinung frei zu äußern, sogar dann, wenn ihre Worte das
(Blank-)Versmaß sprengen sollten.

347 *Neuerung* (innovation): Während Hamlets Abwesenheit
haben Kinderschauspieltruppen die Gunst des Publikums
in der Stadt gewonnen. Die Kinderschauspieltruppen waren um 1600 sehr beliebt, sie spielten in festen Theaterbau-
ten und machten sich häufig über Autoren, Schauspieler
und Mäzene des öffentlichen Theaters lustig. Shakespeare
schrieb für die öffentlichen Theater, die im Freien spielten.
Die Macht der Kindertruppen lag in der Satire, mit der sie
die öffentlichen Theater angriffen und sie so dem Publikum entzogen.

(S. 49)

352 *grausamlich:* alte Adverbialendung -lich.

356 *die gemeinen Theater* (common stages): die im Freien spie-
lenden öffentlichen Theater.

362 f. *Wollen sie ... können?* (will they pursue the quality no
longer than they can sing): Werden sie ihre Schauspiel-
kunst über den Stimmbruch hinaus ausüben?

369 *an beiden Seiten viel zu tun:* Beide Parteien haben sich gegenseitig angegriffen.

378 *Herkules ... obendrein* (Hercules and his load too): Der
Sage nach trug Herkules die Erde auf seinen Schultern, als
Atlas die Äpfel der Hesperiden holte. Möglich ist auch,
daß es sich hier um eine Anspielung auf das Globe Theater
handelt, in dem Shakespeares Stücke häufig gespielt wur-

den. Das Wahrzeichen des Globe Theaters soll ein Stand-
bild des Herkules gewesen sein, der die Erde auf seinen
Schultern trägt.

383–397 *Wetter ... unterscheiden* ('sblood ... handsaw): Ein
Hamlet nicht geziemender Fluch: ›beim Blute Gottes‹, leitet Betrachtungen ein, die ähnlich wie in Zeile 332 den beiden ehemaligen Schulfreunden eine Lösung für Hamlets
Unbehagen gegenüber Claudius bieten soll. Es ist Hamlet
nicht gelungen, Rosenkranz und Güldenstern von seinem
melancholischen Leiden zu überzeugen, daher verfällt
Hamlet wieder seinem ›Wahn‹, heißt Rosenkranz und
Güldenstern nun überschwenglich willkommen und verrät
den beiden das nichtssagende Geheimnis, daß er nur bei
Nordnordwest-Wind wahnsinnig sei.

(S. 50)

406 f. *Ganz richtig ... eben:* Hamlet stellt sich, als wäre er in
ein lebhaftes Gespräch mit Rosenkranz versunken.

409 *ich ... zu melden:* Hamlet wiederholt imitierend Polonius'
Worte.
Roscius: Zeitgenosse Ciceros und berühmter Schauspieler,
vgl. Cicero »De Oratore«, I, 59; II, 57; III, 26. Hamlets Bemerkung könnte darauf hinweisen wollen, daß Polonius
keine eigentliche Neuigkeit bringt. Doch der alte Mann
nimmt die Äußerung für einen Ausdruck von Hamlets
Wahnsinn und setzt seine unterbrochene Rede fort.

414 *Auf seinem Es'lein jeder kam* (then came each actor on his
ass): Diese Zeile wird auf der Bühne häufig gesungen, als
wäre es eine Zeile aus einem alten Volkslied.

415–418 *Tragödie ... Gedicht:* Offensichtlich karikiert Shake-
speare Auswüchse in den Gattungsbezeichnungen von
Dramen, viell. im Hinblick auf eine andere zeitgen.
Truppe.

(S. 51)

418–421 *unteilbare ... nicht:* Polonius bezieht sich auf Thea-
terstücke, welche die klassische Einheit von Zeit, Ort und
Handlung bewahren, und auf solche, die diesen Regeln
nicht folgen. Die meisten elisabethanischen Schauspiele beachten diese Regeln nicht. Die künstlerische Qualität der

Schauspieler erscheint dem Polonius über allen Zweifel erhaben, sie könnten die besten Tragödien (Seneca) und die
lustigsten Komödien (Plautus) gleich gut spielen.

422 *O Jephta:* Hamlet singt eine Ballade über den biblischen
Herrscher Jephta, der seine einzige Tochter opfern mußte,
weil er ein übereiltes Gelübde geleistet hatte (Richter 11,
29–40). Hamlet unterstützt absichtlich Polonius' Annahme, daß er aus Liebeskummer wahnsinnig geworden
sei.

424 *Welchen Schatz hatte er:* Polonius weiß sehr wohl, wie die
Antwort ausfallen muß. Er fordert mit der Frage den ver-
meintlich Irren heraus.

425 *aus der Maßen:* über die Maßen.

432 *Nein, das folgt nicht:* Polonius sieht in Hamlets Antwort
einen Zweifel an der Logik des Arguments, doch Hamlet
redet hier anscheinend Worte ohne tieferen Sinn.

436 *Weihnachtslied* (pious chanson): frommes Lied.

442 *betroddelt* (valanc'd): bezieht sich auf den Bart des Schauspielers.

443 *in den Bart murmeln* (beard me): heißt etwa ›Trotz bieten,
widerstehen‹.

444 *junge Dame:* Vor 1660 wurden alle weiblichen Rollen von
Jungen gespielt. Erst bei der Wiederbelebung des Theaters
nach der Restauration erschienen Schauspielerinnen auf
englischen Bühnen.

447 f. *Stimme ... Goldstück:* Hamlet hofft, daß der Junge das
Alter des Stimmbruchs noch nicht erreicht hat.

(S. 52)

450 *französische Falkeniere:* Französische Falkner waren be-
rühmt für ihre Kunst im Abrichten der Falken.

451 *was uns vorkommt* (any thing we see): was uns begegnet
(in die Quere kommt).

458 *Kaviar:* zu gut für das Volk, das seinen Wert nicht zu
schätzen weiß.

462 *Bescheidenheit* (modesty): Zurückhaltung, Mäßigung.

463 *Salz und Pfeffer* (sallets): eigtl. ›Würze‹.

470 *Ermordung Priams:* Vgl. Vergils »Aeneis«, II, 506 ff.

472 *Pyrrhus:* Sohn des Achilles, hatte den Tod seines Vaters mit
dem Tode von Priamus' jüngstem Sohn gerächt; Hamlet hin-

gegen hat bisher noch keine Schritte in dieser Richtung unternommen. Ob die hier beginnenden Zeilen wirklich eine Wiedergabe einer verlorenen Tragödie sind, bleibt eine unlösbare Frage. Die Sprache dieser Zeilen ist im Gegensatz zu Hamlets Blankvers (-Monologen) altmodisch und gekünstelt. Shakespeare benutzte solche Stilmittel, um so die verschiedenen Realitätsebenen zu unterscheiden. Die Schauspielerszene (III, 2) bedient sich des gleichen Sprachstils.

Hyrkaniens Leun (Hyrcanian beast): Hyrkanien ist der antike Name für ein tigerreiches Gebiet an der Südostküste des Kaspischen Meeres. Vgl. »Macbeth«, III,4,101; »Henry VI«, I,4,155; Vergil, »Aeneis«, IV,367. Der hyrkanische Tiger wird bei Schlegel zu einem Löwen.

476 *Ross* (horse): Es handelt sich um das trojanische Pferd des Odysseus. Vgl. Vergil, »Aeneis«, II,13 ff.

478 *Heraldik* (heraldy): Vgl. I,1,87 (S. 8) »heraldy«: *Rittersitte.*

479 *rote Farbe:* Blut.

(S. 53)

487 *Priamus:* Herrscher Trojas.

491 *sein altes Schwert:* Es handelt sich um Priamus' Schwert.

496 *entnervte* (unnerved): kraftlose.

    Ilium: Troja.

499 *Ohr:* Das Krachen der Flammen dringt an Pyrrhus' Ohr.

503 *parteilos ... Willen* (neutral to his will and matter): Pyrrhus steht wie versteinert auf halbem Wege zwischen der Absicht und der Verwirklichung dieser Absicht.

508 *Donner:* die Mahnung zur Rache durch die Naturgewalten.

511 *Zyklopen:* in der griech. Sage einäugige Riesen, die für Vulkan (Hephästos) Schmiedearbeit leisteten.

512 *Mars:* der Kriegsgott.

515 *Pfui ... Fortuna!:* Vgl. Anm. zu Zl. 240 dieser Szene.

516 *Im großen Rat* (in general synod): in dem Götterrat.

517 *Brecht ... Rades:* Es handelt sich um das Rad der Fortuna. Die Allegorie des Rades der Fortuna existiert in zwei Versionen. Die klassische Lesart stellte Fortuna auf einem sich immer bewegenden Rade reitend dar. (In »Henry V«, III,6,31 wird sie von Shakespeare auf einem Steine reitend beschrieben.) Die mittelalterliche Lesart sieht Fortuna an

einem Rade sitzend, das sie in Bewegung hält. Auf dem Rade befinden sich Menschen, deren Schicksal sich je nach Position des Rades vom Höhepunkt, Tiefpunkt oder von diesen Extremen steigend oder fallend fortbewegt (vgl. »King Lear«, V,3,174).

(S. 54)

521 *Er soll ... Balbier:* Hamlet ist vom Vortrag des ersten Schauspielers stark gerührt. Daher empfindet er Polonius' Kritik besonders verletzend. Hamlet verweist Polonius in seine Schranken: Wenn das Stück zu lang sei, dann sei auch Polonius' Bart zu lang und beide müßten folglich gestutzt werden.

522 *Hekuba:* Gattin des Priamus, Mutter des Hektor und Paris.

525 *schlotterichte* (mobled): wörtl. ›eingemummelt‹. Dies ist in diesem Zusammenhang ein ungewöhnliches Wort, das Hamlet hier für unpassend zu halten scheint. Daher unterbricht er den Vortrag des Schauspielers. Polonius möchte seinerseits etwas sagen, das Hamlets Unwillen besänftigt. Er lobt daher den Ausdruck. Vgl. in bezug auf Polonius' Sprachgefühl »beautified« in II,2,110–112 (S. 41 *liebreizend*).

534 *Der ... verübt* ('gainst Fortune's state would treason have pronounced): der hätte an Fortunas Regierung bittere Kritik wegen ihrer Willkür geübt.

535 *sie:* Hekuba.

539 *Ist ... fremd* (unless things mortal move them not at all): Hier wird auf die epikureische Theorie hingewiesen, die besagt, daß die Götter in Gleichmut leben und niemals Sympathie für die Menschen empfinden.

540 *taun gemacht* (made milch): zu Tränen gerührt (wörtl. ›Tränen melken‹).

541 *fühlen:* Ergänze ›gemacht‹.

(S. 55)

552 *Gnädiger Herr ... behandeln* (my lord, I will use them according to their desert): Diese Worte des Polonius sind als lobend zu verstehen.

562 *Ermordung Gonzagos:* Ein Theaterstück dieses Namens hat wahrscheinlich nie existiert. Es war jedoch nichts Un-

gewöhnliches, wenn ein Autor ein Schauspiel innerhalb eines Theaterstückes darstellen ließ. Vgl. »A Midsummer Night's Dream« und »The Tempest«.

566 f. *ein Dutzend Zeilen* (a dozen or sixteen lines): Das Ergebnis dieser ungeheuer eindrucksvollen Zeilen (III,2,85 f., S. 67) beruht auf der Wiederholung der Methode, mit welcher Claudius den älteren Hamlet ermordete. Hamlets Zurufe an den König bewirken darüber hinaus das Unwohlsein des Königs als Folge seines Schuldbewußtseins. Anfänglich scheint Hamlet dieses Schauspiel als Bloßstellung des Verhältnisses zwischen Gertrud und Claudius beabsichtigt zu haben (Zl. 616 ff., S. 56). Die Schauspielerkönigin betont ihre Treue wiederholt, während Hamlet dreimal auf ihre Äußerungen durch Zwischenrufe reagiert (III,2,191, S. 71. 234, 241, S. 72).

570 *daß ihr ... macht* (and look you mock him not): Hamlet erlaubt sich, über Polonius zu spotten, da dieses als Wahnsinn ausgelegt werden soll, doch weist er die Schauspieler darauf hin, daß sie seinem Beispiel nicht folgen sollten.

574 *Sehr wohl, gnädiger Herr:* Diese Worte werden in Shakespeares Text von Rosenkranz allein gesprochen.

576–616 *O welch ein Schurk' ... mein Kopf!:* Hamlet hat bewußt seine Situation mit dem Hinweis auf Pyrrhus und Hekuba unterstrichen. In diesem Monolog erinnert Hamlet sich und die Zuschauer an seinen Racheeid, er bereitet sich jetzt auf Taten vor, nennt sich zwar einen Feigling, der Taten scheue, aber Hamlets Selbstkritik zeigt deutlich, daß er unüberlegte Handlungen unbedingt vermeiden muß.

(S. 56)

587 *Merkwort* (motive): Stichwort.

595 *Hans der Träumer:* sprichwörtlich.

596 *für einen König:* Hamlet meint seinen Vater.

600 *Rauft mir den Bart:* in übertragener Bedeutung, es muß nicht heißen, daß Hamlet wirklich einen Bart hatte.

601 *straft ... hinein?* (gives me the lie i' the throat): Eine unausgesprochene Lüge ›in der Kehle‹ war schlimmer als eine einfache, geäußerte Lüge, denn letztere wurde als bewußte und daher weniger gefährliche Lüge betrachtet.

603 *Ha! ... doch* (ha, 'swounds, I should take it): »'swounds«
    (by god's wounds), wurde von Schlegel übergangen.

604 *Taubenmut* (pigeon-livered): Die Sanftmut der Taube be-
    ruht auf der Annahme, daß die Taube keine Galle und da-
    her keine Bitterkeit besäße.

607 *mit dem Aas des Sklaven* (with this slave's offal): Meint
    Claudius.

610 *schnöder Bube! – Ha* (kindless villain! o, vengeance! why):
    ›o strafende Rache‹ wurde von Schlegel nicht übersetzt.

612 *von Höll' ... angespornt* (prompted to my revenge by
    heaven and hell): Die himmlischen Kräfte der Gerechtig-
    keit und die der höllischen Bosheit mahnen Hamlet zur
    Rache. Hamlets Dilemma wird deutlich.

615 *Küchenmagd:* Folio: »scullion« (Küchenmagd), Quarto II:
    »stallyon« (›männlicher‹ Hausgehilfe).

615–620 *Pfui drüber! ... sich bekannt:* Hamlet entschließt sich,
    den Verstand seine Taten regieren zu lassen. An dieser
    Stelle entdeckt Hamlet die Nützlichkeit des Theaterstük-
    kes, das die Schauspieler aufführen werden (nicht schon
    Zl. 562–568, S. 55). Hamlet erinnert sich, daß ein Schau-
    spiel schuldige Zuschauer zum Geständnis bewegen kann.
    Im deutschen Hamlet-Stück »Der bestrafte Brudermord«
    (vgl. Kap. III, 3) z. B. gesteht eine Frau, daß sie ihren Gat-
    ten ermordet hat.

(S. 57)

621 f. *Denn Mord ... Stimmen* (for murder, though it have no
    tongue, will speak / with most miraculous organ): Es liegt
    in der Natur des Mordes, daß er gestanden werden will.

625 *bis ins Leben:* bis auf seine Seele.

626–632 *Der Geist ... sicher ist:* Hamlets Zweifel an der Echt-
    heit der Erscheinung ist durchaus gerechtfertigt, denn Ra-
    che hat höchstwahrscheinlich den Tod des Schuldigen zur
    Folge. Daher muß Hamlet nach Gewißheit suchen. Das
    Schauspiel gibt ihm eine Möglichkeit zu dieser Gewißheit.
    Es wäre verfehlt, hier den Schluß zu ziehen, daß Hamlet
    die Identität des Geistes aus Wankelmut anficht, nur um so
    Aufschub zu gewinnen.

Dritter Aufzug. Erste Szene

(S. 58)

Am folgenden Tage.

1 *Und lockt ... Wendung:* Claudius fragt, ob es vergeblich
   sei, mit Worten nach dem Grund von Hamlets Wahnsinn
   zu forschen.

2 *Verwirrung anlegt* (puts on this confusion): Claudius hegt
   noch immer den Verdacht, daß Hamlet den Wahnsinn vortäuscht, auch Güldenstern spricht vom *schlauen Wahnwitz*
   (Zl. 8).

23 *Zum Hören ... zu laden* (to hear and see the matter): zum
   Hören und Sehen des Schauspiels einzuladen.

24–27 *Von ganzem Herzen ... an:* Claudius will grundsätzlich mit Hamlet in Frieden leben aus Gründen seiner eigenen Sicherheit und aus Liebe zur Königin. Erst als nach
   dem Schauspiel offenbar wird, daß Hamlet von dem
   Morde weiß, plant Claudius Hamlets Tod.

(S. 59)

31 *Ihr Vater und ich selbst:* In Apposition hierzu steht in der
   Folio »lawful espials« (befugte Späher). Den Quartos folgend, übersetzte Schlegel diese Worte nicht.

36 *ob nicht* (or no): oder nicht.

40–42 *dann darf ... Ehre:* Die Königin sagt, daß sie und der
   König keine Einwände gegen eine Heirat zwischen Ophelia und Hamlet hätten. Polonius hatte eine Heirat für un-
   denkbar gehalten (vgl. II,2,141 f., S. 42).

44 *Lasst Platz uns nehmen* (we will bestow ourselves): Besser:
   laßt uns unseren Platz einnehmen (hinter dem Vorhang).
   Buch: ein Gebetbuch, soll den Anschein des Alleinseins erwecken.

52 f. *Ist hässlicher ... Wort* (is not more ugly to the thing that
   helps it / than is my deed to my most painted word): ist
   nicht häßlicher in bezug auf das (Schönheits-)Mittel, das
   ihr dazu verhilft, als meine Tat in bezug auf mein ausge-
   schmücktestes (im Sinne von beschönigen) Wort. Claudius
   ist aufrichtig, er weiß genau, daß er mit Schuld beladen ist,
   er wird sogar später (III, 3) versuchen, seine Tat zu be-
   reuen und zu beten.

(S. 60)

54 *O schwere Tat!* (o heavy burden): O schwere Last!
56–88 *Sein oder Nichtsein ... Handlung Namen:* In diesem
        berühmten Monolog erwartet Hamlet mit Ungeduld den
        Abend, an dem er seinen Plan zur Prüfung des Claudius
        ins Werk setzen kann. Hamlets Gedanken kreisen weniger
        um seine verzweifelte Lage, manche Kritiker meinen sogar,
        er betrachte ernsthaft die Möglichkeit des Selbstmords,
        sondern eher um allgemein menschliche Gefühle und Ge-
        danken in einer solchen Situation. Hamlet selber leidet of-
        fenbar nicht unter der Verzögerung seiner Rache. Eine Ver-
        bindung zum ersten Monolog (I,2, 129–132, S. 15) besteht
        dennoch. Selbst wenn er seine persönlichen Interessen in
        diesen Gedanken zurückdrängt, bleibt der Kern des Pro-
        blems bestehen, so daß die quälende Frage der Rache in
        dieser verallgemeinerten Form für ihn Gültigkeit behält.
58–60 *die Pfeil' ... sie enden:* Shakespeare bezieht sich hier
        auf die Möglichkeiten, die einem Menschen gegen das
        Schicksal zur Verfügung stehen: entweder die Launen des
        Schicksals mit stoischer Ruhe zu ertragen oder gegen die
        Macht des Schicksals zu kämpfen. Hier läßt Shakespeare
        noch offen, welchen Erfolg er dem Widerstand gegen das
        Schicksal beimißt, vgl. Zl. 66–76.
61 *Nichts weiter!:* Im Kontext muß »no more« verstanden
        werden als: sterben ist nichts weiter als schlafen. Dieser
        Vergleich wurde zu Shakespeares Zeiten häufig gezogen.
62 *Das Herzweh ... endet:* Der Todesschlaf würde die uner-
        füllten Wünsche und die tausend Schläge des Schicksals be-
        enden, denen wir Menschen seit der Vertreibung aus dem
        Paradies unterworfen sind.
66–76 *Was in dem Schlaf ... bloß?:* Schlafen bedeutet durchaus
        nicht vergessen, denn wir können fühlen und leiden wäh-
        rend unserer Träume. Wenn wir uns also unserer Sterblich-
        keit entledigen sollten, würden wir immer noch nicht in ein
        Nichts versinken, sondern eher in einen Zustand geraten,
        der unserer Traumwelt entspricht. Die Höllenqualen für ei-
        nen Selbstmord würden ähnlich wie Träume während unse-
        res Lebens unser Nachleben martern. Daher sollte man sich
        lieber nicht selber dieser Art von ›Schlaf‹ überantworten,
        denn es könnte einfacher sein, das Elend zu ertragen.

76 *Mit einer Nadel bloß?* (with a mere bodkin): »bodkin« ist ein Dolch.

79 f. *Das unentdeckte ... wiederkehrt* (the undiscovered country from whose bourn / no traveller returns): das unentdeckte Land, von dessen Gebiet kein Wanderer wiederkehrt. Mit Wanderern sind Menschen, nicht Geister gemeint.

80 *irrt* (puzzles): verwirrt.

83 *Gewissen* (conscience): als geistige, nicht moralische Eigenschaft des Menschen zu verstehen, daher besser ›Bewußtsein‹.

(S. 61)

86 *Unternehmungen ... Nachdruck* (enterprises of great pitch and moment): Wagestücke hohen Flugs und Werts. Schlegel folgte dem »pith« (Bedeutung, Wichtigkeit) der Folio. Quarto II weist »pitch« (Höhe, Erhabenheit) auf, was die wahrscheinlichere Lesart zu sein scheint. Andere argumentieren, daß die Verwendung von »great« in diesem Kontext die Folio-Lesart unterstütze.

88 *Verlieren ... Namen* (lose the name of action): können nicht als Handlung bezeichnet werden.

89 *Nymphe:* Es war durchaus üblich, daß in der Hofsprache eine Dame so angeredet wurde.

91 *Mein Prinz ... Tagen?* (what does your honour for this many a day): Ophelias Worte sind gefühllos und kalt. Hamlet spürt dies sofort, er wird daher selber im Rahmen höflicher Konvention antworten.

93 *Angedenken* (remembrances): veraltete Form für ›Andenken, Geschenke‹.

94 *jetzo:* veraltete Form von ›jetzt‹.

95 *Nein, ich nicht:* Von hier an zieht sich Hamlet bei der Unterhaltung mit Ophelia in seinen Wahnsinn zurück, er scheint zu ahnen, daß Ophelia gemäß den Anweisungen anderer handelt.

109 f. *Könnte Schönheit ... Tugend* (could beauty, my lord, have better commerce than with honesty): Ophelia meint die platonische Doktrin, nach welcher ein schönes Äußeres Beweis für eine schöne Seele ist.

111–115 *Ja freilich ... Zeit:* Hamlet widerspricht Ophelia, er

meint, Schönheit habe nichts mit guten Taten gemein (wie
man zur Zeit der Renaissance annahm), die Schönheit ver-
derbe die Tugend.

(S. 62)

119 f. *denn Tugend ... sollten* (for virtue cannot so inoculate
our old stock but we shall relish of it): Hamlet vergleicht
die Situation des Menschen mit der Veredelung von Bäu-
men: denn Tugend (ein guter Zweig) kann auf unseren
alten Stamm nicht so aufgepfropft werden, daß man den
alten Grundstock nicht mehr durchschmeckt. Hamlet
könnte sich hier auf seine Mutter beziehen, die Schuld auf
sich geladen hat, oder auf die Situation des Menschen allgemein, vgl. »Coriolanus«, II,1,205 f.

122 *Kloster* (nunnery): Hamlet meint, daß nur eine völlige Iso-
lierung von ihm und dem korrupten Hof die Reinheit
Ophelias vor Sünden bewahren kann. Sollte sie heiraten,
würde sie den Fluch, der auf Adam lastet, nur weiter verbreiten.

134 *Wo ist Euer Vater?:* Hamlet scheint überzeugt, daß Polonius irgendwo als Lauscher verborgen ist.

144 *Ungeheuer* (monsters): Shakespeare scheint auf einen be-
liebten elisabethanischen Scherz anzuspielen, der besagt,
daß dem betrogenen Ehemann Hörner auf dem Kopfe
wachsen, vgl. »Othello«, IV,1,63.

148 *Malereien* (paintings): Meint das Anmalen des Gesichts,
was unter den elisabethanischen Damen allgemein Sitte
war. Dramatiker und Satiriker griffen diese Gewohnheit
mit Eifer an.

150 *ihr schlendert* (you jig): Es handelt sich um ein Wort, das
sich speziell auf das Tanzen der Gigue bezieht.

152 *stellt euch ... unwissend* (make your wantonness your ignorance): stellt eure Lüsternheit als Einfalt (Unwissenheit)
hin.

(S. 63)

156 *alle außer einem:* Gemeint ist Claudius.

159 ff. *Des Hofmanns Auge ... :* Diese Aufzählung entspricht
in ihrer Reihenfolge der elisabethanischen Standesord-
nung.

162 *Merkziel der Betrachter* (the observed of all observers): das
Ideal aller Betrachter.

172 *War nicht wie Wahnsinn* (was not like madness): Der König ist durchaus nicht von Hamlets Wahnsinn überzeugt,
er fürchtet, daß Hamlet irgendwelche düsteren Pläne hegt.

177 *Mir abgefasst:* im Sinne von ›beschlossen‹.
nach England: Der König hält es für vorteilhaft, wenn er
Hamlet für eine Zeitlang vom Hofe entfernt. Die Seereise
nach England soll Hamlets Geisteszustand bessern. Es ist
die Art von Ablenkung, die Rosenkranz und Güldenstern
für Hamlet bereiten sollten. Bis jetzt ist Claudius' Entschluß wohlwollend, erst später, wenn der König die Ge-
fährlichkeit Hamlets erkennt, wird die Reise in einen Anschlag auf Hamlets Leben umgewandelt.

180 *wandelbare Gegenstände* (variable objects): die wechseln-
den Eindrücke, denen ein Reisender ausgesetzt ist.

(S. 64)

191 *sie gehe … heraus* (let her be round with him): Sie möge
freimütig mit ihm reden.

193–195 *Wenn sie … Weisheit ein:* Polonius deutet an, wie weit
er gehen würde, um eine mögliche Gefahr von seinem König abzuwenden. Polonius steht eindeutig auf seiten des
Claudius, dessen Wahl zum König er ja unterstützt hat.

Zweite Szene

1–15 *Seid … vermeidet das:* Bei der Rede handelt es sich um
jene Zeilen, die Hamlet in den Text der Schauspieler eingeflochten wissen wollte (vgl. II,2,566, S. 55). Die folgenden
Anweisungen Hamlets über die Art und Weise der schauspielerischen Darstellung werden häufig als Shakespeares
generelle Bühnenanweisungen verstanden.

3 *Ausrufer* (town crier): Da der Ausrufer von wichtigen Mit-
teilungen auf möglichst weite Entfernung hin verstanden
werden will, zieht er seine Worte in die Länge, indem er
bei einigen Lauten länger als gewöhnlich verweilt.

10 *haarbuschiger Geselle* (periwig-pated fellow): Die Schauspieler trugen auch zu Shakespeares Zeiten Perücken.

12 *Gründlinge im Parterr'* (groundlings): Es handelt sich um Zuschauer, die im Parterre auf den billigsten Plätzen saßen oder standen. Diese Zuschauer waren zumeist ungebildet und erfreuten sich vornehmlich an der Handlung, weniger an den Worten der Schauspieler. Besonders die Pantomimen (dumb shows) entsprachen dem Geschmack der Leute im Parkett. Während Shakespeares Zeit rückte man vom Gebrauch der Pantomimen allmählich ab. Hamlet deutet an, daß er Pantomimen nicht gänzlich ablehne, er verdamme nur jene ›unauslegbaren‹ Pantomimen, die Rätsel aufgeben und sie nicht lösen.

15 *Ich möchte ... lassen* (I would have such a fellow whipped for his overdoing Termagant): *Bramarbasieren:* Schreien, Toben. Termagant wird als mohammedanische Gottheit angenommen, die in Schauspielen als ungezügelter und lauter Sprecher dargestellt wird.
es übertyrannt den Tyrannen (it out-herods Herod): Genauer: es ›überherodest‹ den Herodes. Herodes war ein häufig dargestellter Charakter in den englischen biblischen Dramen, er wurde als wütender Tyrann gespielt.

(S. 65)

18 *sonderlich:* besonders; alte Adverbialendung -lich.
20 *sowohl ... jetzt* (both at the first and now): von jeher.
25–27 *der Natur ... zeigen:* Die Absicht, der Natur den Spiegel vorzuhalten, wird durch den Vergleich mit dem Wachsbildnis weiter erläutert: der spezifische Zustand des Zeitalters und dessen inhaltlich-körperliche Bedeutung kann nur innerhalb der Zeitlichkeit im Rahmen der Form (bei Schlegel mit *Gestalt* übersetzt, im Text als »form«), und ihres (Wachs-)Abdrucks (pressure) ermessen werden.
34 *Menschen:* Die meisten heutigen Texte lesen »man« (Mensch), nicht wie L. L. Schücking »Ottoman« (Türke).
43–48 *denn es gibt ... erwägen ist:* Dies ist ein Hinweis auf die Schauspieler, die das Improvisieren, das ihnen durchaus zustand, zur Erheiterung der Zuschauer so weit trieben, daß ihre Späße wichtige Stellen des Stückes abträglich wurden.

(S. 66)

62 *Beförd'rung* (advancement): Vorteil, Hilfe.
63 *Rent'* (revenue): Einkommen, Besitz.
66 *gelenke Angel* (pregnant hinges): leichtbewegliches Ge-
   lenk.
71 *Als ... littest:* Hamlet lobt Horatios ausgewogenen Charakter in den folgenden Zeilen.
78 *in des Herzens Herzen* (in my heart of heart): rhetorische
   Übersteigerung, ›im Innersten‹.

(S. 67)

80 *zu Nacht* (tonight): heute abend.
87 *höll'scher Geist:* Vgl. Hamlets Unsicherheit am Ende seines
   zweiten Monologs (Schluß II,2, S. 56 f.).
88 *Einbildungen* (imaginations): bezieht sich auf die Mittei-
   lung des Geistes und den damit verbundenen Verdacht,
   daß Claudius Hamlets Vater ermordet haben könnte.
89 *Vulkan:* Gott der Schmiede.
93 f. *Wenn er ... Diebstahl:* Horatio antwortet humorvoll, er
   werde wie ein Luchs aufpassen.
95 *ich muss müßig sein* (I must be idle): Ich muß den Narren
   spielen.
98–100 *Wie lebt ... mästen:* Hamlet versteht »how fares my
   cousin Hamlet« nicht als ›wie geht es meinem Neffen
   Hamlet?‹, sondern als ›wie ißt mein Neffe Hamlet?‹. Daher antwortet Hamlet, er esse aus der Schüssel des Chamä-
   leons, das nach damaliger Ansicht von Luft lebte. Hamlet
   fügt hinzu, daß anscheinend Versprechen (Hamlets Thronfolge, I,2,108–112, S. 14. 122, S. 15) nicht eingehalten worden seien, daß er gleichsam wie ein Kapaun fettgemästet
   werde, mit der Absicht, ihn zu verdummen.
98 *mein' Treu* (i' faith): wahrlich, fürwahr.
103 *Meine auch nicht mehr:* Auch hier weist Hamlet Claudius'
   Ansinnen zurück, er habe dem König Worte in den Mund
   gelegt. Hamlet meint, daß er für seine Worte nicht mehr
   verantwortlich gehalten werden könne, denn sie seien inzwischen verhallt.
104 *auf der Universität:* Bei festlichen Gelegenheiten wurden
   auf den Universitäten von Studenten Schauspiele aufgeführt.

107 *stelltet ... vor* (enact): stelltet ... dar.
108–111 *Ich stellte ... umzubringen:* Die Parallele der Ermordung Cäsars durch Brutus verweist auf das kommende
Schicksal des Claudius und des Polonius.

(S. 68)

119 *soll ich ... liegen?:* Hamlet beabsichtigt, seinen Kopf gegen
Ophelias Schoß zu lehnen. Andererseits tragen die folgenden Zeilen eine Fülle von Zweideutigkeiten, die dazu angelegt sind, Ophelia bloßzustellen und gleichzeitig seinen
Wahn zu unterstreichen.
129 *aufgeräumt* (merry): heiter, lustig, scherzend. Das Wort
›merry‹ wurde auch als beschreibendes Adjektiv für unge-
hörige Worte gebraucht.
132 *ich reiße Possen* (jig-maker): Giguen (jigs, vgl. Anm. zu
I,1,150) waren komische Gesang- und Tanzeinlagen am
Ende der elisabethanischen Theateraufführung, die besonders dem Geschmack der *Gründlinge* (vgl. Anm. zu Zl. 12)
im Parkett entsprachen.
138 *Zobelpelz* (suit of sables): Der Hinweis auf den Zobelpelz
soll die angeblich lange Zeit seit dem Tode des Vaters betonen. Kostbare Zobelpelze wurden gewöhnlich von alten
Leuten getragen, daher scheint Hamlets schwarzer Anzug
(I,2,78, S. 13) völlig unzeitgemäß und ungerechtfertigt.
140 *bei Unsrer Lieben Frauen!* (by'r lady): d. i. Jungfrau Maria.
143 *Steckenpferd* (hobby-horse): Dieser beliebte Charakter alter Maispiele war zu Shakespeares Zeiten selten in Theater-
stücken zu finden, da die Puritaner in ihm einen schmutzi-
gen Überrest heidnischen Aberglaubens sahen, vgl. auch
»Love's Labour's Lost«, III,1,30.
145 *Pantomime* (dumb show): Hamlet hatte zuvor von unauslegbaren Pantomimen gesprochen (vgl. Anm. zu Zl. 12).
Diese Pantomime ist jedoch anders geartet, sie nimmt die
Handlung des folgenden gesprochenen Theaterstücks vorweg. Sie folgt nicht dem Muster der allegorischen Darstellung des Hauptthemas. Die Pantomime ist der erste Schritt
in Hamlets Strategie, dem König Claudius sein Geheimnis
zu entlocken, sie ist gleichsam die logische Vorbereitung
für die bevorstehende Kraftprobe. Diese Pantomime sollte
die Konzentration und Widerstandskraft des Königs in be-

zug auf die Enthüllung des Mordes schwächen, es könnte
dann sein, daß die Wiederholung desselben Themas in
Wort und Handlung die Widerstandskraft des Königs
gänzlich durchbricht. Die Pantomime leistet somit die Vor-
arbeit für den entscheidenden Moment von Claudius' Zusammenbruch unter der Last der Schuld.

(S. 69)

148 *spitzbübische Munkelei* (minching malhecho): verstohlene
Missetat; das zweite Wort ist spanischen Ursprungs.
156 f. *Vorstellung* (show): Hamlet spielt mit der Bedeutung des
Wortes ›show‹, einmal in der Bedeutung von (Schauspiel-)-
Vorstellung, dann als geistige Vorstellung.
158 *Ihr seid schlimm* (you are naught): Es steht schlimm um
Euch (eher mitleidsvoll als die vorherigen Anzüglichkeiten
tadelnd).

(S. 70)

165–271 *Schon dreißigmal ... auf dies gesunde Leben werfe:*
Der Stil der Schauspielaufführung hebt sich durch Reim
und umschreibende sentenziöse Sätze deutlich von dem
Stil des Hamlet-Schauspiels ab. Ähnlich verhielt es sich mit
dem stilistischen Unterschied der ›Mausefalle‹ und der
Pyrrhus-Deklamation, vgl. Anm. zu II,2,472. E. R. Curtius
sieht in diesem Stil eine Mockierung der Periphrase (»Europäische Literatur und lateinisches Mittelalter«, Bern
1948, S. 277 f.).
165 *hat den Apoll sein Wagen* (hath Phoebus' cart): Phoebus
Apollo: Gott der Dichtkunst, Sonnengott. *Wagen:* Man
stellte sich im Altertum die Sonne in einem Wagen über
das Firmament fahrend vor.
166 *Nereus' Flut* (Neptune's salt wash): die Wellen des Meeres,
dessen Gott Neptun ist.
Tellus' Rund (Tellus' orbed ground): das Rund der Erde.
Tellus: Göttin der Erde.
167 *zwölfmal dreißig Mond'* (thirty dozen moons): dreißig
Jahre.
in fremdem Glanz (with borrowed sheen): Der Mond erhält sein Licht von der Sonne.
170 *Hymen:* der griechische Hochzeitsgott.

175 *Dass Ihr mich ängstet* (that I distrust you): daß Ihr Besorg-
    nis in mir erweckt.
175 f. *aber zag ... Gemahl:* Aber selbst wenn ich um dich be-
    sorgt bin, mein Gemahl.
177 *hält Maß* (hold quantity): hält Schritt. Proportional zur
    Liebe wächst auch die Besorgnis.
185–187 *Du wirst ... zweiter Gatte:* Diese Zeilen gelten der
    Mutter Hamlets. Der Geist hatte ihre Schuld nicht erwähnt
    (I,5,85–88, S. 29 f.). Hamlets Verdacht auf ihre Mitschuld
    wird erst III,4,27–30 (S. 82) beseitigt.

(S. 71)

191 *Wermut* (wormwood): Metapher für Bitterkeit.
197–199 *Doch ein Entschluss ... durch Zeit geschwächt:* Vor-
    sätze behalten ihre Gültigkeit zumeist nur so lange, bis der
    Moment zum Handeln kommt; die Zeit und das Schwinden
    der Erinnerungskraft lassen uns die Vorsätze vergessen.
203 *was ... schuldig ist* (what to ourselves is debt): Einen Vor-
    satz legen wir Menschen uns selber auf, aber wir entschul-
    digen uns ebenso bereitwillig, wenn wir den Vorsatz ver-
    nachlässigen.
206 *Der Ungestüm:* Das Ungestüm.

(S. 72)

228 f. *Verzweiflung ... steh' mir offen!:* Fehlt in der Folio.
229 *Nur Klausnerbuß' im Kerker* (an anchor's cheer in prison):
    eines Einsiedlermönches Los im Kerker. Eine weniger
    wahrscheinliche Lesart für »cheer« ist Stuhl.
240 *gelobt zu viel* (doth protest too much): Gertrud antwortet
    völlig normal auf Hamlets Frage; es liegen keine Anzei-
    chen für ein schlechtes Gewissen oder ein Schuldgefühl
    vor.
242 *Habt ... gehört?:* Es war Routine, ein jedes Theaterstück,
    das am Hofe aufgeführt wurde, auf seinen Inhalt zu prü-
    fen, um mögliche Angriffe gegen die königliche Familie zu
    unterbinden. Des Königs Frage zeigt deutlich, daß er sich
    möglicher Implikationen bewußt ist.
242 f. *Wird es ... Welt:* Hamlet greift in seiner Antwort das
    Wort ›Ärgernis‹ auf und legt es beschwichtigend aus mit
    dem Hinweis, daß Vergiften auf der Bühne nur zum Spaße

geschehe und daher keine Verbindung zur Wirklichkeit be-
stehe. Vgl. ähnliche Ausdrucksweise in I,5,136 f.

247 *Mausefalle* (mouse-trap): Hamlet hat dem Gewissen des
Claudius eine Falle gestellt. Der Hinweis auf das reine
(›freie‹) Gewissen, das, wie Hamlet behauptet, ja beide haben, illustriert, wie geschickt Hamlet seine wahren Pläne
zu verschleiern weiß und gleichzeitig mit wohlgezielten
Worten auf den Kern seines Experimentes hinsteuert.

248 *Vienna* (Vienna): Wien.

253 *Der Aussätzige ... gesund* (let the galled jade winche, our
withers are unrung): wörtlich: Laß das wundgerittene
Pferd jammern, unsere Schultern sind nicht wund (d. h.:
wir beide haben ein reines Gewissen).

(S. 73)

255 *Chorus:* eine Schauspielerfigur, die dem Publikum Vorgänge auf der Bühne erklärt (z. B. Father Time in »Winter's
Tale«, IV,1).

256 f. *O ich ... tanzen sähe:* Hamlet antwortet, er würde gerne
erklärend das Liebesspiel zwischen Ophelia und ihrem
Geliebten beschreiben, wenn er nur ein solches (›Pup-
pen‹-)Spiel sähe. Es war üblich, bei Marionettenspielen einen Interpreten zu haben, der manchmal sogar auf der
Bühne saß.

259 *spitz* (keen): kühn; toll; unverschämt.

261 *Immer ... schlimmer* (still better, and worse): Hamlets an-
zügliche Antworten nimmt Ophelia nicht übel, da sie seine
Worte auf den Wahnsinn zurückführt.

262 *So ... Männer* (so you must take your husbands): »so«
nimmt »immer noch besser und schlimmer« wieder auf.
Der Text folgt hier der Quarto I. Die anderen Quartos und
die Folio enthalten statt »must take« »mistake« im Sinne
von mißbrauchen. Diese letztere Lesart wirft den Frauen
den Bruch des Treuegelöbnisses vor.

263 *Fang an ... Gesichter:* Schlegel hat das dem »Lass« voran-
gehende Schimpfwort »pox« (verdammt, eigentlich ›Pok-
ken‹) nicht übersetzt.

264 f. *Es brüllt ... Raben:* Dies sind nicht die ersten Zeilen von
Hamlets eingefügtem Text. Es scheint ein verstümmeltes
Zitat aus »The True Tragedy of Richard III« (anonym

1594) zu sein, mit dem Hamlet den Schauspieler und die Zuhörer auf den bevorstehenden Höhepunkt der Darbietung vorbereitet.

269 *Hekate:* Göttin der Zauberei und der Magie, tritt z. B. in »Macbeth« auf.

272–275 *Er vergiftet ... gewinnt:* Hamlet beschreibt als Chorus das Geschehen auf der Bühne.

276 *steht auf* (rises): Ohne sichtliche Erregung hat der König die Pantomime und den Rest des Schauspiels bis zu diesem Punkt ertragen. Nun aber erhebt er sich, von den Vorgängen auf der Bühne überwältigt. Diese Reaktion des Königs ist nur für Hamlet und Horatio ein offenes Eingeständnis seiner Schuld.

277 *durch falschen Feuerlärm* (with false fire): Hamlet bezieht sich auf das Explodieren von Platzpatronen, das die Schuldigen zum Geständnis bewegen sollte.

280 *Leuchtet mir! fort!* (give me some light. – Away!): Der König ruft seine Fackelträger, die ihm den Weg zu seinem Gemach erleuchten sollen.

282 f. *Ei ... vergällt* (why, let the stricken deer go weep, / the heart ungalled play): Hamlet wiederholt den Topos der Zeilen 252 f.

(S. 74)

286 *dies:* diese gerade vollendete Deklamation.

287 *wenn ... geht* (if the rest of my fortunes turn Turk with me): Wenn der verbleibende Rest meines Glückes sich auch gegen mich wendet (turn Turk: abtrünnig werden).

288 *gepufften Rosen* (Provincial roses): Es handelt sich um große Rosetten, die von Schauspielern auf ihren Schuhen getragen wurden.
gekerbten Schuhen (razed shoes): durch Schlitze ornamentierte Schauspielerschuhe. – Hamlet rühmt sich überschwenglich seines Erfolges als einer schauspielerischen Meisterleistung.

290 *halben Anteil:* Horatio gesteht Hamlet humorvoll die Hälfte der Einnahme zu. Die Schauspieler bezogen gewöhnlich kein Gehalt, sondern erhielten einen bestimmten Anteil der Einnahmen. Erfolgreiche Schauspieler erhielten einen vollen Anteil, andere entsprechend weniger.

292 *Damon:* seit der Antike Bezeichnung für einen guten Freund.

294 *Jupiter:* höchster römischer Gott.

295 *Affe* (pajok): Von Schlegel frei übersetzt. »Pajok« bedeutet Pfau, zu Shakespeares Zeiten wurde der Pfau mit den Eigenschaften der Grausamkeit und Wollust assoziiert. Horatios folgender Hinweis auf die Reimmöglichkeit suggeriert ›ass‹ (Esel) als reimendes Wort.

312–319 *Er hat sich ... Galle machen:* Eine Reihe von Wortspielen entwickelt sich nach Güldensterns Bemerkung, daß der König sich nicht wohl fühle. (Seine ›humours‹ seien aus dem Gleichgewicht.) Hamlet gibt zu verstehen, daß der König wahrscheinlich zuviel getrunken habe. Güldenstern weist diese Vermutung zurück und meint, der König leide unter einer Gallenkolik. Wenn dem so sei, meint Hamlet, dann sei Güldenstern an den falschen Mann gekommen, denn der König brauche einen Doktor, der dem König Reinigung (purgation) bringen könnte (durch Abführmittel, Zur-Ader-Lassen oder Beichte), denn wenn Hamlet die Reinigung vornähme, dann würde der König nur noch mehr leiden und schlimmere Anfälle haben (Verlust von Thron und Leben).

(S. 75)

320 *einige Ordnung* (some frame): Güldenstern nimmt Hamlets Worte als im Wahn gesprochen.

337 *Meine Mutter, sagt Ihr:* Güldenstern hat in Zeile 328 in ungehörig vertrautem Ton von Hamlets ›Mutter‹, nicht von der ›Königin‹ gesprochen. Hamlet verwahrt sich hier gegen diesen Ton der familiären Vertraulichkeit.

339 *Verwunderung* (admiration): Schlegels Übersetzungen von 1797, 1825 und 1839 enthalten »Bewunderung«.

347 *und wäre ... Mutter:* Hamlet unterstreicht seinen Willen zum Gehorsam.

348f. *bei diesen beiden Diebeszangen* (by these pickers and stealers): Diese Bemerkung bezieht sich auf die Hände mit den zehn Fingern, eine scharfe Zurechtweisung für Rosenkranz.

351–353 *Ihr tretet ... in den Weg:* Möglicherweise verbirgt sich hierin die Drohung, daß Hamlet eingekerkert werden könnte.

354 *Beförderung* (advancement): Hamlet verweist wieder auf
     den Grund, den er schon vorher gegenüber Rosenkranz
     und Güldenstern für seinen Wahnsinn angegeben hat
     (II,2,249 ff., S. 46; vgl. auch Anm. zu I,5,185; III,1,125, S. 62
     Ich bin sehr ... ehrgeizig).

(S. 76)

358 *derweil das Gras wächst,* hungert das Pferd, lautet das voll-
     ständige Sprichwort (while the grass grows, the horse
     starves). Hamlet gibt sich den Anschein, als empfinde er
     des Königs Versprechen als unzureichend. Vgl. den Inhalt
     des Bildes vom *Chamäleonsgericht* (Zl. 99, S. 67, Anm. zu
     Zl. 98–100 *Wie lebt ... mästen*).

361 *um meine Witterung zu bekommen* (to recover the wind of
     me): Wenn ein Tier bei der Jagd gegen den Wind getrieben
     wird, vermag es seine Verfolger nicht zu riechen, es läuft
     daher um so leichter in die Falle.

363–365 *wenn ... ungesittet:* Wenn Güldensterns Ergebenheit
     von Hamlet als allzu vertraulich ausgelegt werde, dann
     möge er doch bedenken, daß aufrichtige Zuneigung diesen
     Bruch der Sitte herbeigeführt habe.

372 *Es ist so leicht wie lügen* (it is as easy as lying): häufig ge-
     brauchtes Sprichwort.

373 *Klappe* (thumb): Korrekt soll es ›Daumen‹ heißen. Schlegel
     fand in der Quarto II »umber«, das er willkürlich mit
     ›Klappe‹ wiedergab.

376 *Griffe* (stops): Fehlte versehentlich in Schlegels Ausgaben
     von 1797 und 1839.

388 *mich ... verstimmen* (fret me): Hamlets Wortspiel umfaßt
     beide Bedeutungsbereiche des Wortes. »fret« kann einmal
     die Griffstellen auf Saiteninstrumenten bedeuten (verstim-
     men), andererseits kann es auch ›sich aufreiben, ärgern‹ be-
     deuten. Die Metapher des Musikinstruments für einen
     Menschen begegnet häufig bei Shakespeare, vgl. z. B. das
     Virginal in Sonett 130.

(S. 77)

393–399 *Seht Ihr ... Walfisch:* Hamlet gibt sich als wahnbeses-
     sen, Polonius folgt Hamlets wilder Phantasie mit humori-

gem Wohlwollen. Vgl. zu den Wolkenbildern »Antony
and Cleopatra«, IV,14,2–11.

401 *daß mir ... reißt* (to the top of my bent): Shakespeare verwendet hier das Bild des gespannten Bogens.

406–417 *Nun ist ... Seele!*: Dieser Monolog unterstreicht
Hamlets festen Entschluß zum Handeln nach der ›Mausefalle‹. Auch will er die Zuschauer darauf hinweisen, daß er
nicht die Absicht hat, seiner Mutter Leid anzutun (der
Geist hat ihn in I,5,85–88, S. 29 f., davor gewarnt), selbst
wenn er die Königin mit Drohungen überschütten sollte
(III,4,18–21, S. 82).

406 *Spükezeit* (witching time): Geisterzeit.

412 *Nero:* röm. Kaiser, berüchtigt wegen seiner Greueltaten, er
tötete seine Mutter.

416 *schmäle* (be shent): veraltet: jemandem zusetzen; zanken,
lästern.

Dritte Szene

(S. 78)

1 *Ich mag ihn nicht:* Bezieht sich auf Hamlets Gegenwart am
Hofe und seinen Zustand.

3 *Vollmacht* (commission): Urspr. hatte Claudius beabsichtigt, Rosenkranz und Güldenstern als Vorboten nach England zu schicken, damit sie dem Protokoll gemäß die Ankunft des königlichen Gesandten (Hamlet) dort anmelde-
ten. Nun aber, nach der ›Mausefalle‹, soll Hamlet sofort
mit Rosenkranz und Güldenstern unter deren *höchstem
Auftrag* (V,2,18, S. 123) nach England abgeln. Der Inhalt
des Briefes, den Rosenkranz und Güldenstern als *Bestel-
lung* (III,4,202–204, S. 88) an den englischen König bei
sich tragen, scheint ohne das Wissen der Boten um die Tötung Hamlets zu ersuchen (IV,3,60–70, S. 94; V,2,19–25,
S. 123 f.). Nach außen hin sieht es so aus, als werde Hamlet
als Gesandter nach England geschickt (III,1,177 f., S. 63 *Er
soll in Eil' nach England ...* ; IV,6,9 f., S. 104 *dem Gesandten, der nach England ...*). Hamlet ist sich selber anfangs
über die Aufgabe seiner Mission nicht im klaren
(III,4,202 ff., S. 88 *Man siegelt ...* ; IV,3,50, S. 93 *Aber
kommt! nach England!*).

6 f. *Gefahr ... Grillen* (hazard so near us as doth hourly

grow / out of his brows): L. L. Schücking folgt einer text-
treueren Übersetzung: Gefahr so nah uns, wie sie stündlich
mehr droht auf seiner Stirn.

7 *bereiten* (provide): vorbereiten, fertigmachen.

12 *Rüstung des Gemüts* (armour of the mind): weise Voraussicht.

14 *Der Geist* (that spirit): jene Persönlichkeit.

14 f. *Der Majestät … allein* (the cess of majesty / dies not
alone): Beim Tod der Majestät stirbt nicht nur die Person
des Herrschers. Bei der zeitgenössischen Identifikation
von Herrscher und Staatswesen bedeutet der Tod des Königs zugleich eine ernste Staatskrise.

17–22 *Sie ist … Sturz:* Rosenkranz benutzt eine beliebte Figur
höfischer Rhetorik (vergleicht den König mit einem Rad).
Er befestigt es *auf des höchsten Berges Gipfel,* kann den
Vergleich aber nicht auf gehobener Ebene vollenden, verfängt sich in nichtssagenden *Dingen* und schließlich bricht
der Vergleich in einem *ungeheuren Sturz* zusammen.

25 *diese Furcht:* Hamlet.

(S. 79)

28 *Tapete* (arras): lose vor einer Wand aufgehängter Vorhang.

30 *und wie Ihr sagtet:* Polonius in seinem Eifer als Höfling
will das Gespräch zwischen Mutter und Sohn mit anhören.
Für den König ist dieses Verhalten nutzlos, denn er weiß
sehr wohl, was in Hamlets Kopf vor sich geht. Er läßt Polonius aber diesen Dienst ausführen, um wahrscheinlich
nicht zu ungelegener Zeit Verdacht zu erwecken, da die
Angelegenheit schon vor der ›Mausefallen‹-Szene besprochen worden war (III,1,189–195, S. 63).

37 *den ersten, ältesten der Flüche:* Bezieht sich auf die Er-
schlagung Abels durch Kain (1. Mose 4,10–12).

48–50 *Und hat Gebet … auszuwirken?:* Claudius entschließt
sich zu beten, da Gebet sowohl Sünden vergebe und
gleichfalls weitere Sünden im voraus vergeben könne.

51–72 *Doch oh … alles gut:* Claudius erkennt, daß Vergebung
nur gewährt wird, wenn der Sünder bereut, er würde ein
öffentliches Geständnis ablegen müssen und somit alle
Vorteile, die er gewonnen, wieder verlieren.

(S. 80)

63 *unsern Fehlern in die Zähne* (even to the teeth and fore-head of our faults): unseren Fehlern ins Gesicht (ein Ge-ständnis abzulegen).

68 f. *O Seele ... verstrickt wird:* O Seele, die, nach Befreiung ringend, sich noch mehr verstrickt.

69 *Engel ... versucht!* (help, angels! Make assay!): doppelsin-nig: 1. laßt mich versuchen, prüfen; 2. gebt mir eine Chance.

73–95 *Jetzt könnt ... Wohin er fährt:* Die Ironie dieser Szene liegt für Hamlet darin, daß er bei der ersten Gelegenheit zur Rache den König betend findet. Die Elisabethaner hielten es für äußerst hinterhältig, wenn ein Rachemord in der Absicht begangen wurde, zusammen mit dem Körper auch die Seele zu töten. Hamlet muß aber sein Vorhaben vor allem deshalb weiter aufschieben, weil sonst Claudius *gen Himmel* gehen würde (Zl. 75–78), während sein Vater ohne Beichte sterben mußte (Zl. 80 f.).

75 *Bube* (villain): gemeiner, verächtlicher Mensch.

78 *Sold ... Rache nicht:* ›materielle‹ Befriedigung, nicht ide-elle.

80 f. *Voll Speis' ... Maienblüte* (full of bread / with all his crimes broad blown, as flush as May): Hamlets Vater be-fand sich zur Zeit seiner Ermordung in einem ungereinig-ten Zustand. Er befand sich randvoll (flush) im Genusse weltlicher Freuden (full of bread), mit seinen Sünden (crimes) unvergeben.

(S. 81)

89 *berauscht ist, schlafend* (is drunk asleep): Schücking schlägt mit Recht »betrunken daliegt« vor.

91 *Beim Doppeln* (at game): beim sündhaften Kartenspiel.

96 *Wohin er fährt* (whereto it goes): »it« bezieht sich auf Seele, daher besser: Wohin sie fährt.

97 *Die Worte fliegen auf:* Die Worte sind leer, ohne Glauben gesprochen.

Vierte Szene

3 *Geschirmt* (screened): Sie habe Hamlet vor dem König in Schutz genommen.
4 *Hitz'* (heat): Bezieht sich auf des Königs Zorn.
  bergen (sconce me): verbergen.
9 *dein ... beleidigt:* Gertrud meint mit *Vater* Claudius.
10 *mein Vater:* Hamlet meint mit *Vater* seinen Vater, Hamlet d. Ä.

(S. 82)

14 *Habt ... vergessen?:* Gertrud verlangt Respekt und Gehorsam von ihrem Sohn.
21 *Was willst du tun?:* Hamlet zwingt die Königin anscheinend, wieder Platz zu nehmen. Da die Königin sich über Hamlets Absicht nicht im klaren ist, ruft sie um Hilfe.
23 *für 'nen Dukaten* (for a ducat): Hamlet wettet um einen Dukaten.
25 *ist es der König?:* Hamlet hat unter der Annahme gehandelt, es sei der König (vgl. auch Zl. 32 *Ich nahm dich für 'nen Höhern*). Er wollte diese Gelegenheit unter Vortäuschung impulsiver Narrheit benutzen, den König ohne Konsequenzen des Gesetzes zu töten.
28 f. *Ja ... treten:* Hamlet sagt eindeutig, daß er seine Mutter als Komplizin am Morde seines Vaters betrachte. Gertrud scheint diese Anklage nicht zu verstehen; Hamlet verfolgt diese Gedanken nicht weiter. Bei Belleforest (vgl. Kap. III,2) beteuert die Königin ihre Schuldlosigkeit emphatisch, sie schließt sich dort Hamlets Racheplänen an.

(S. 83)

35 *ringen* (wring): bearbeiten, beeinflussen.
39 *Was tat ich:* Gertrud ist sich offenbar keiner Schuld bewußt.
46 *Vertrag* (contraction): Ehevertrag. Hamlet beschuldigt die Mutter nicht mehr des Mordes, sondern des Ehebruchs.
48 *Des Himmels Antlitz glüht:* metaphorisch für: Der Himmel ist rot vor Zorn.
49 *Weltgebäu* (compound mass): Die Erde wurde verstanden als harmonisch ausgewogene Masse, bestehend aus den vier Elementen.

53 *Gemälde* (picture): Auf der Bühne weist Hamlet entweder
auf zwei lebensgroße Gemälde von König Hamlet und
Claudius, oder er vergleicht das Bildnis seines Vaters auf
dem Medaillon, das er trägt, mit dem Bildnis von Claudius
auf Gertruds Medaillon.

54 *nachgeahmte Gleichnis* (counterfeit presentment): Hamlet
meint die gleiche Pose und Haltung, in der sich Claudius
hat darstellen lassen, um seine Legitimität als Nachfolger
König Hamlets zu unterstreichen.

56 *Apollo* (Hyperion): röm. Gott der Dichtkunst. Hyperion:
Titan, Vater des Helios (vgl. Anm. zu I,2,139 f.).
Jovis: Jupiter, höchster röm. Gott.

57 *Mars:* röm. Kriegsgott.

58 *Götterherold* (herald Mercury): röm. Götterbote.

60 *ein Verein und eine Bildung* (a combination and a form):
Hamlet hat seinen Vater als glückliche Vereinigung idealer
Eigenschaften beschrieben.

62 *Der Welt ... leisten:* Fehlte in den Ausgaben von 1797, 1825
und 1839. Von Bernay nach Schlegels Manuskript ergänzt.

64 *brand'ge Ähre* (mildewed ear): verdorbene Ähre. Die vom
Brand befallene Ähre sieht schwarz aus und ist ungenieß-
bar.

(S. 84)

68–88 *Nennt es ... kuppelt:* Hamlet tadelt seine Mutter wegen
ihres Verhaltens. Sie sei alt genug, so daß ihre Verstandes-
kraft nicht mehr von dem Gefühl der Lust überwältigt
werden dürfe. Wahre Liebe beruhe auf einem gesunden
Urteil in der Wahl des Partners; Lust hingegen folge solchen Erwägungen nicht.

78–81 *Sehn ohne Fühlen ... so zu:* Die Folio enthält diese Zeilen nicht.

81 *Tappt ... zu* (could not so mope): könnte nicht so töricht
(unsicher in seiner Wahl) sein.

82 *Wilde Hölle* (rebellious hell): Die höllischen Elemente im
Menschen scheinen sich in Hamlets Mutter rebellierend
gegen die guten erhoben zu haben.

83 *Matrone* (matron): reife Frau.

90 *tief* (grained): Solche Flecke sind unentfernbar, da sie nun
spezifisch zum Material gehören.

92 *Schweiß und Brodem* (rank sweat): unanständiger Schweiß.
   Man hielt Schweiß für schmelzendes Körperfett. *Brodem:*
   Qualm, Dampf.

   (S. 85)

99 *Beutelschneider* (cutpurse): Taschendieb.
101 *Der Geist kommt:* Diese Bühnenanweisung lautet in der
    Quarto I »enter the ghost in his night gown« (kommt
    im Hausanzug). Es scheint eine nicht von Shakespeare
    stammende Anweisung zu sein mit dem Inhalt, daß der
    Geist seine Rüstung abgelegt hat und nun im Hausanzug
    (im Gewand, so wie er lebte, Zl. 135, S. 86 *leibhaftig*) er-
    scheint.
106 *er ist verrückt:* Geister konnten nur einer einzigen Person
    erscheinen. Der Geist hat in diesem Falle eine Nachricht
    für Hamlet.
107–110 *Kommt Ihr ... O sagt!:* Der Leser möge beachten, daß
    es nicht der Geist des Vaters ist, der Hamlet Verzögerung
    vorwirft. Es ist Hamlet selber, der diesen Gedanken äu-
    ßert; der Geist stimmt vorwurfslos zu (Zl. 111).
110 *Diese Heimsuchung* (this visitation): diese meine Rück-
    kehr.
113 *Tritt ... Kampf:* Gertrud ist auf Grund ihrer *Einbildung*
    (conceit) der Bewußtlosigkeit nahe. Daher bittet der Geist
    des Vaters den Sohn, diese Agonie der Mutter zu beenden,
    denn offenbar wolle die Seele der Mutter den Körper ver-
    lassen (Anzeichen der bevorstehenden Ohnmacht).
119 *Geister* (spirits): Man glaubte, daß in Augenblicken höch-
    ster seelischer Erregung die Lebensgeister an die Oberflä-
    che träten und sich auf verschiedene Weise, z. B. in einem
    Blick ins Leere (Zl. 117), offenbarten.
121 *Haar sich als lebendig* (hair like life in excrements): Haar,
    als wenn Leben in Exkrementen wäre. Man bezeichnete
    Fingernägel und Haare als nicht direkt zum Körper gehö-
    rende, leblose Nebenprodukte.
126 f. *Sein Anblick ... einpredigen* (his form and cause con-
    joined, preaching to stones / would make them capable):
    Sein Anblick und sein Zustand zusammen würden Steine
    erweichen (würde ihr Mitgefühl erregen).
129 f. *sonst ... Tränen* (then what I have to do / will want true

colour; tears perchance for blood): Dies ist eine Parallele zu III,1,83–88 (S. 60 *So macht Gewissen ...*). Der bemitleidenswerte Zustand des Geistes könnte Hamlets Entschluß zur Rache mit des »Gedankens Blässe ankränkeln« (Zaudern hervorrufen). Daher bittet Hamlet den Vater, ihn nicht weiter anzuschauen, denn er habe noch etwas zu tun, das statt der Blässe wahre Farbe (rot) enthalten müsse. Hamlets Rachepläne würden durch Mitleid und Tränen weiter verzögert und geschwächt.

(S. 86)

135 *in leibhaftiger Gestalt* (in his habit as he lived): Hamlets Vater trägt einen gewöhnlichen Anzug wie zu Lebzeiten (keine Rüstung).

145 *Legt ... Seele:* Hamlet weist darauf hin, daß die Mutter sich keiner Illusion über Hamlets ›Wahnsinn‹ hingeben solle: er spreche die Wahrheit.

152–155 *Vergebt mir ... wohltun dürfe:* Hamlet bittet seine Mutter um Vergebung, daß er als Sohn der Mutter so ins Gewissen reden muß.

153 *engebrüst'gen* (pursy): kurzatmigen. Hamlet vergleicht die Zeit mit einem von Fettheit kranken Körper; der Tugendhafte muß bei solchen Gelegenheiten sich selber erniedrigend das Knie beugen, um das Übel zu heilen.

160 *die Ihr nicht habt* (if you have it not): selbst wenn Ihr keine habt.

(S. 87)

165 *Die gut sich anlegt* (that aptly is put on): (Jene Kleidung) läßt sich leicht anziehen.

167–170 *die nächste / Wird dann ... Mit wunderbarer Macht:* Diese Zeilen fehlen in den Quartos.

171 f. *Um Euren ... verlangt* (and when you are desirous to be blessed, / I'll blessing beg of you): Sobald Gertrud ihr Tun bereut und Buße geleistet hat, wird Hamlet als gehorsamer Sohn mit der Mutter Frieden schließen und um ihren Segen bitten.

172–179 *Für diesen Herrn ... nahet sich:* Hamlet erkennt, daß seine impulsive Handlung ihn nun zu einer *Geißel* und einem *Diener* des Himmels gemacht hat. Durch die Ermor-

dung des Polonius hat Hamlet eine Schuld auf sich geladen, zu der er sich bekennt, die nun aber von seiten des
Claudius erhöhte Gefahren für Hamlet heraufbeschwört.
Zwar sieht sich Hamlet auch als Diener der Gerechtigkeit,
aber diese Funktion hat unter den gegenwärtigen Umständen nur weitere Schuld und Gefahr erzeugt, so daß dies ein
schlechtes Omen für seine zukünftigen Pläne bedeutet.

181–196 *Durchaus nicht das ... selbst den Hals:* Hamlets Worte
an die Mutter sind von bitterer Ironie getragen.

182 *gedunsnen* (bloat): vom Trinken und Feiern.

190 *Verhehlte ... Molch* (would from a paddock, from a bat, a
gib): *Kanker* (paddock): Kröte, Frosch; »bat«: Fledermaus;
»gib«: Kurzform für Gilbert (beliebter Name für Kater);
alle genannten Tiere (vgl. »Macbeth«, I,1,8 f.; IV,1,14 f.)
sind im verächtlichen Sinne angeführt, bezogen auf Claudius.

193–196 *Löst auf dem Dach ... Hals:* Die Fabel kann folgen-
dermaßen rekonstruiert werden: Ein Affe findet auf dem
Dache einen Korb mit Vögeln. Er öffnet den Korb, die
Vögel fliegen davon. Um es den Vögeln gleichzutun,
kriecht der Affe in den Korb, springt heraus und bricht
sich beim Flugversuch (to try conclusions) das Genick.

(S. 88)

197–199 *Sei du gewiss ... gesagt:* Gertrud verspricht, dem König nichts zu verraten.

200 *Ich muss nach England:* Es könnte sich hier um eine In-
konsequenz Shakespeares handeln, denn offiziell erfährt
Hamlet erst von seiner Englandmission in IV,3,45–48
(S. 93). Andererseits könnte man annehmen, daß Hamlet
Freunde unter den Beratern des Königs hat, die ihm über
die Änderung der königlichen Pläne schon berichtet haben.

202–205 *Man siegelt ... führen:* In diesen Zeilen berichtet
Hamlet von dem ursprünglichen Plan, nach dem Rosenkranz und Güldenstern ihm als Herolde vorausseegeln sollten.

207 *Pulver* (petar): Shakespeares Wort bezieht sich auf eine
Sprengladung, mit der man besonders Tore aufzusprengen
pflegte.

208 *Klafter* (yard): Raum- und Längenmaß.

209 *Bis an den Mond:* Shakespeare sagt »at the moon« statt »to the moon«, was die Intensität von Hamlets Rache dahingehend unterstreicht, daß er die beiden nicht nur ›auf den Mond‹, sondern sogar ›gegen den Mond‹ sprengen wird.

210 *Wenn ... entgegengehn!:* Diese Zeile setzt das Bild des unterirdischen Gängegrabens (Zl. 208) während einer Belagerung fort: zwei gegnerische Gänge laufen aufeinander zu und müssen unvermeidbar zur Konfrontation führen.

211 *Der Mann ... auf* (this man shall set me packing): »packing« ist doppeldeutig: 1. jemand könnte eine Last auf dem Rücken tragen (Sprenglast); 2. jemand könnte in Eile seine Sachen packen (möglicher Tod).

212 *Wanst* (guts): Polonius' Leichnam.

214 *ernst fürwahr* (most grave): Shakespeare scheint auf ›Grabes‹-Stille anzuspielen. Situationen, in denen sich Hamlets Gefühlserregung in ähnlichen Anspielungen äußert: I,5,116 ff. (S. 31). 150 ff. (S. 32); III,2,282 ff. (S. 73).

Vierter Aufzug. Erste Szene

(S. 89)

7–11 *Er rast ... Wahnes Hitze:* Gertrud unterstützt gegenüber Claudius die These, daß Hamlet wahnsinnig sei.

12 *Den ... guten alten Mann:* Wiederholt drücken der König und die Königin ihre Hochachtung für Polonius aus. (Daher sollte Polonius nicht nur als komischer Charakter auf der Bühne gespielt werden.)
ungesehnen: ohne ihn zu sehen.

13 *uns:* pluralis maiestatis. Claudius erkennt sofort, daß Hamlet mit dem Schwert in den Vorhang stieß, nicht um Polonius, sondern um den König zu töten.

16 *wer steht ... blut'ge Tat?* (how shall this bloody deed be answered?): Laertes' Vorwürfe (IV,5,112–136, S. 100 f.) zeichnen sich ab. Auch versucht der König unklugerweise, die Tat zu vertuschen. Er gesteht später diesen Fehler ein (IV,5,83 f., S. 99), und Laertes betont ihn (IV,5,213–217, S. 102).

17 *Uns wird zur Last sie fallen* (it will be laid to us): Claudius argumentiert selbstbezogen, denn er will seine Maßnah-

men rechtfertigen. In den Zeilen 19, 20 und 22 ist Gertrud
möglicherweise mit gemeint.

18 f. *eingesperrt ... halten sollen:* Wiederum und im Folgenden, wie zuletzt in III,3,2 (S. 78), Claudius' Problem: Ist
der Wahnsinnige einzusperren?

21 *Schaden* (disease): Krankheit.

23 *Recht ... Mark* (even on the pith of life): genau (ausgerech-
net) am Lebensnerv.

26 *Erz* (mineral): Erzader in einem Bergwerk.

27 *er weint ... Geschehne:* Gertrud betont Hamlets Reue, um
ihn vor Claudius' Zorn zu schützen. Vgl. III,4, 211–216
(S. 88).

(S. 90)

33 *nehmt euch wen zur Hilfe:* Bis er nach England aufbricht,
soll Hamlet ständig bewacht werden, vgl. IV,3,14 (S. 92 *Bewacht*).

36 *sprecht ihm zu* (speak fair): Redet vorsichtig mit ihm.

40 *so kann der schlangenart'ge Leumund:* Diese Halbzeile
fehlt in der Quarto II und in der Folio. In der Folio fehlen
auch die Zeilen 41–44 *(Des Zischeln ... unschädlich treffen).* Schlegel übersetzte nach Malones Interpolation »so
viperous slander«. Neuere Texte führen Capells »so haply
slander«: so kann vielleicht der böse Leumund.

41 *Pol* (world's diameter): durch die gesamte Breite der Welt.

42 *wie zum ... Kanone* (as the canon to his blank): Wie die
Kanone das Geschoß in das Schwarze der Zielscheibe trägt
(das Zentrum der Zielscheibe war damals offenbar weiß).

45 *Entsetzen ... Zwist* (discord and dismay): Claudius ist
ernsthaft beunruhigt. Der Tod des Polonius könnte seine
Stellung als König erschüttern.

Zweite Szene

1 *beigepackt* (stowed): fortgeschafft. Diese Szene nimmt
Hamlets Handlung direkt nach III,4 wieder auf. Hamlet
hat Polonius' Leichnam fortgeschafft.

(S. 91)

6 *dem er verwandt:* Vgl. 1. Mose 3,19.

11 *Dass ich euer Geheimnis ... nicht:* Hamlet deutet an, daß er sehr wohl weiß, was der König mit ihm vorhat, vgl. III,4,202–210 (S. 88).

12 *Schwamm* (sponge): Hamlet vergleicht die servil absorbierende Eigenschaft eines Schwammes mit den Diensten, die Rosenkranz und Güldenstern für den König leisten (vgl. Zl. 15 ff.). Hamlet fühlt sich als Sohn eines Königs nicht verpflichtet, solchen Handlangern Rechenschaft über sein Tun abzulegen.

15 *Miene* (countenance): Gesichtsausdruck (Gunst) je nach Laune.

17 *den besten Dienst am Ende:* wenn sie wie ein Schwamm wieder trocken und (von neuem für andere Aufgaben) absorptionsfähig werden.
   wie ein Affe den Bissen (Folio: like an ape an apple; Quarto II: like an apple; Quarto I: as an ape doth nuttes): Shakespeare scheint sich auf die Gewohnheit der Affen zu beziehen, die Nahrung in ihrem Maule aufbewahren und sie erst zu gegebener Zeit verzehren. Der Entschluß des Verzehrens läuft dem Moment des Auspressens des Schwammes parallel.

24 f. *eine lose Rede ... Ohren* (a knavish speech sleeps in a foolish ear): Eine schelmische Rede schläft in dummen Ohren. Dies ist ein klarer Hinweis durch Hamlet auf die tiefere Bedeutung seiner Worte.

28 f. *Die Leiche ist ... bei der Leiche* (the body is with the king, but the king is not with the body): »body« kann sowohl ›Körper‹ als auch ›Leiche‹ bedeuten. Daher trifft Schlegels Übersetzung nicht den gesamten Bereich dieser Worte. Verstehen wir »body« als Körper, dann beziehen sich die Worte auf Hamlets mißglücktes Attentat auf den König, dessen Autorität sich zwar äußerlich in Claudius verkörpert, aber in Wahrheit nicht zu Claudius gehört. Verstehen wir »body« als Leiche, dann zeichnen sich Hamlets Rachepläne weiter ab: Er muß den König zu einer Leiche machen.

31 *Versteck dich, Fuchs* (hide fox): Fehlt in den Quartos. Scheint sich auf ein Versteckspiel der Kinder zu beziehen.

Der Fuchs versteckt sich, die anderen müssen ihn finden.
Hamlet verläßt gleichsam als Fuchs die Bühne, und Rosenkranz und Güldenstern folgen hinterdrein.

Dritte Szene

(S. 92)

1 Die Folio läßt zunächst nur den König auftreten, die
Quarto II läßt den König zusammen mit einem kleinen
Gefolge auftreten. Die Zeilen 1–10 und 60–70 (S. 94 *Und
England! ... nichts erquicken.*) sind einwandfrei als Mono-
loge des Claudius zu verstehen.

2 *frank umhergeht* (goes loose): frei umhergeht.

4 f. *Er ist ... wählt:* Wegen Hamlets Beliebtheit beim Volke
muß der König vorsichtig zu Werke gehen. Auch die
Liebe, die Gertrud ihrem Sohne gegenüber empfindet,
zwingt Claudius zur Mäßigung.

4 *bei der verworrnen Menge* (distracted multitude): bei dem
emotional erregbaren Volk.

6 *des Schuld'gen Plage* (offender's scourge): die Leiden des
Schuldigen.

14 *Bewacht* (guarded): Vgl. Anm. zu IV,1,33.

17 *He, Güldenstern!:* Neuere Texte fügen *Güldenstern* als
Anrede ein, in Shakespeares Text nicht enthalten.

20 *gespeist* (is eaten): verspeist.

22 *So 'n Wurm ... betrifft* (your worm ... for diet): In bezug
auf dieses *Nachtmahl* ist der Wurm das höhere Wesen, das
sich an Königen und Bettlern ohne Unterschied mästet.

(S. 93)

32 f. *wie ein König seinen Weg ... nehmen kann:* Der König
macht seine ›Staats‹-Reise natürlich im Wurme, der ihn verspeist hat.

39 *wann* (as): wenn.

47 *Gefährten* (associates): Rosenkranz und Güldenstern.

49 *So ist ... wüsstest: Absicht* bezieht sich auf *Gut* in der vorangehenden Zeile. Diese Absicht ist natürlich nur ›gut‹ im
Sinne des Königs.

50 *Cherub:* Hamlets Hinweis auf den Cherub deutet an, daß

I. Texterläuterungen zu IV,4

er sehr wohl weiß, was ihm an ›guten Absichten‹ bevorsteht.

51 *Lebt wohl, liebe Mutter:* Die Mutter ist nicht anwesend, trotzdem sagt Hamlet ihr ein Lebewohl.

52 *Dein liebevoller Vater, Hamlet:* Der König korrigiert Hamlets Abschiedsgrüße, er meint, sie seien an ihn gerichtet. Vgl. I,2,64 (S. 13 *mein Vetter Hamlet und mein Sohn*) und 110–112 (S. 14 *Und mit nicht ... zugetan*).

53 f. *Vater und Mutter ... Mutter:* Hamlets Entgegnung schließt Claudius als Vater aus.

(S. 94)

57 *Verzögert nicht* (delay is not): Verzögert es nicht.

58 f. *alles ist versiegelt ... heischt:* Der König scheint sich hier auf die geheimen Dokumente zu beziehen, die Hamlets Ermordung verlangen. Ihrer Reaktion nach zu urteilen, scheinen Rosenkranz und Güldenstern den Inhalt nicht zu kennen.

60 *England:* Metonymie, meint den König von England; vgl. I,1,48 (S. 7 *Dänmark*).

65 *Das oberherrliche Geheiß* (sovereign process): der Befehl des Lehnsherrn an den Vasallen.

68 *Denn ... Blut* (for like the hectic in my blood he rages): »hectic« ist ein dauerndes Fieber gegenüber einem zeitweiligen Fieber. Bevor Hamlet nicht aus der Welt geschafft ist, wird der König keine Ruhe finden.

Vierte Szene

3 *Geleit* (conveyance): Fortinbras zieht mit seinen Truppen durch dänisches Gebiet, er läßt daher um königliches Geleit bitten (vgl. II,2,77–80, S. 40).

9–66 *Wes sind die Truppen ... oder seid verachtet!:* Die Folio enthält diese Zeilen nicht, offenbar hat man sie gestrichen, um das ungewöhnlich lange Schauspiel zu kürzen.

9 *Wes* (whose): wessen; alter possessiver Genitiv in Fragesätzen.

(S. 95)

19 *Das keinen Vorteil als den Namen:* Der einzige Vorteil, den diese Mission bringen kann, ist der zweifelhafte Ruhm, es erobert zu haben.

27 *des Wohlstands und der Ruh' Geschwür* (the imposthume of much wealth and peace): Ein solcher Krieg erscheint Hamlet als das Ergebnis von zu viel Wohlstand und Frieden. So wie der Körper erkrankt, wenn ihm Bewegung fehlt, so glaubte man auch, daß eine zu lange Spanne von Frieden und Wohlstand zwangsläufig zu Kriegshandlungen führen müsse.

32–66 *Wie jeder Anlass ... oder seid verachtet!:* Dieser Monolog ähnelt in seinem Inhalt dem *Sein oder Nichtsein*-Monolog III,1,56–88 (S. 60 f.); auch hier ringt Hamlet mit der Schwierigkeit, seine Aufgabe zu erfüllen. Die Wiederholung dieses inneren Konfliktes mag als weiterer Grund für die Streichung der Zeilen 9–66 in der Folio gelten.

(S. 96)

49 *Des* (whose): dessen; alter relativer Genitiv.

50 *Die Stirn ... Ausgang beut* (bietet) (makes mouths at the invisible event): zieht Gesichter gegen (verachtet) den unsichtbaren Ausgang.

53–56 *Wahrhaft groß sein ... auf dem Spiel:* Wahre menschliche Größe kümmert sich nicht um unbedeutende Kleinigkeiten, doch wenn die Ehre auf dem Spiele steht, gewinnt jene Kleinigkeit auch an Bedeutung.

56–59 *Wie steh ... nichts erweckt?* (how stand I then, / that have a father killed, a mother stained, / excitement of my reason and my blood, / and let all sleep?: Wie steht es denn um mich, dessen Vater getötet, dessen Mutter besudelt worden und dessen Verstand und Gefühl erregt sind? Ich lasse alles über mich ergehen?

61 *für 'ne Grille* (for a fantasy): für eine törichte Idee.

62 *es gilt ein Fleckchen* (fight for a plot): Sie kämpfen für ein Fleckchen Erde.

64 f. *Nicht Gruft ... verbergen:* worauf nicht einmal genug Raum ist für eine Gruft, welche die Gefallenen bergen kann.

Fünfte Szene

2 *dringend* (importunate): nachdrücklich darauf bestehen.

(S. 97)

8 *ihre ungestalte Art* (the unshaped use of it [speech]): Besser: ihre ungestalte Redeweise.

14–16 *Man muss ... vor:* In Quarto II spricht Horatio noch diese Zeilen. Der Text folgt der Folio. Es erscheint sinnvoll, wenn die Zeilen 14 und 15 der Quarto II folgend von Horatio und Zeile 16 gemäß der Folio von der Königin gesprochen werden.

18 *jeder Tand* (each toy): jede Kleinigkeit, alles und jedes (vgl. Zl. 6 *Ein Strohhalm*).

20 *sich verbergend:* Jemand, der seine Schuld zu verbergen sucht, erregt häufig durch seine unnatürliche Handlungsweise nur noch mehr Verdacht.

23 *Treulieb* (truelove): den liebenden und geliebten Verlobten.

25 f. *Muschelhut ... Sandelschuhn* (cockle hat and staff, / and his sandal shoon): Gehören zur Pilgerausrüstung. Ein Muschelhut war urspr. ein Zeichen dafür, daß der Pilger den Schrein des St. Jakob in Compostela (heute Santiago de Compostela, Galicien) besucht hatte. Vgl. »All's Well«, III,4,4; IV,3,57 ff. Liebende verglichen sich häufig mit Pilgern (»Romeo and Juliet«, I,5,95 ff.; »Merchant of Venice«, I,1,119 f.; II,7,39 f.). Dieses Lied scheint die Liebe zwischen Hamlet und Ophelia zu besingen.

29–33 *Er ist ... Stein:* Dieses Lied bezieht sich auf den Tod ihres Vaters, und Ophelia scheint das Ende ihrer Liebe zu Hamlet mit dem Tode ihres Vaters zu verbinden.

(S. 98)

35–39 *Sein Leichenhemd ... Liebesregen:* Ophelia erinnert sich plötzlich der heimlichen Beerdigung des Vaters (vgl. Zl. 83 f., S. 99, und 213–215, S. 104, dieser Szene).

41–44 *Gottes ... Mahlzeit!:* Möglicherweise eine Anspielung auf den Inhalt eines damals wohlbekannten Märchens.

48–55 *Auf morgen ... herfür:* Dieses Lied bezieht sich auf die Sitte, daß ein Mädchen, das einen Mann am Valentinstag als erstes sieht, als »valentine« oder Geliebte betrachtet

wurde. Unter der Wirkung des Wahnsinns hat Ophelia alle
Fesseln der Etikette abgeworfen.

59 *Bei unsrer Frau und Sankt Kathrin!* (by Gis and by Saint
Charity): »Gis« ist eine Kurzform für Jesus.

60–66 *O pfui! ... herein:* Einige moderne Hamlet-Inszenie-
rungen sind bei der Interpretation dieser Zeilen so weit gegangen, daß sie Ophelia schwanger auftreten lassen. Eine
solche Darstellung scheint aus dem Inhalt dieser Zeilen
nicht notwendig zu folgen.

(S. 99)

76 *Und seht nun an:* Fehlt in der Folio.

78 *einzle:* ältere, verkürzte Form für ›einzelne‹.

80 f. *Stifter ... Banns* (author of his own just remove): Urheber (Grund) für seine eigene rechtmäßige Entfernung (vom
Hofe).

81 *verschlämmt* (muddied): Der trübe Bodensatz in den Gedanken der Leute ist durch Verdächtigungen aufgerührt
worden, es sind daher böse und giftige Gedanken.

84 *so unterm Husch* (in hugger-mugg): in Hast und Heimlich-
keit, vgl. Zl. 213–215 (S. 104 *die heimliche Bestattung ...*).

89 *nährt sich mit seinem Staunen* (feeds on his wonder): Laertes hält sich also bewußt in einem Zustand völliger Unge-
wißheit.

90 *Ohrenbläser* (buzzers to infect his ear): Leute, die ihm Ge-
rüchte und Vermutungen ins Ohr flüstern.

95 *Traubenschuss* (murdering piece): Es handelt sich um einen
Mörser, der, mit einer Vielzahl von Geschossen gefüllt,
eine große Fläche mit einem Schuß bestreichen kann. Der
König befürchtet, daß der Tod des Polonius und dessen
geheime Beerdigung ihm eine rasch anwachsende Zahl von
Gegnern geschaffen haben. (Vgl. in bezug auf die Erklärung der Mordtat: IV,1,16, S. 89 *wer steht ein ...* ; in bezug
auf Hamlets Bewachung: IV,1,17–23, S. 89 *Uns wird zur
Last ...* ; in bezug auf Claudius' eigene Sicherheit: IV,1,13,
S. 89 *so wär es uns geschehn ...*) Hamlet, der beim Volk in
hohem Ansehen steht, konnte von Claudius nicht offen
zur Rechenschaft gezogen werden.

(S. 100)

97 *Schweizer* (Switzers): Claudius hatte eine Schweizergarde
als Leibwache.

103–105 *als finge ... nicht bekannt:* Der Pöbel läßt Tradition
(Altertum), königliches Blut und Gottesgnadentum (vgl.
Zl. 123 *solche Göttlichkeit)* unbeachtet, wenn er Laertes
plötzlich durch Wahl zum König machen will.

109 f. *Sie schlagen ... Dänenhunde!* (how cheerfully on the
false trail they cry. / O, this is counter, you false Danish
dogs): Der Pöbel, verglichen mit Hunden, befindet sich auf
der Fährte in der falschen Richtung. Sie folgen der Spur
nämlich zum Ausgangspunkt zurück (o, this is counter). –
Gertrud erweist sich in dieser gefährlichen Situation als
wahrhafte Königin, mutig und furchtlos.

115–120 *Du schnöder König ... Brau'n:* Laertes erscheint als
mächtiger und selbstbewußter Krieger, der den Pöbel
wohl zu beherrschen weiß. Er gibt sich im Gegensatz
zu Hamlet wie ein typischer Rächer, der den direkten
Weg zur Rache sucht. Ohne großes Abwägen der Umstände, zügellos in seiner Racheabsicht, tritt er sogar auf
die Seite des Königs, als er erfährt, daß Hamlet die Tat
begangen hat. Durch diesen Schritt verletzt Laertes seinen eigenen Ehrenkodex (vgl. V,2,324 ff., S. 134 *Hier,
Hamlet ...*).

118 *Hahnrei* (cuckold): betrogener Ehemann.

118–120 *Brandmarkt ... Mutter* (brands the harlot / even
here ... / my true mother): brandmarkt als Dirne ... meine treue Mutter.

(S. 101)

124 f. *Verrat ... Willen* (that treason can but peep to what it
would, / acts little of his will): Auf Grund des göttlichen
Schutzes, den ein Herrscher besitzt, kann ein Verräter zwar
sein Opfer aus der Entfernung betrachten, der göttliche
Schutz gibt dem Verräter aber keine Gelegenheit zur Ausführung der Tat.

131 f. *Zur Hölle ... Schlund!:* Laertes versichert, daß Eide
(Erde [vows]: Gelübde, Eide), heuchlerisches Gewissen
und Gottesfurcht ihn nicht täuschen können.

134 *beide Welten* (both the worlds): Himmel und Hölle. (Vgl.

dagegen Hamlets Vorsicht in II,2,626 ff., S. 57 *Der Geist, / Den ich gesehen …*) Laertes entledigt sich aller moralischen und religiösen Bande (z. B. des Treueides gegen den König und des göttlichen Gesetzes, das den König schützt). Nichts soll ihn an seiner Rache hindern (Zl. 137 *Mein Wille …* »my will, not all the world's«).

140 *Das Sichre* (the certainty): die wahren Umstände.

142 *so:* Steht für ›sowohl‹.

146 *Lebensopfrer Pelikan* (kind life-rend'ring pelican): der selbstlos sich opfernde Pelikan. Es hieß, das Pelikanweibchen risse die eigene Brust auf, um seinen Jungen Nahrung zu geben.

(S. 102)

154–163 *O Hitze … was sie liebet, nach:* Laertes Reaktion auf Ophelias Geistesgestörtheit droht die von Claudius' Worten langsam herbeigeführte Besonnenheit wieder zu zerstören. Laertes wünscht, die Hitze möge sein Hirn eintrocknen, so daß er sich nur noch der blinden Rache widmen könne.

156 *bis unsre Waagschal' sinkt* (shall be paid with weight): Der Wahnsinn soll also nach dem Gesetz Auge um Auge, Zahn um Zahn aufgewogen werden.

159 *Witz* (wit): Verstand; Lebensgeister.

161–163 *Natur … nach* (nature is fine in love; and where 'tis fine / it sends some precious instance of itself / after the thing it loves): Laertes argumentiert, daß Liebe äußerst sensibel sei und daß in Ophelias Fall die Liebe zu ihrem Vater sie ihren Verstand gekostet habe, denn der Liebende opfere etwas Kostbares seines Selbst für den verlorenen Geliebten.

165 *Leider! ach leider!* (hey non nonny, nonny, hey nonny): Shakespeares Text ist nur ein lustiger Kehrreim ohne den von Schlegel untergeschobenen Inhalt.

171 *Rad* (wheel): Spinnrad; Glücksrad.

175–186 *Da ist Vergissmeinnicht … Vater starb:* Ophelia läßt gleichsam Blumen sprechen, wenn sie *Vergissmeinnicht* (rosemary) und *Rosmarin* (pansies) ihrem Bruder gibt; *Fenchel* (Heuchelei: fennel) und *Aklei* (Undank: columbines) dem König reicht und *Raute* (Reue: rue) für die Kö-

nigin bereit hält. Ophelia gibt wahrscheinlich dann noch
der Königin ein *Maßliebchen* (Hehlerei: daisy), obwohl sie
lieber ein *Veilchen* (Treue: violet) überreicht hätte.

(S. 103)

179 *bezeichnet* (fitted): stechen als Merkmale hervor. Der Duft
von Rosmarin soll das Erinnerungsvermögen anregen.
181 *für mich:* Hiernach steht in Shakespeares Text: we may call
it herb of grace o' Sunday: sie kann Gnadenkraut des
Sonntags heißen.
182 *Ihr könnt ... Abzeichen tragen* (o, you must wear your rue
with a difference): Ihr müßt Eure Raute aus einem anderen
Grunde tragen (Reue für eigene Sünde oder als Bitte um
Gnade).
187 *Dem traut lieb Fränzel* (for bonny sweet Robin): der mun-
tere, liebe Fränzel. Dies ist eine Zeile aus einer damals allgemein bekannten Ballade.
202 *besprechen* (commune): mit Euch besprechen.
206 *uns:* der König.
207 *betroffen* (touched): schuldig, in die Angelegenheit verwickelt.
wir: der König.

(S. 104)

215 *hoher Brauch* (noble rite): standesgemäße Zeremonie.
217 *zur Frage ziehn* (call't in question): auf Erklärung warten.

Sechste Szene

10 *wenn Euer Name ... ist* (if your name is Horatio): Ein Se-
mikolon sollte dem *wenn* vorangehen, denn diese Worte
setzen *Hier ist ein Brief für Euch, Herr* fort: falls Euer
Name Horatio ist.

(S. 105)

15 *Korsar* (pirate): Seeräuber.
19 *barmherzige Diebe* (thieves of mercy): Die Seeräuber halten Hamlet gefangen und behandeln ihn angemessen, sie

verlangen aber eine Gunstbezeigung durch den König als
Gegenleistung.

20 *einen guten Streich* (a good turn): einen guten Dienst.

21 *als Du ... würdest* (as thou wouldst fly death): als wenn
Du dem Tode entfliehen wolltest.

24 *doch ... Sache* (yet are they much too light for the bore of
the matter): Hamlet bezieht sich auf einen Begriff aus der
Schießlehre, nach dem das Geschoß für die betreffende Kanone von zu kleinem Kaliber ist. Hamlet deutet hiermit
das unvorstellbare Ausmaß der königlichen Rachepläne an,
die seine Worte in angemessener Weise nicht beschreiben
können.

29 *fördern* (give way for): befördern helfen.

Siebente Szene

(S. 106)

7 *So ... Natur* (so criminal and so capital in nature): so verbrecherischer und strafbarer Natur. Schlegels Manuskript
enthält für »capital in nature« todeswürdig (*peinlich* in diesem Text).

9 *drang* (stirred up): zum Handeln bewegte.

10 *marklos* (unsinewed): unbedeutend.

11 *stark* (strong): gewichtig.

11–16 *Seine Mutter ... ohne sie:* Aus Rücksicht auf die Gefühle Gertruds gegenüber Hamlet und wegen seiner eigenen Abhängigkeit von der Königin hat Claudius nicht zur
Rache schreiten können.

17–24 *Warum ich's ... Ziel gelangt:* Hamlets Beliebtheit beim
Volk ist der andere Grund für Nachsicht gewesen.

27–29 *deren Wert ... Trefflichkeit:* Wenn Lob hier angebracht
ist, dann muß ich sagen, daß sie in ihrer Zeit auf einsamer
Höhe stand und als Vorbild menschlicher Vollkommenheit
galt.

30–33 *Schlaft ... Kurzweil:* Claudius deutet zum ersten Mal
an, daß er selber Schritte zur Bestrafung Hamlets unternommen hat. Einzelheiten würden später mitgeteilt, wenn
die Nachricht aus England (über Hamlets Hinrichtung)
einträfe.

(S. 107)

43 f. *nackt ... ausgesetzt* (I am set naked on your kingdom):
Ohne Gepäck und ohne Gefolgsleute an heimische Gestade zurückgekehrt, bittet Hamlet den König um eine
Audienz, um den Grund für seine unerwartete Rückkehr
mitzuteilen. Der König zweifelt kurz an der Echtheit des
Briefes, erkennt dann aber Hamlets Schriftzüge. Die Rückkehr Hamlets ohne Begleitung bleibt ihm ein Rätsel.

55 *Ich bin ganz irr* (I am lost in it): Das ist alles zu verwir-
rend.

57 *Dass ich's ... kann* (that I shall live and tell him to his
teeth): daß ich lebe und es ihm heimzahlen kann.

60 *stimmen lassen* (be ruled): beraten lassen. Wortspiel mit
Zl. 61 *überstimmt* (overrule). Es wird offenbar, daß Claudius schon eine Alternative für seinen Racheplan bereit
hält.

63 *Als stutzig vor der Reis'* (as checking at his voyage): als einer, der sich vor der Fortsetzung der Reise scheut.

(S. 108)

66 *Wobei ... gewiss ist* (under the which he shall not choose
but fall): wo ihm kein anderer Ausweg als der Tod bleibt.

68 f. *Selbst seine Mutter ... Zufall sie:* Selbst wenn Gertrud
Verdacht schöpfen sollte, müsse sie aus Mangel an Beweisen von einer Anklage absehen.

74–76 *all Eure Gaben ... diese eine* (your sum of parts / did
not together pluck such envy from him / as did that one):
All Eure Gaben zusammen erregten in ihm nicht so viel
Neid wie diese eine (die Fechtkunst).

78 *Ein .... Band:* Junge Höflinge trugen einen Edelstein oder
ein Band an der Kopfbedeckung.

78–82 *Ein bloßes ... Ansehn:* Der Jugend steht modische Kleidung ebenso gut wie Pelze und Mäntel den älteren Leuten.
Beide Generationen drücken ihre Würde auf diese gezie-
mende Weise aus.

88 *einverleibt und halbgeartet* (incorpsed and deminatured):
Der Reiter schien mit dem Pferd verwachsen wie ein Zen-
taur.

89–91 *So weit ... tat:* Claudius sieht sich außerstande, die Taten des Reiters angemessen zu beschreiben.

(S. 109)

96 *Er ließ ... vernehmen* (he made confession of you): Er
    sprach vor uns über Euch.
99 *Rapier* (rapier): Fechtwaffe.
101 *wer* (one): jemand.
102 *Noch ... Hut* (neither motion): weder Sicherheit.
104 *Neid:* Es scheint, als übertreibe der König Hamlets Reak-
    tion.
109 f. *gleich dem Gram ... Herz?:* Claudius kundschaftet vor-
    sichtig Laertes' Rachebereitschaft aus. Laertes' Standpunkt
    wird klar, wenn er ausruft: *Ihn in der Kirch' erwürgen*
    (Zl. 127).
115–124 *Im Innersten ... Sache!:* Diese Zeilen fehlen in der
    Folio.
115 f. *Im Innersten ... dämpft* (there lives within the very
    flame of love / a kind of wick or snuff that will abate it):
    der Vergleich der Liebe mit dem brennenden Docht besagt,
    daß der Docht sowohl die Flamme nährt, sie aber auch
    durch sein verkohlendes Abbrennen (snuff) in ihrer vollen
    Entwicklung begrenzt und hindert.

(S. 110)

128 *Mord ... Freistatt finden:* Die Reaktion auf Laertes' Rache-
    durst erscheint beschwichtigend, doch Claudius könnte
    sich für seinen Plan keinen besseren Vollstrecker wün-
    schen.
133 *überfirnissen* (double varnish): übertreiben, herausstrei-
    chen, betonen. Wieder arbeitet der König mit Übertrei-
    bungen wie Zl. 104.
136 *Arg:* Argwohn.
138 *eine nicht gestumpfte Klinge* (a sword unabated): Übungs-
    rapiere waren stumpf.
141 *meinen Degen salben:* Laertes' Absicht, ein Rapier in Gift
    zu tauchen, verletzt den Ehrenkodex seiner Zeit, besonders
    da er weiß, daß der Tod des Polonius von Hamlet nicht be-
    absichtigt worden war. Vergiftete Schwerter sind allerdings
    ein häufig benutztes dramatisches Mittel in elisabethani-
    scher Literatur.
150–163 *Was für Begünstigung ... Anschlag sichert:* Wir müs-
    sen die Ausführung unseres Planes den Umständen anpas-

sen. Der Erfolg muß uns gewiß sein, wir müssen unseren Anschlag hinter unschuldigen Handlungen verbergen. Sollte die Rachehandlung fehlschlagen *(in der Probe birst)*, müssen wir einen zusätzlichen Plan haben (vergiftetes Getränk).

155 *in der Probe birst* (blast in the proof): Beim Ausprobieren einer frisch gegossenen Kanone kann die Kugel im Rohr krepieren.

(S. 111)

167–184 *Es neigt ... schlamm'gen Tod:* Die Worte der Königin sind eher lyrisch als dramatisch. Der Effekt solcher Worte in einem dramatischen Kontext erscheint doppelt dramatisch.

169 *phantastisch* (fantastic): Die Gebilde sind phantastisch wegen Ophelias Geistesgestörtheit. Der Text folgt hier der Quarto II: therewith fantastic garlands did she make (Folio: there with fantastic garlands did she come).

170 *Hahnfuß* (crowflowers); *Kuckucksblumen* (long purples): Orchideen.

171 f. Schlegel übersetzte die folgenden Zeilen nicht: that liberal shepherds give a grosser name, / but our cold maids do dead men's fingers call them: (Orchideen), für die lose Schäfer einen bildhaft treffenderen Namen haben, doch züchtige Jungfrauen nennen sie tote Mannesfinger.

178 *Stellen alter Weisen* (Folio und Quarto I): Weisen (tunes), Quarto II: Hymnen (laudes).

179 *die eigne Not* (her own distress): Gefahr für das eigene Leben.

180 f. *Wie ein Geschöpf ... Element* (a creature native and indued / unto that element): Wie ein Fisch sich vor dem Wasser nicht fürchtet.

(S. 112)

188–190 *Ist's unsre Art ... heraus:* Es ist unsere Art (zu weinen). Wir können die Tränen nicht zurückhalten, selbst wenn wir uns (als Männer) der Tränen schämen. Haben wir uns ausgeweint, dann ist auch die Weichheit *(ist das Weib heraus)* fort, und unsere Rache wird um so schonungsloser ausfallen. Vgl. »Romeo and Juliet«, III, 3,110; »As You Like It«, III,4,3.

192 *Torheit* (folly): Die Torheit des Weinens möge die Flam-
    menworte nicht ersticken.
194 *bricht dies ... Schranken* (this will give it start again):
    Nachdem Claudius Mühe hatte, Laertes zu beschwich-
    tigen, meint er nun, daß Laertes' Wut *(dies)* wieder los-
    breche.

Fünfter Aufzug. Erste Szene

(S. 113)

2 *die vorsätzlich ... sucht?:* die selbst Hand an sich gelegt
   hat?
4 f. *hat ... erkannt:* hat darüber beraten und auf ein christliches Begräbnis befunden.
6 f. *defensionsweise* (in her own defence): Der Totengräber
   weiß, daß Selbstmord aus Notwehr ein christliches Begräbnis nicht verbietet. Wie steht es aber mit diesem
   Selbstmordfall?
9 *se offendendo:* Der Totengräber meint »se defendendo«,
   verdreht aber den Sinn seiner Bemerkung ins Gegenteil.
   Der Mord wird also durch diesen Wortgebrauch als Selbstmord ausgelegt, und der Zweifel über ein christliches Begräbnis bleibt trotz der autoritativen Entscheidung des
   Leichenbeschauers ungelöst.
13 *Ergel* (argal): Der einfache Totengräber verballhornt den
   formallogischen Ausdruck ›ergo‹.
28 *Fräulein* (gentlewoman): ein Fräulein aristokratischer Herkunft.

(S. 114)

30 *Aufmunterung haben* (countenance): Antrieb erhalten.
37 *War der ein Edelmann?:* Ein alter Reim »wo war damals
   der Edelmann?« stellte diese Frage in bezug auf Adam und
   Eva.
38 *armiert* (bore arms): Arme hatte (außerdem wird auf
   ›arms‹, Waffen, und ›coat of arms‹, Wappenschild, ange-
   spielt.)
39 *Ei, was wollt er!:* Das glaubst du ja selber nicht.
44 f. *wenn du mir nicht ... so bekenne* (answerest me not to

the purpose: confess thyself): wenn du mir ausweichst, gib
zu (daß du ein Esel bist).

51 *meiner Treu:* fürwahr.

(S. 115)

66 *die Frage tut* (you are asked this question): die Frage stellt.

71 f. *Die Zeit ... dies* (to contract –o– the time for –a– my be-
hove, / O, methought there –a– was nothing –a– meet):
Die im englischen Text vorhandenen Vokale scheinen eher
das Stöhnen eines arbeitenden und gleichzeitig singenden
Totengräbers anzudeuten als vulgäres Grölen.

81 *aus dem Lande:* aus dem Lande der Jugend.

86 *Kinnbacken Kains* (Cain's jawbone): Mit dem Kinnbacken-
knochen eines Esels soll Kain Abel erschlagen haben.

87 *überlistet* (o'erreaches): Es ist der einfache Totengräber, der
diesen schlauen Politiker überlistet, welcher seinerseits
einst mit Geschick Gott überlisten zu können glaubte.

92 *der und der* (such a one): von Soundso.

93 *des und des* (such a one's): Soundsos (Pferd).

96 *und nun Junker Wurm* (and now my Lady Worm's): und
nun ein Wurm geworden.
eingefallen (chapless): kinnbackenlos.

(S. 116)

97 *schöne Verwandlung* (fine revolution): Hamlet scheint hier
auf die Zeitlichkeit des Menschen anzuspielen, wie auch in
Zeile 87 *(überlistet)* ein Hinweis auf die Zeitlichkeit mitzu-
schwingen scheint. Mit »revolution« sind die Umdrehun-
gen des Glücksrades gemeint.

102 *Ein Grabscheit und ein Spaten* (a pickaxe and a spade): eine
Spitzhacke und ein Spaten.

108 *his tenures* (sein Grundbesitz): Von Schlegel nicht übersetzt, gehört zwischen *seine Fälle und seine Kniffe.* Erfolgreiche Geschäftsleute, die nicht zum Landadel gehörten,
versuchten durch Landerwerb eine ähnliche soziale Stellung wie der Landadel zu gewinnen.
leidet (suffer): erlaubt, gestattet.

112 *seinen Gewährsmännern* (his double vouchers): Zwei Zeugen beschwören die Legalität eines Vertrages.

113 f. Es fehlen die in der Folio enthaltenen Zeilen: is this

the fine of his fines, and the recovery of his recoveries, to
have his fine pate full of fine dirt?: Ist dies der Kauf seiner Käufe und der Zins seiner Zinsen, daß er nun sein
schönes Hirn voll hat mit schönem Dreck? (»Fine and recovery« sind Ausdrücke, die den legalen Übergang von
Land aus dem Lehnszustand in den vollen Privatbesitz
bezeichnen.)

115 *seine Gewährsmänner* (his vouchers): Wird gefolgt von
»his double ones too«, die Gewährsleute seiner Gewährsleute.
die Länge … Kontrakten (the length and breadth of a pair
of indentures): Verträge wurden auf einem Stück Pergament in doppelter Ausführung aufgesetzt. Die identischen
Verträge wurden dann in zickzackartiger Weise voneinander getrennt und der jeweiligen Partei überlassen. Das Zu-
sammenpassen der beiden Verträge an der Schneidelinie
(indentures) war der Beweis für die Rechtmäßigkeit der
Abmachungen.

122 *Tüttelchen* (jot): Jota (keinen Buchstaben mehr hiervon).

125 *Sicherheit* (assurance): Hamlets Frage, ob Pergament aus
Schafsfellen gemacht werde, wird von Horatio bejaht. Horatio fügt spaßend hinzu, daß auch Kalbsfelle verwendet
würden, nämlich jener dummen Leute Fell, denen in einem
Vertrag übers Ohr gehauen werde. Hamlet fährt fort, es
seien also nur Schafe und Kälber, die in Verträgen *(darin)*
Gewißheit *(Sicherheit)* suchten.

(S. 117)

132–140 *Ihr liegt draußen … zu Euch zurück:* Das Wortge-
plänkel zwischen Hamlet und dem Totengräber dreht sich
um die Bedeutung von (lie) ›liegen‹ und ›lügen‹. Hamlet
glaubt das Wortspiel gewonnen zu haben, als er dem Totengräber beweist, daß Gräber für Tote und nicht für Lebendige bestimmt seien, also lüge der Totengräber, wenn er
sage, das Grab sei seines. Der Totengräber zieht sich jedoch
geschickt durch ein zweites Wortspiel aus der Schlinge, indem er seine Lüge als ›quick‹ modifiziert, was sowohl ›lebendig‹ als auch ›schnell‹ heißen kann.

148 *keck* (absolute): genau, kasuistisch, voller Doppelsinn und
geistigem Vorbehalt.

nach der Schnur (by the card): genau, auf den Punkt, zur Sache.

150 *seit diesen drei Jahren:* nicht unbedingt als genau bestimmbarer Zeitraum zu verstehen.

151 *spitzfindig* (picked): kultiviert, hochgebildet.

152 *daß der Bauer … tritt* (that the toe of the peasant comes so near the heel of the courtier): daß die Zehe des Bauern dem Hofmann in die Fersen tritt. Hamlet meint, daß der soziale Unterschied zwischen Höflingen und Bauern sich beachtlich verringert habe.

157 *Fortinbras:* Vgl. I,1,80–95 (S. 8 *Der letzte König …);* I,2,17–25 (S. 11 f. *Nun wisst ihr …).*

(S. 118)

170 *ebenso toll wie er:* Der angeblich seltsame Nationalcharakter der Engländer veranlaßte Kontinentaleuropäer, von den Engländern als einer Nation närrischer Leute zu sprechen.

177 *dänischer Grund und Boden* (here in Denmark): Da der Totengräber den Grund für Hamlets Wahnsinn nicht nennen kann, verhilft ihm ein Wortspiel *(Grund und Boden)* zum Wechsel des Themas.

181 *lustsieche* (pocky): pockenartige, von Fäulnis schon befallene.

182 *dauert … aus* (last): hält sich.

189 *Blitzleiche:* euphemistisch für »whoreson dead body«, Leiche eines Hurensohns.

190 *Euch:* Das Personalpronomen im Dativ wird hier zur Betonung der angesprochenen Person verwendet.

192 *unklugen Blitzkerl:* euphemistisch für »whoreson mad fellow's«, verrückter Hurensohn.

(S. 119)

212 *die ganze Tafel:* die Leute, die mit dem König speisten.

213 *Alles weggeschrumpft?* (quite chapfall'n): Der Doppelsinn bezieht sich auf die verweste und verfallene Kinnlade Yoricks und den Verlust der mokierenden Worte, die einst über jene Lippen kamen.

218 *Alexander:* Alexander der Große.

223 *Bestimmungen* (uses): Betrachtungen.

(S. 120)

237 *vor dem rauen Norden* (keep the wind away): vor dem
    rauhen Nordwind.
242 *so unvollständ'gen Fei'rlichkeiten:* Hamlet erkennt sofort,
    daß das Begräbnis nicht mit vollen Zeremonien ausgeführt
    wird.
253 *Gerichtsdrommete* (last trumpet): Trompete des Jüngsten
    Gerichts.
256 *Mädchenkranz:* Das Begräbnis, das Ophelia gewährt
    wurde, erlaubt die Grabzeremonien für Jungfrauen: Mäd-
    chenkranz, Blumenstreuen, Glockengeläut und Grabgeleit.

(S. 121)

264 *Ein Engel am Thron:* Laertes sieht seine Schwester im
    Himmel, während er den Priester in der Hölle leiden sieht.
270 *zehnmal dreifach* (ten times treble): dreißigfach, die Zah-
    lensymbolik, besonders in der Kombination mit der Ziffer
    drei (Dreieinigkeit), war von großer Bedeutung im Mittel-
    alter. Shakespeare steht noch in dieser Tradition. Vgl.
    Zl. 150 (S. 117 *seit diesen drei Jahren*), 178, 191 (S. 118 *seit
    dreißig Jahren; dreiundzwanzig Jahre*); III,2,167 (S. 70
    zwölfmal dreißig Mond').
271 *sinnigen Vernunft* (ingenious sense): dessen Untat der Ver-
    nunft deiner Sinne.
276 *Pelion:* Berg, auf den die Riesen bei ihrem Streit mit den
    Göttern den Berg Ossa setzten, um einen Berg von glei-
    cher Höhe wie den Olymp (Göttersitz) zu schaffen. Vgl.
    Zl. 306 (S. 122).
277 *des Gram* (whose grief): dessen Gram.
280 f. *Dies bin ich, Hamlet der Däne:* Einige Kommentatoren
    argumentieren, Hamlet erkläre sich hier zum rechtmäßigen
    König von Dänemark. Eine solche Annahme findet aber
    nicht genug überzeugendes Beweismaterial.
284 *nicht jäh und heftig* (splenitive and rash): Hamlet zü-
    gelt seine Emotionen hier meisterhaft. Die Milzdrüse
    (spleen) galt als Sitz von Zorn, Freude und allgemeiner Er-
    regung.

(S. 122)

290 *bis meine Augenlider sinken:* figurativ für ›bis zu meinem Tode‹.

300 *Ich tu's* (I'll do't): Das will ich auch.

302 *mit ihr begraben* (buried quick with her): mit ihr lebendig begraben.

304 *Hufen* (acres): altes Bodenmaß; heute würde man sagen: Kubikmeter Erde.

305 *Die Scheitel ... sengend:* Der Berg wäre so hoch, daß seine Spitze von der Hitze des vorbeifahrenden Sonnenwagens versengt würde.

306 *Ossa:* Siehe Anm. zu Zl. 276.

314f. *Lasst Herkuln ... ruhn* (let Hercules himself do what he may, / the cat will mew, and the dog will have his day): Mag selber Herkules tun, was er will, die Katze ... Wenn selbst Herkules den Katzen das Miauen und den Hunden das Bellen nicht verbieten kann, wie soll es Hamlet gelingen? Die Zeit der Wahrheit wird aber kommen.

317 *unser gestriges ... stärken* (strengthen your patience in our last night's speech): Stärke deine Geduld mit dem, was wir gestern abend besprochen haben.

(S. 123)

318 In den späten Schlegel-Ausgaben fehlt der Satz *Schleunig werden / Die Sache wir betreiben* (we'll put the matter to the present push): Wir wollen die Angelegenheit schnell zur Entscheidung bringen.

319 *Setzt ... Sohn* (set some watch over your son): Laßt Euren Sohn bewachen.

320 *lebendig Denkmal* (living monument): Zu Laertes gesprochen bedeutet dies, daß Hamlets Schicksal als Sühneopfer für Ophelia besiegelt ist.

Zweite Szene

1 *nun komm ich auf das andre:* Hamlet berichtet nun, wie er den wahren Grund für seine Englandmission herausfand.

3 *Erinnern, gnäd'ger Herr?* (remember it, my lord): Und wie

ich mich daran erinnere (an die Umstände von Hamlets Abreise).

6 *im Stock die Meuter* (mutines in the bilboes): Meuterer im Stock (Marterinstrument).

7–11 *Lasst uns ... entwerfen:* Hamlet schreibt seinen Impuls zum Handeln göttlicher Eingebung und Planung zu.

9 *tiefe Plane* (deep plots): wohlausgesonnene Pläne.

14 *Tappt' ich herum nach ihnen:* Hamlet suchte die Schlafstelle und das Gepäck von Rosenkranz und Güldenstern.

15 *Paket* (packet): Botentasche.

16 *meine Furcht:* Hamlets Verdacht ist von Furcht um sein persönliches Wohlergehen begleitet, daher bricht er das Siegel.

20 *Ein streng Geheiß* (an exact command): einen strengen Befehl.

(S. 124)

22 *Und, heida! ... entkäme* (with, ho! such bugs and goblins in my life): Und heida, was für ein Spuk und Kobold in meinem Leben. Von Entkommen ist in Shakespeares Text nicht direkt die Rede; Hamlet ist lediglich äußerst betroffen durch den unverschämten, mörderischen Inhalt der Botschaft. Der Bezug auf die Geisterwelt könnte das wetterwendische Eingreifen eines wohlwollenden Geistes rechtfertigen.

23 *auf Sicht* (on the supervise): nach dem Durchlesen der Botschaft.

29 *Bübereien* (villanies): Schurkereien, Nachstellungen.

30 f. *Prolog ... Spiel:* Dem Schauspiel ging gewöhnlich ein Prolog voran. Metapher dafür, daß Hamlet ohne Umschweife direkt dem Problem zu Leibe rückt.

34 *niedrig, schön zu schreiben:* Ein Staatsmann hielt es für niedrig, seine Briefe selber zu schreiben. Er zog es vor, eine unleserliche Handschrift zu haben, die ihn standesmäßig eindeutig von der leserlichen Handschrift der Kanzleischreiber unterschied.

39–43 *Wofern ihm ... der Art:* Parodie auf die Einleitungsfloskeln offizieller Briefe.

44 *Wann ... ersehn* (that, on the view and knowing of these contents): so bald er den Inhalt der Schrift gelesen und verstanden habe.

49 *Petschaft* (signet): Handstempel zum Siegeln.
53 *Wechselbalg* (changeling): Urspr. von Kobolden heimlich untergeschobenes Kind; hier mit bitterer Ironie der Tausch der Depeschen.

(S. 125)

58 *Fall* (defeat): Tod, Schicksal. Vgl. III,4,31–33 (S. 82 *Du kläglicher ...*), wo Polonius' unbeabsichtigter Tod seiner Neugier zugeschrieben wird, die, ähnlich wie im Falle der bereitwilligen Handlangerdienste des Rosenkranz und Güldenstern, schuldig oder unschuldig, Hamlet ebenfalls auf Leben und Tod bedrohte. Hamlets Gewissen bleibt rein, denn Höflinge (Zl. 60 *die schlechtere Natur*) haben sich in die Auseinandersetzung zwischen zwei mächtigen königlichen Gegnern ungehörig eingemischt. Hamlet spricht hier mit dem Stolz eines Prinzen.
63 *liegt's ... nah genug?:* Liegen die Gründe für meine Rachepflicht jetzt nicht auf der Hand? Es folgt die Liste der Gründe.
68–80 *Mit diesem Arme ... zu wilder Leidenschaft:* Diese Zeilen fehlen in der Quarto II.
68–70 *Und ist es ... nagen lassen?* (and is't not to be damned / to let this canker of our nature come / in further evil): Und ist nicht der verdammt, der dieses Geschwür (canker) an uns zu weiteren Übeltaten ermutigt? Hamlet fühlt sich nun verpflichtet, den Missetaten des Claudius ein Ende zu setzen, er mache sich sonst selber schuldig. Horatio scheint im Folgenden Hamlets Argumente zu billigen.
78 *Ich schätz ihn gern* (I'll court his favours): Ich will wieder um seine Gunst werben.

(S. 126)

87–90 *wenn ein Tier ... gesegnet:* Wie dumm und ungesittet auch jemand sein mag, wenn er genug Land besitzt, findet er Zutritt zum König. Hamlet nennt Osrick eine Elster (chough), die laut schwätzt und in ihrer Habgier so korrupt ist wie der König.
95–109 *Eure Mütze ... Bequemlichkeit:* Hamlets spöttelnde Auseinandersetzung mit Osrick über die Frage der Höflichkeit endet damit, daß Osrick die Kopfbedeckung in der

Hand behält, obwohl er Hamlets Argumenten jedes Mal gehorsam zustimmt.

101 *oder mein Temperament* (for my complexion): Schlegel übersetzte nach der Quarto II, die »or« statt »for« enthält.

109–150 *Vor kurzem, Herr ..., ist er darin ohnegleichen:* Diese Zeilen sind in der Folio durch den Satz zusammengefaßt: Sir, you are not ignorant of what excellence Laertes is at his weapon (Herr, Ihr wißt sehr wohl, wie gut Laertes seine Waffe handhabt).

115 *Musterkarte* (card or calendar of gentry): Beispiel, Vorbild.

(S. 127)

117 *Seine Erörterung* (his definement): die Beschreibung des Laertes.
    ob (though): obwohl.

120 *Und doch ... Fluges* (and yet but yaw neither, in respect of his quick sail): Und doch würde es uns nicht gelingen, mit ihm gleichzuziehen (ein vollständiges Verzeichnis seiner Eigenschaften aufzustellen), denn er segelt uns weit voraus. – Shakespeare gebraucht einen Vergleich aus der Segelpraxis, um die Eigenschaften des Laertes geziemend zu beschreiben. Selbst wenn wir alle Charakteristika aufzählten, würden wir von seinem wirklichen Charakter immer noch weit entfernt sein wie ein Segelboot, das in einem Wettkampf zurückfällt, denn unsere Beschreibungen können niemals Schritt halten mit seiner bemerkenswerten Qualität, neue Eigenschaften zu entwickeln.

125 f. *nur sein Spiegel ... nichts weiter* (his semblable is his mirror, and who else would trace him, his umbrage, nothing more): Ihm gleicht nur sein Abbild im Spiegel, und wer sonst könnte ihm folgen als sein Schatten, niemand anders.

128 *Der Betreff* (the concernancy): Worüber sprecht Ihr?

136 *Beutel* (purse) ... *leer:* Hier soviel wie: der Wortschatz ist schon erschöpft.

138 *des nämlichen* (of him): über ihn (Laertes).

141 f. *Ich wollte ... empfehlen würde* (I would you did, sir; yet, in faith, if you did, it would not much approve me): Ich wollte, Ihr wüßtet es, Herr; doch fürwahr, wenn Ihr es wüßtet, würde es kein günstiges Licht auf mich werfen.

Hamlet scheint auf sein Vorhaben anzuspielen, was Osrick natürlich nicht versteht.

145 f. *Ich darf ... sich selbst kennen:* Hamlet fühlt, daß er nicht direkt behaupten darf, wie gut Laertes wirklich ist, denn ein solches Urteil würde verraten, daß Hamlet selber ein Experte ist.

(S. 128)

150 *Beimessung* (imputation): der Ruf, der Laertes vorauseilt; Urteil, Beurteilung.

152 *Degen und Stoßklinge:* Die Stoßklinge (dagger) wurde bei solchen Kämpfen in der linken Hand geführt, hauptsächlich zur Abwehr des gegnerischen Degens (rapier). Die Stoßklinge wurde aber auch als offensive Waffe gebraucht. Zweikämpfe solcher Art wurden häufig bis zum Tode eines der Opponenten ausgetragen.

157 *als Gürtel* (as girdle): wie Gürtel.
Gehenke (hangers): Riemen, die das Schwert am Gürtel befestigten.

158 *Gestelle* (carriages): Gehenke, vgl. Anm. zu Zl. 161.

159 *den Gefäßen* (hilts) *sehr angemessen:* Die Gehenke weisen ein Muster auf, das mit dem Dekor der Degenklinge harmoniert.

161 *Was nennt Ihr die Gestelle?:* Hamlet wundert sich über die Bedeutung des Wortes Gestelle, denn gewöhnlich versteht man unter »carriage« die Lafette einer Kanone.

162 f. *Ich wußte ... Ende wäre:* Diese Zeilen fehlen in der Folio.

171 *geschmackvoll erfundne Gestelle* (liberal-conceited carriages): als stilvoll empfundene Gestelle.
französische Wette gegen eine dänische: Laertes war gerade aus Frankreich zurückgekehrt; des Königs Wette ist die dänische.

173–175 *daß Laertes ... voraushaben soll* (that in a dozen passes between yourself and him, he shall not exceed you three hits): daß in zwölf Gängen zwischen Euch und ihm er mit nicht mehr als drei Treffern führen soll. Ein Gang endet mit einem Treffer des einen der Wettkämpfer. Man könnte argumentieren, daß Hamlet mit einem Vorteil von drei Treffern startet, was Laertes theoretisch dazu zwingt, wenigstens neun der zwölf Gänge zu gewinnen.

177 *Versuch* (trial): Wettstreit.
    Erwiderung (answer): Hamlet gibt vor, als werde er um
    eine Antwort gefragt, obwohl Osrick ja wissen will, ob er
    den Wettkampf akzeptiere. Hamlet zwingt Osrick daher,
    sich klarer auszudrücken.
181 *es ist jetzt... schöpfen:* Es ist die Zeit des Tages, zu der Ham-
    let gewöhnlich athletische Übungen abzuhalten pflegt.

(S. 129)

190 *Der Eurige* (yours, yours): Hamlet bespöttelt Osricks
    dienstbeflissene Höflichkeit.
191 *sie selbst zu empfehlen:* Hamlet spielt auf den Doppelsinn
    von ›empfehlen‹ (commend) an; gerade hat Osrick Hamlet
    seine Ergebenheit empfohlen; nun rät Hamlet, daß Osrick
    sich lieber selber vor Claudius empfehlen (Selbstlob) solle,
    denn niemand täte es für ihn.
194 *Umstände* (did comply): Osrick ist ein ›Umstandskandi-
    dat‹, der selbst bei natürlichen Instinkten nicht den direk-
    ten Weg zu gehen weiß, sondern erst Umstände und Kom-
    plimente macht.
196 *das schale Zeitalter* (the drossy age): die gegenwärtige
    Situation in Dänemark im Gegensatz zum Goldenen Zeit-
    alter.
197–200 *eine Art ... platzen* (a kind of yesty collection, which
    carries them through, and through the most profound and
    winnowed opinions; and do but blow them to their trial,
    the bubbles are out): Eine Art gärender Abschaum ver-
    schafft ihnen die Gunst der Edlen, und zwar durch höchst
    oberflächliche (profound) und einseitige (winnowed) Mei-
    nungsäußerungen; doch stell sie nur auf die Probe, und die
    Seifenblasen platzen. – Die Zahl der überlieferten Versio-
    nen und vorgenommenen Emendationen dieser Stelle sind
    schuld an der Ungewißheit über die eigentliche Bedeutung
    von »profound and winnowed«. Die Folio weist »fond and
    winnowed« auf, die Quarto II liest »prophane and trenno-
    wed«. Wharburton emendierte »fond« (vernarrt, liebedie-
    nerisch) zu »fann'd«, was mit »winnowed« identisch ist;
    Tschischwitz emendierte »fond« zu »profound« (ironisch:
    bedeutsam).
199 *man treibe sie:* Leute wie Osrick.

212 *Der König und die Königin sind alle* (the king and queen
and all are): Der König, die Königin und das Gefolge
sind ...

(S. 130)

221 *bin ich ... geblieben:* Diese Worte Hamlets widersprechen
seiner Äußerung in II,2,308 (S. 47 *meine gewohnten Übun-*
gen aufgegeben). Einer solchen Diskrepanz sollte aber
keine beabsichtigte Bedeutung zugeschrieben werden. Andererseits scheint diese Äußerung Claudius' Vermutung zu
bestätigen, daß Hamlet Laertes um seine Geschicklichkeit
beim Fechten beneidete (IV,7,72–76, S. 108 *Man hat seit*
Eurer Reis' ...).

222 *wie übel ... Herz ist:* Hamlet scheint eine vage Vorahnung
von den kommenden Ereignissen zu haben. Trotz Horatios Rat zur Vorsicht weist Hamlet die Ahnung als unbe-
gründet zurück, denn er und Horatio erwarten keinen Anschlag von seiten des Königs. Besonders die Umstände,
daß sie Laertes für einen Ehrenmann halten und daß die
Mutter dem Wettkampf beiwohnen wird, lassen einen Verdacht auf Hamlets Seite nicht aufkommen.

231 *es waltet ... Sperlings:* Hamlet weist die Mahnung zur Vorsicht zurück. Er übergibt sich statt dessen der Hand des
Schicksals und ist willens, zu empfangen, was sie für ihn
bereithält. Der Hinweis auf den Sperling erinnert an
Matth. 10,29.

234 f. *Da kein Mensch ... sein:* Schlegel übersetzte nach der
Quarto II (since no man of ought he leaves, knows what
is it to leave betimes, let be): Da er niemand von Bedeutung verläßt, wie weiß er, was es heißt, frühzeitig abtre-
ten zu müssen; genug über dies Thema. Der Foliotext
lautet: »since no man ha's ought of what he leaves. What
is it to leave betimes?« Da kein Mensch besitzt, was er
verläßt; was heißt es dann, wenn er es (das Leben) frühzeitig verläßt? – Diese Zeilen weisen auf die Ungewiß-
heit des menschlichen Schicksals hin, ein früher Tod
kann den Betroffenen vor Leid schützen oder ihn einer
zukünftigen Freude berauben. Es liegt nicht in unserer
Hand, den rechten Moment unseres Todes zu bestim-
men.

239 *Der Kreis hier* (this presence): der König, die Königin und das Gefolge.

242 *Sitte* (exception): das Verlangen nach Genugtuung.

242–255 *Was ich getan … Bruder traf:* Hamlet gibt zu, daß die Ermordung des Polonius in Laertes ein Haßgefühl erwecken könnte, aber Hamlet beteuert, daß der Mord ein unglücklicher, unbeabsichtigter Zufall war. Hamlet und Laertes seien beide durch Hamlets Wahnsinn und die daraus resultierende Tat verletzt worden. Obwohl Hamlet die Umstände der Tat rational zu erklären versucht, trifft es zu, daß er nie beabsichtigte, Polonius zu töten oder Laertes zu kränken. Hamlet glaubt, daß seine Schuld gegenüber Laertes entschuldigt werden könne durch die Beteuerung, daß er den Tod des Polonius nicht gewollt habe. Anders liegt der Fall allerdings in bezug auf seinen eigenen Vater, der ja von Claudius absichtlich und heimtückisch ermordet wurde. Hamlets Rache an Claudius erscheint daher berechtigter als die des Laertes an Hamlet.

(S. 131)

255 *Mir ist … Natur* (I am satisfied in nature): Als Sohn habe ich Genugtuung erfahren. Laertes sieht sich als Sohn (in nature) zufriedengestellt, gibt aber vor, daß seinem Ehrgefühl (honour) in bezug auf die Sitten der Gesellschaft noch Genugtuung geschehen muß.

259 *ältre Meister* (elder masters): Schiedsleute in Ehrenfragen. Die Entscheidung über die Genugtuung für Laertes' Ehre wird damit in die Hände anderer gelegt.

263 *will ihr nicht zu nahe tun* (will not wrong it): will sie nicht anzweifeln.

266–269 Bei Schlegel fehlt die Übersetzung der Zeilen: »HAMLET. I'll be your foil, Laertes; in mine ignorance / Your skill shall, like a star i'th' darkest night / Stick fiery off indeed. / LAERTES. You mock me, sir. / HAMLET. No, by this hand.« (H. Ich werde Eure Folie sein, Laertes; vor meiner Ahnungslosigkeit wird Eure Geschicklichkeit, wie ein Stern in der finstersten Nacht, glänzend herausstechen, in der Tat. / L. Ihr verhöhnt mich, Herr. / H. Nein, bei dieser Hand.)
Eure Folie (your foil): Hamlet hat gerade um Rapiere

(foils) gebeten. Er benutzt jetzt ein Wortspiel, in welchem
»foil« eine ›Folie‹ bedeutet, die man z. B. unter ein Geschenk legt, damit es um so strahlender aussieht. Hamlets
Ungeschicklichkeit beim Fechten werde also Laertes'
Fechtkunst um so strahlender erscheinen lassen.
Nein … Hand (no, by this hand): Ich schwör's Euch mit
dieser Hand.

(S. 132)

272 *Ausschlag / Des Preises* (laid the odds): den Vorteil, die
Vorgabe.
273 f. *Ich fürcht … uns voraus* (I do not fear it; I have seen you
both; / but since he is bettered, we have therefore odds):
Ich bin nicht besorgt, früher sah ich beide fechten, da aber
er sich (seit er nach Frankreich ging) verbessert hat, haben
wir eine Vorgabe (für Hamlet).
275 *lasst … sehn* (let me see another): Laertes läßt sich die
scharfe, vergiftete Waffe geben.
282 *Hamlets Wohlsein* (Hamlet's better breath): Hamlets bes-
seren Atem, d. h. Hamlets bessere Kondition. (Vgl. Zl. 298
Er ist fett und kurz von Atem.)
284 f. *als die vier Kön'ge … trugen:* Die Perle sei mehr wert als
alle jene Perlen zusammen, die vier Dänenkönige in ihrer
Krone trugen. Die Perle ist natürlich das Gift.

(S. 133)

298 *Er ist fett und kurz von Atem* (he's fat, and scant of
breath): Schlegel übersetzt zu wörtlich. Die Königin will
nur sagen, daß Hamlet verhältnismäßig untrainiert ist und
daher auch mehr schwitzt.
307 *beinah ist's gegen mein Gewissen:* Laertes fühlt Gewissens-
bisse in bezug auf die Ausführung des königlichen Planes.
Damit kommt Laertes' Geständnis in den Zeilen 324–331
(S. 134 *Hamlet, du bist umgebracht …*) und 338–342
(S. 134 *Ihm geschieht sein Recht …*) nicht zu überra-
schend.
313 *Jetzt seht Euch vor:* Nach dieser Zeile enthält die Quarto I
folgende Bühnenanweisung: »Sie tauschen in der Hitze des
Gefechts die Rapiere, beide sind verwundet. Laertes fällt zu
Boden, die Königin fällt und stirbt.« Die anderen Quartos

enthalten keine Bühnenanweisung. Die Folio sagt lediglich: »Sie wechseln in der Hitze des Gefechts die Rapiere.«

(S. 134)

317 *Gefangen in der eignen Schlinge* (why, as a woodcock
[Waldschnepfe] to mine own springe): Wie ein dummer
Vogel habe ich mich nun in meiner eigenen Schlinge gefan-
gen.

319 *weil sie bluten sieht:* Claudius glaubt noch, seinen schändlichen Anschlag verdunkeln zu können.

324 *Hier, Hamlet … umgebracht* (it is here, Hamlet, Hamlet,
thou art slain): Er (der Verrat) ist hier, Hamlet. Hamlet, du
bist tödlich getroffen.

333 *So tu denn, Gift, dein Werk!:* Bei der Tötung des Claudius
handelt Hamlet gewissermaßen aus Selbstverteidigung,
denn es ist klar, daß der Anschlag ursprünglich auf Hamlets Leben allein gerichtet war. Der König stirbt im Gegensatz zu Laertes ohne Reue (Zl. 334). Hamlet rächt seinen
eigenen Tod an Claudius mit dem vergifteten Rapier, er
rächt den Tod der Mutter darüber hinaus mit dem vergifteten Trank. Die Rache für den Vater war Hamlets ursprüng-
liches Motiv, nun aber, unter den sich überstürzenden Ereignissen, wird Claudius eigentlich getötet aus Rache für
den Tod der Mutter und Hamlets eigenen Tod, was nach
damaliger Auffassung als Totschlag, nicht als Mord ausgelegt wurde.

343 *Der Himmel mache / Dich frei davon!:* Hamlet vergibt Laertes seine Tat, er bittet den Himmel um Gnade für ihn.
Laertes hat ähnliches geäußert in bezug auf Hamlet und
den Tod des Polonius. Diese Aussöhnung zwischen Laertes und Hamlet bedeutet einen wichtigen Schritt zur Auf-
lösung der tragischen Verwicklungen in diesem Drama.
Das Thema *In Bereitschaft sein ist alles* (Zl. 234, S. 130)
klingt wieder an.

(S. 135)

351–360 *Nein, glaub das nicht … Geschick zu melden:* Nach
dem römischen Ehrenkodex, wie ihn Shakespeare vor
allem in »Julius Caesar« vorstellt, will Horatio Hamlet
ins Grab folgen, doch Hamlet verlangt, daß er diesen

Schritt nicht unternehme. Er soll die Ehre seines Herrn durch die Enthüllung von Claudius' Mord an dem älteren Hamlet, von Claudius' geplanten Anschlägen gegen den jüngeren Hamlet und durch die Erklärung von Hamlets Rache gegen die Nachstellungen des Claudius wiederherstellen.

353 *zurück:* übrig.
Wo du ein Mann bist (as thou'rt a man): Da du ein Ehrenmann bist.

355 *verletzter Name* (wounded name): Die Ehre des Namens ist besudelt worden.

360 *kriegerischer* (warlike): kriegsartig.

364 *bewältigt* (o'er-crows): überwältigt; Shakespeare benutzt einen Ausdruck von den im elisabethanischen England populären Hahnenkämpfen. Der Sieger im Kampfe (hier der Tod) kräht über dem todwunden Gegner (Hamlet).

365 *Zeitung* (news): Nachrichten, Botschaft.

366 *Erwählung* (election): Die Kur (Wahl) des dänischen Königs hing weitgehend von dem Wort des Vorgängers ab. Hamlet ist jetzt praktisch König und er designiert Fortinbras zu seinem Nachfolger.

(S. 136)

375 *Die Niederlage* (this quarry): Niederlage ist wörtlich zu verstehen, gemeint ist das von den Jägern zur Strecke gebrachte Wild.

382 *sei'n tot* (are dead): sind tot; ebenso Zl. 381 *sei ausgeführt* (is fullfilled): ist ausgeführt.

383 *Aus seinem Munde nicht:* Horatio meint Claudius.

392 *Von Taten ... unnatürlich:* Gemeint ist die Ermordung des Bruders und des Stiefsohnes durch Claudius.

393 *Zufälligen ... Mord:* Gemeint ist der durch widrige Umstände bedingte Tod von Polonius und Gertrud.

394–396 *Von Toden ... Erfinder Haupt:* z. T. bezieht sich diese Äußerung auf Hamlet, der den Plänen des Claudius und des Laertes zum Opfer gefallen ist. Andererseits ist auch das Sterben des Rosenkranz und Güldenstern sowie der Tod des Laertes gemeint, da sie als Werkzeuge des Urhebers jenes Unheils, Claudius, fungieren.

399 *mein Glück umfang ich trauernd* (with sorrow I embrace

my fortune): Mit Kummer trage ich mein Glück (die dänische Krone).

(S. 137)

400 *alte Recht'* (rights of memory): legaler, wahrscheinlich verwandtschaftlich begründeter Anspruch auf die Krone Dänemarks.

403 *des Stimme … ziehen* (whose voice will draw on more): Diese Äußerung bezieht sich auf Hamlets Worte, die Fortinbras als zukünftigen dänischen König empfahlen: »Dessen Worte meine Stimmen (bei der Wahl) mehren werden.« Shakespeare legte in seinen Schauspielen großen Wert auf eine geordnete Übergabe der Macht. Es wird gleichsam ein ordnend-versöhnender Ton am Ende der Tragödie angeschlagen.

405 *weil noch die Gemüter* (even while men's minds): selbst wenn noch die Gemüter.

406–411 *Lasst … sprechen:* Die elisabethanische Bühne hatte keinen Vorhang. Tote mußten daher von der Bühne getragen werden. Bei dem von Fortinbras angeordneten militärischen Begräbnis lobt Fortinbras besonders die hervorragenden Eigenschaften Hamlets, des Helden der Tragödie.

409 *bei dem Zug* (for his passage): Fortinbras meint sowohl den Trauerzug als auch Hamlets eigenen Übergang aus dem Reich des Lebens in das des Todes.

412 *Blick* (sight): Anblick.

II. Zum Textproblem

Die erste gedruckte Ausgabe des »Hamlet« erschien im Jahre 1603. Es ist die sogenannte erste Quartausgabe (First Quarto) dieser Tragödie. Sie wurde erst 1821 entdeckt. Die Bezeichnung Quartausgabe bezieht sich auf das Format des Druckerzeugnisses; bei einer Quartausgabe wird der für den Druck bestimmte, genormte Bogen zweimal gefaltet, so daß eine Seite im Buch ein Viertel des ursprünglichen Formats darstellt. Bei einer sogenannten Folioausgabe wird das ursprüngliche Druckpapier nur einmal gefaltet. Die Quarto I war eine unautorisierte Ausgabe, was man allgemein als ›Raubdruck‹ bezeichnet. Es handelt sich um einen ›schlechten Text‹ (bad quarto), denn er wurde wahrscheinlich aus dem Gedächtnis durch eine Gruppe von Schauspielern zusammengestellt, die das Stück entweder auf der Bühne gesehen oder das Drama selber auf einer Londoner Bühne gespielt hatten. Im großen und ganzen folgt der Text der Quarto I der Shakespeareschen Version der Tragödie, doch Anklänge an einen vorshakespeareschen Hamlet sind an verschiedenen Stellen des Textes vorhanden. Polonius heißt hier noch Corambis, ähnlich dem Corambus in »Der bestrafte Brudermord«. Reinhold trägt den Namen Montano, die Reihenfolge einiger Szenen ist verschoben, nach dem Text der Quarto I verneint die Königin eindeutig jeglichen Anteil an der Ermordung von Hamlets Vater, sie verspricht sogar, ihren Sohn bei seinem Rachevorhaben zu unterstützen. Der Ablauf der Handlung, so wie wir ihn von späteren Ausgaben kennen, ist im Kern derselbe, jedoch stark vereinfacht, die Sprache Shakespeares erscheint in diesem Text ungezügelt und roh.

Eine autorisierte Ausgabe des Schauspiels erschien im Jahre 1604 (andere Exemplare derselben Ausgabe tragen als Datum 1605). Es ist die sogenannte zweite Quartausgabe (Second Quarto), ein ›guter‹ Text, der wahrscheinlich – von den Bühnenanweisungen her zu urteilen – nach Shakespeares eigenem Manuskript gedruckt worden ist. Die Quarto II enthält den vollständigen Text des Dramas (nahezu 3800 Zeilen im Vergleich zu den 2220 Zeilen der Quarto I). Sie gilt allgemein als höchst verläßlich, obwohl sie unter einer

Anzahl von Druckversehen und Übertragungsfehlern leidet. Die erste, ›schlechte‹ Quartausgabe wurde unglücklicherweise von dem damaligen Drucker, besonders während des ersten Aktes, zu Rate gezogen, wahrscheinlich weil das Manuskript durch handschriftliche Eintragungen und Verbesserungen unleserlich geworden war.

Eine dritte Quartausgabe (Third Quarto) wurde nach der Vorlage der Quarto II im Jahre 1611 veröffentlicht, eine vierte, undatierte Quartausgabe (Fourth Quarto) erschien irgendwann zwischen 1611 und 1623, sie folgt dem Text der Quarto III. Die Quarto III und IV besitzen keine eigene Textautorität, denn sie folgen dem Text ihrer jeweiligen unmittelbaren Vorgänger. Eine fünfte Quartausgabe (Fifth Quarto) erschien 1637, eine weitere Quart- und Folioausgaben werden bis 1703 gedruckt.

Der Text des Dramas, so wie er in der Folio von 1623 (First Folio) gedruckt ist, scheint unmittelbar dem offiziellen Dramentext einer Schauspieltruppe (The King's Men) zu folgen, und zwar in der Form, die sich seit der mehr als zwanzigjährigen Existenz des Stückes als am meisten bühnengerecht erwiesen hatte. Der Text der Folio I läßt 320 Zeilen der Quarto II aus, fügt aber 80 andere Zeilen ein, die nicht in der Quarto II enthalten sind. Darüber hinaus gibt es zahlreiche Differenzen zwischen beiden Texten, die zum größten Teil auf Lesefehler zurückzuführen sind. Andere Textabweichungen scheinen auf Interpolationen der Schauspieler zurückzugehen, besonders in Fällen, in denen bestimmte Worte durch andere ersetzt worden sind. So sind durch die Schauspieler im Laufe der Zeit Stichworte und Wiederholungen eingefügt worden, die im Vergleich mit der Quarto II durch die schauspielerische Praxis gerechtfertigt sein mögen, aber nicht von Shakespeare stammen. Der Text der Quarto II übertrifft an Qualität daher allgemein trotz seiner offenbaren Fehler den Text der Folio I. Deshalb folgen auch moderne »Hamlet«-Ausgaben allgemein dem Text der Quarto II; bei längeren Passagen, die in der Quarto II nicht enthalten sind, wird der Text der Folio I eingefügt. Bei zweifelhaften Worten oder Zeilen in der Quarto II wird der Text der Folio I herangezogen, und es liegt dann in der Hand des Herausgebers und Kommentators, welche Version er für die wahrscheinlichste hält. Der vorliegende Kommen-

Titelblatt der ersten Folioausgabe der Dramen Shakespeares

tar zum »Hamlet«-Text hält sich an diese Grundsätze. Er
bezieht sich, wenn auch kritisch, auf die 3. Auflage von 1843
der Übersetzung von August Wilhelm Schlegel. Darüber
hinaus wurde der auf Michael Bernays Ausgabe von 1891
fußende Text Levin L. Schückings (Berlin, Darmstadt, Wien:
Deutsche Buch-Gemeinschaft 1955) in Zweifelsfragen zu
Rate gezogen.

III. Der Stoff und seine Tradition

Der Hamlet-Stoff entstammt dem alten nordischen Sagengut. Er wurde zum ersten Mal von dem dänischen Bischof und Historiker Saxo Grammaticus (um 1150 bis 1220) in der lateinisch verfaßten »Historia Danica« aufgezeichnet. Diese ›Geschichte der Dänen‹ wurde von Saxo zwischen 1180 und 1208 zusammengestellt, sie enthält nicht nur eine Sammlung der Tatsachen aus Dänemarks Geschichte, sondern auch einen Abschnitt über die Legenden und Bräuche Nordeuropas. Der Hamlet-Stoff erscheint unter jenen Legenden im dritten und vierten Buch der »Historia Danica« als die Geschichte von Amlethus. Es ist ein langer und grausamer Bericht über die sich über Jahre erstreckende Auseinandersetzung zwischen zwei mächtigen Rivalen.

Horwendil, Statthalter von Jütland und Gatte von Gerutha, der Tochter des dänischen Königs, wird von seinem Bruder Fengon ermordet. Fengon besteigt den Thron und heiratet Gerutha. Amlethus, der Sohn Horwendils, ist zur Zeit des Mordes noch ein Kind. Sobald er das Mannesalter erreicht, ist er entschlossen, den Tod seines Vaters zu rächen. Da Amlethus am Hofe seines Onkels lebt, schützt er sich gegen den Verdacht des Onkels durch Vortäuschung von Wahnsinn. Doch dieser Wahnsinn enthält schon Züge hamletscher List und Weitsicht. Als nämlich Fengon vermutet, daß Amlethus seinen Wahn nur vortäuscht, stellt er dem Neffen Fallen, die jener jedoch mit Geschick vermeidet. Es handelt sich im großen und ganzen um dieselben Fallen und Tricks, die wir auch in Shakespeares Drama finden: ein weibliches Wesen, das seine wahren Absichten durch vorgetäuschte Liebe erkunden soll, ein Lauscher hält sich versteckt in dem Zimmer der Mutter und wird von Amlethus getötet, zwei falsche Freunde begleiten ihn nach England, wo er ermordet werden soll. Amlethus gelingt es jedoch, allen Anschlägen auszuweichen. Er heiratet die Tochter des englischen Königs, kehrt nach Dänemark zurück, macht die Höflinge in der Festhalle des Palastes betrunken, hält die Betrunkenen mit einem extra für diesen Zweck vorgesehenen Netz in der Halle gefangen und setzt das Gebäude in Brand. Amlethus findet seinen Onkel, der dem sicheren Tod in der Halle

durch Abwesenheit entronnen war, und tötet ihn mit dessen
eigenem Schwert. Er hält eine Rede an das Volk und besteigt den dänischen Thron. Einige Jahre später kehrt er
nach England zurück, heiratet zum zweiten Male, wird aber
von der zweiten Frau verraten und stirbt schließlich auf
dem Schlachtfeld im Kampf mit einem anderen Onkel.

François de Belleforest (1530–83) begann 1565 mit der Ver-
öffentlichung einer Serie tragischer Prosageschichten, der
»Histoires tragiques«. In der fünften Serie von 1576 findet
sich Saxos Bericht über Amlethus, ein wenig ausgeschmückt
und mit einem mild moralisierenden Ton. 1582 erschien dieselbe Version des Hamlet-Stoffes in Belleforests gesammel-
ten tragischen Geschichten. Eine englische Übersetzung dieser
Geschichten erschien erst 1608 mit dem Titel »The Hystorie
of Hamblet« (sie kann also nicht von Shakespeare benutzt
worden sein, denn Shakespeares Hamlet-Drama entstand
um die Jahrhundertwende). Belleforest hat wenig an dem
Bericht des Saxo geändert, er hat allerdings eingeflochten,
daß Gerutha und Fengon vor dem Mord an Horwendil
Ehebruch begangen hatten, daß Amlethus an Melancholie
litt und daß er das Fräulein liebte, welches zum Ausspionie-
ren seiner Gedanken angestellt worden war.

Es ist möglich, daß Shakespeare Belleforest auf französisch
gelesen hat, es erscheint aber wahrscheinlicher, daß Shakespeares eigentliche Quelle ein Schauspiel über den Hamlet-
Stoff gewesen ist, das irgendwann um 1580 von einem Unbekannten verfaßt worden sein mag. Es sind Hinweise auf
ein solches »Ur-Hamlet«-Stück bei Thomas Nashe (1589), bei
Philip Henslowe (1591) und bei Thomas Lodge (1596) zu
finden. Aus diesem uns unbekannten Stück könnte Shakespeare einige Elemente übernommen haben, die bei Belleforest nicht vorhanden sind: das Auftreten des Geistes, die
Schauspielepisode innerhalb des Schauspiels, den Wettstreit
mit Degen und Dolch, die Figuren des Laertes und Fortinbras. Das nicht überlieferte Stück scheint ein Rachedrama
nach der Art Senecas gewesen zu sein, so wie es in den
Jahren um 1580 allgemein beliebt war. Dieses Schauspiel
muß in verschiedenen Zügen Thomas Kyds (1558?–1594?)
»Spanish Tragedy« geähnelt haben. Kyds Drama läßt einen
Geist auftreten, auch gibt es darin ein Schauspiel innerhalb
des Schauspiels. Es ist aber durchaus nicht gesichert, daß

Thomas Kyd der Autor des »Ur-Hamlet« gewesen sein muß.

Verschiedene Versuche sind unternommen worden, diesen »Ur-Hamlet« zu rekonstruieren. Einige Spekulationen gründen sich auf die Tatsache, daß die erste Quartausgabe Elemente enthält, die bei Belleforest zu finden sind, aber in Shakespeares »Hamlet« nicht vorhanden sind. Die Schauspieler, die den Text der Quarto I aus dem Gedächtnis zusammenstellten, könnten einige Passagen aus dem »Ur-Hamlet« übernommen haben.

Die meisten Versuche um die Rekonstruktion des »Ur-Hamlet« stützen sich auf das deutsche Schauspiel »Der bestrafte Brudermord«. Das Stück wurde zuerst 1781 von einem 1710 datierten Manuskript gedruckt. Das Manuskript ist leider verschollen. Tatsache ist, daß seit 1586 britische Schauspieler das europäische Festland bereist haben. Irgendwann vor 1600 – so wird argumentiert – muß eine britische Schauspielertruppe ein Hamlet-Stück in Deutschland aufgeführt haben. Dieses Stück könnte von deutschen Schauspielern übersetzt und schließlich 1781 von einem Manuskript als »Der bestrafte Brudermord« gedruckt worden sein. Das Schauspiel unterscheidet sich wesentlich von Shakespeares »Hamlet«, es kann also nicht auf Shakespeare zurückgehen, es könnte aber sein, daß es auf einer verkürzten Form des »Ur-Hamlet« fußt, die englische Schauspieler in Deutschland aufgeführt haben könnten. Polonius heißt hier Corambus (in der Quarto I: Corambis). »Der bestrafte Brudermord« enthält auch einen Prolog, der jenem der »Spanish Tragedy« ähnelt, möglicherweise enthielt auch der »Ur-Hamlet« einen solchen. Die Bedeutung der Existenz eines Schauspiels wie »Der bestrafte Brudermord« und der anderen ›Quellen‹ liegt darin, daß wir eine Vorstellung von dem Rohmaterial erhalten, aus dem Shakespeare ein Theaterstück allererersten Ranges zu schaffen vermochte.

1. Saxo Grammaticus,
Historia Danica. 3. und 4. Buch

Horwendil und Fengon, die Söhne Gerwendils, wurden von Rorik, König von Dänemark, an ihres verstorbenen Vaters Stelle zu Statthaltern über Jütland gesetzt. Nach dreijähriger Herrschaft hatte sich Horwendil einen so großen Ruhm als Seeheld erworben, daß der König von Norwegen, Koller, ihm diesen Ruhm neidete und sich einen nicht geringeren Zuwachs seines eigenen versprach, wenn es ihm gelänge, den weitgepriesenen Nebenbuhler im Waffenkampfe zu überwinden. Auf langen Meerfahrten suchte er dessen Flotte, bis er sie endlich traf. An einer Insel mitten im Meer waren die beiden Seehelden, von zwei Seiten her, mit ihren Schiffen gelandet; die reizenden Gestade luden die Führer ein, sie zu betreten; die Freundlichkeit der Umgebung lockte sie in das Innere der Haine und tiefer und tiefer in das Dunkel des Waldes: da stießen Koller und Horwendil, beide ohne Gefährten, von ungefähr aufeinander. Horwendil zuerst stellte an den König die Frage, welche Art des Kampfes er wähle; er selbst ziehe diejenige vor, welche die Kräfte von möglichst wenigen in Anspruch nehme; der Zweikampf werde am besten geeignet sein, um durch ihn den Ruhm der Tapferkeit zu gewinnen, weil er sich auf die eigene Kraft stütze und die Hilfe eines fremden Armes ausschließe. Diese kräftige Meinung des Jünglings bewundernd, antwortete Koller: »Da du mir die Wahl der Kampfart überläßt, so wähle ich die, die ohne lautes Getöse nur zwischen zweien allein ausgetragen wird. Gewiß ist sie die kühnste und entscheidet am besten den Sieg. Darin stimmen wir überein. Aber weil der Ausgang im Zweifel bleibt, müssen wir auch auf das bedacht sein, was die Menschlichkeit fordert, damit nicht der Sieger sich vom Stolze hinreißen lasse und seine Pflichten gegen den Besiegten vergesse. Wir mögen uns innerlich hassen, aber doch muß eine fromme Rücksicht da sein, welcher die Härte endlich, zur rechten Zeit, weicht. Denn wenn uns auch die Verschiedenheit des Geistes trennt, so versöhnen doch uns die Rechte der Natur; ihre Gemeinschaft macht uns einig, welche Mißgunst uns auch scheide. Das also sei die Rücksicht unserer Frömmigkeit, daß der Sieger dem Besiegten Totenopfer weihe. Denn darin liegen die höchsten Pflichten der

Menschlichkeit, die kein Frommer vernachlässigt. Jeder Teil vollbringe friedlich, den Haß vergessend, dieses Amt; mit dem Tode weiche der Neid, im Grabe schlafe aller Groll. Fern von uns sei es, solche Grausamkeit zu zeigen, daß wir, obgleich im Leben Feinde, der eine des andern Asche ein Leid antue. Für den Sieger wird es ruhmwürdig sein, wenn er des Besiegten Leiche ehrt. Denn wer dem toten Feinde sein Recht gibt, erwirbt sich die Gunst der Hinterbliebenen; den Lebenden besiegt durch seine Wohltat, wer dem Abgeschiedenen den Zoll der Menschlichkeit zahlt. Und ein anderes nicht minder trauriges Geschick trifft bisweilen den Lebenden, nämlich der Verlust eines seiner Körperteile. Dafür müssen wir, meine ich, nicht geringere Sorge tragen als für den Fall des Todes. Denn oft befällt den Kämpfenden bei heilem Geiste ein Verlust von Gliedern, und das achtet jedermann für ein traurigeres Geschick als den Untergang, weil der Tod alles Gedächtnis endet, der Lebende aber die Niederlage des eigenen Körpers nicht vergessen und verwinden kann. Auch für dieses Übel ist daher Vorsorge nötig. Es möge daher verabredet sein, daß jeder die Verletzung des anderen mit zehn Mark Goldes büße. Denn wenn es recht ist, Mitgefühl zu haben mit fremden Leiden, um wieviel mehr, sich der eigenen zu erbarmen! Niemand ist, der nicht für sich selbst sorgte; wer es unterläßt, wird sein eigener Mörder.«

Nachdem sie sich darauf das Wort gegeben, schritten sie zum Kampfe; denn weder das Ungewöhnliche ihrer zufälligen Begegnung noch die Lieblichkeit des blühenden Ortes hatte Macht über ihr Vorhaben. Horwendil, im Feuer seines Mutes mehr darauf bedacht, den Feind anzugreifen, als seinen Leib zu schützen, ließ den Schild beiseite und faßte das Schwert mit beiden Händen. Und seiner Kühnheit fehlte nicht der Erfolg. Schlag auf Schlag gegen Koller seine Streiche führend, entblößte er ihn des Schildes und stürzte ihn endlich, ihm das Bein abhauend, entseelt zu Boden. Treu dem Vertrage gab er ihm eine königliche Bestattung, ein prächtiges Grabmal und eine glänzende Leichenfeier; dann wandte er sich gegen Kollers Schwester, Sela mit Namen, eine im Seekampf gewaltige Kriegerin, und besiegte und erschlug sie. Nachdem er drei Jahre den herrlichsten Kriegstaten gewidmet hatte, brachte er dem König Rorik die Waf-

fen der Besiegten und eine erlesene Beute zum Geschenk,
um sich dessen Gunst in noch höherem Grade zu erwerben.
Und er machte sich ihn so zum Freunde, daß er seine Tochter
Gerutha zur Gemahlin erhielt, die ihm einen Sohn, Amlethus, gebar.

Solches Glück ließ Fengon von Neid entbrennen und auf
den Tod des Bruders sinnen. So ist der Tugendhafte selbst
vor den nächsten Angehörigen nicht sicher. Als Ort und Zeit
sich dem Morde günstig erwiesen, sättigte er mit blutiger
Hand das entsetzliche Gelüste seines Herzens. Und indem
er des erschlagenen Bruders Gattin gewann, fügte er zum
Morde noch Blutschande. Denn wer sich der einen Schuld
ergeben, stürzt bald um so jäher in die andere; die erst ist
der Anreiz zur zweiten. Und Fengon bedeckte die Schänd-
lichkeit der Tat mit so vermessener Schlauheit, daß er das
Verbrechen mit dem Vorwand wohlwollender Absicht be-
schönigte und den Brudermord zum Liebesdienste färbte; er
sagte, Gerutha, obgleich sie in ihrer Sanftmut niemand das
kleinste Leid zugefügt hätte, sei von ihrem Gemahl mit dem
bittersten Haß verfolgt worden, und um sie zu retten, habe
er den Bruder getötet, da es ihm unerträglich gewesen sei,
daß ein so liebes und gütevolles Weib dem wilden Groll
ihres Mannes ausgesetzt sein sollte. Und sein Vorgeben er-
mangelte nicht des gewünschten Erfolges; denn bei den Großen findet Lüge leicht Eingang, wie ja Narren bei ihnen oft
Gunst und Verleumder Ehre gewinnen. So hatte denn
Fengon kein Bedenken, sich mit den von Brudermord be-
fleckten Händen in verbrecherische Umarmungen zu stürzen und die Schuld doppelten Frevels auf sich zu laden.

Als Amlethus das sah, da griff er, damit er nicht durch klu-
ges Handeln dem Oheim verdächtig werde, zu erkünstelter
Geistesschwäche und stellte sich, als sei er vollkommen von
Sinnen; auf diese Weise verdeckte er seinen Verstand und
wahrte sein Heil. Täglich erschien er von Schmutz starrend
und warf sich zur Erde und besudelte sich mit dem Unrat des
Bodens; die entstellte Farbe des Gesichtes, das er mit widri-
ger Feuchtigkeit bestrich, ließ auf den Wahnwitz eines Verrückten schließen; was er sprach, klang blödsinnig; was er
vornahm, sah nach völliger Geistesabwesenheit aus. Kurz,
nicht einen Menschen, sondern ein von der Natur vernach-
lässigtes, zu Spott und Hohn geborenes Mißgeschöpf mußte

man in ihm erblicken. Oft, am Herde sitzend und die Asche
mit den Händen zusammenkehrend, schnitzte er krumme
Stäbchen aus Holz, die er am Feuer härtete und an der
Spitze mit Widerhaken versah, wodurch sie um so geeigne-
ter zum festen Zusammenheften wurden; und wenn man ihn
fragte, was er da mache, sagte er, er sorge für scharfe Spieße,
den Tod seines Vaters zu rächen. Diese Antwort trug ihm
nicht wenig Spott ein, weil man fast allgemein die Eitelkeit
des scheinbar törichten Beginnens verlachte, das ihm doch
nachher bei der Ausführung seines Vorhabens große Hilfe
leistete.

Bei schärferen Beobachtern aber erregte diese Tätigkeit zuerst den Argwohn listiger Verstellung gegen ihn; denn das
Geschick selbst bei so geringfügiger Arbeit deutete auf ver-
borgene Anlagen, und der, dessen Hand eine so kunstreiche
Spielerei schuf, konnte kaum ein Stumpfsinniger sein. Dann
wandte er auch die größte Sorge darauf, die gehärteten
und zugeschnitzten Stäbchen zu sammeln und aufzubewahren. Es kamen also einige zu der Überzeugung, daß er gesunden Geistes sei und wohl nur seine Klugheit unter dem
Vorwande der Einfalt verberge, ein tiefes Streben mit er-
dichteter Torheit verhüllend; und daß das beste Mittel zur
Entdeckung der List sein würde, wenn man ihm irgendwo
im Verborgenen ein schönes Weib zuführe, das sein Herz zu
Liebeslust entzünde; denn zu fleischlichem Genusse sei der
Sinn so geneigt, daß dagegen keine Kunst der Verstellung
standhalte, und diesen Antrieb werde keine Schlauheit zu
bewältigen imstande sein; deshalb dürfe man erwarten, daß
Amlethus, wenn sein Wahnwitz ein angenommener sei, die
dargebotene Gelegenheit ergreifen und sich sogleich der
Wollust hingeben werde. So wurden denn etliche bestellt,
die den Jüngling zu Pferde in einen entlegenen Teil des
Waldes geleiten und ihn auf die angegebene Art prüfen
sollten. Zufällig war unter ihnen ein Milchbruder des Prinzen, in dessen Herzen die Rücksichten der Freundschaft gegen den Gefährten der Kindheit noch nicht ihre Geltung
verloren hatten. Dieser, das Andenken des früheren Zusam-
menlebens höher achtend als das Gebot seines gegenwärtigen
Herrn, hatte sich den gewählten Begleitern Amlethus' ange-
schlossen, als Warner und Berater viel mehr denn als Ver-
sucher, weil er nicht zweifelte, daß ihm das Ärgste geschehen

werde, wenn er das geringste Zeichen klaren Verstandes
gäbe, vorzüglich aber, wenn er sich offen der sinnlichen Lust
überließe. Und Amlethus selbst wußte das; deswegen setzte
er sich, als er das Pferd besteigen sollte, absichtlich so, daß
er seinen Rücken gegen den Nacken des Pferdes kehrte und
den Schwanz mit dem Gesicht ansah; er zäumte es an demselben, als wolle er so den Lauf des Pferdes lenken. Durch
diese List wich er dem Anschlag des Oheims aus und ent-
kräftete seine Nachstellungen. Ein lächerlicher Anblick war
es, als das Pferd, der Zügel ledig, mit seinem Reiter, der es
am Schwanze hielt, davonlief.

Im Fortgang der Reise stieß man im Gebüsch auf einen Wolf,
und als seine Begleiter zu Amlethus sagten, es sei ein junges
Pferd gewesen, erwiderte er, derartige Streitrosse gebe es
sehr wenige in Fengons Gestüten, womit er ebenso versteckt
als witzig den Reichtümern seines Oheims den Untergang
anwünschte. Und auf die Bemerkung der Begleiter, daß er
da sehr klug geantwortet, versicherte er, mit voller Absicht
gesprochen zu haben; damit er sich auf keine Weise der Lüge
schuldig mache. Denn indem er sich immer fern von Trug zu
halten wünschte, paarte er dergestalt List mit Wahrheit, daß
diese seinen Worten stets zugrunde lag und das Maß seines
Scharfsinns sich doch nicht durch Anzeichen des Wahren
verriet.

Ebenso, als sie weiter an das Ufer des Meeres kamen und
die Begleiter das Steuer eines gestrandeten Schiffes, das sie
fanden, für ein mächtig großes Messer ausgaben, äußerte
Amlethus, mit dem müsse ein ungeheurer Schinken geschnit-
ten werden; womit er in der Tat das Meer meinte, dessen
unermeßlicher Ausdehnung die Größe des Steuerruders ent-
spreche. Dann, als sie auf Dünen trafen und er den Sand für
Mehl ansehen sollte, antwortete er, das sei von den Wogen
des Meeres gemahlen worden; und da die Begleiter auch
diese Antwort lobten, versicherte er wieder, sie mit bewußter Klugheit gegeben zu haben. Endlich wurde er von jenen
absichtlich, damit er um so kühner seiner Lust nachgehe,
allein gelassen und ihm das von seinem Oheim bestimmte
Mädchen, als ob es ihm zufällig begegne, an einem dunklen
Orte in den Weg gebracht; und er hätte sich diese Gelegenheit
auch zunutze gemacht, wenn ihm nicht sein Milchbruder auf
versteckte Art einen Wink hätte zukommen lassen über den

ihm gelegten Hinterhalt. Darauf bedacht, wie am besten er ihm eine geheime Warnung geben und einer gefährlichen Ausschreitung des Jünglings zuvorkommen könne, befestigte derselbe einen am Boden gefundenen Halm an dem Schwanz einer vorbeifliegenden Bremse und trieb diese dann dahin, wo Amlethus, wie er wußte, war. Und dadurch erzeigte er diesem, den seine Vorsicht verlassen wollte, den größten Dienst. Der Wink wurde so scharfsinnig verstanden, als er erteilt war; Amlethus, die Bremse sehend und den Halm an ihrem Schwanze bemerkend, erkannte darin eine Warnung, sich vor Verrat zu hüten; deshalb, weil er Gefahr ahnte und damit er seine Lust in Sicherheit befriedigen könne, nahm er das Mädchen in seine Arme und führte sie weit weg an einen unwegsamen sumpfigen Ort. Nachdem er bei ihr zum Ziel seiner Wünsche gelangt war, beschwor er sie auch inständig, die Sache niemand zu verraten; und so dringend er darum bat, so bereitwillig versprach sie ihm ihr Stillschweigen; denn das Mädchen war ihm von Kindheit an zugetan, da beide gemeinschaftlich erzogen worden waren.

Als nun Amlethus bei der Heimkehr von allen wie im Scherze gefragt wurde, ob er das Mädchen genossen habe, gestand er das frei und offen zu; und auf die weitere Frage, wo er es getan und was für eines Polsters er sich dabei bedient, antwortete er: er habe auf dem Huf eines Rindes, dem Kamm eines Hahnes und den Balken eines Daches gelegen. Denn Teilchen und Splitter aller dieser Dinge hatte er, um nicht lügen zu müssen, zu sich gesteckt, als er die Reise, die ihn versuchen sollte, antrat. Die Rede erregte ein großes Gelächter der Umstehenden, obgleich auch dieser Scherz der Wahrheit keinen Abbruch tat. Als man auch das Mädchen über die Sache befragte, behauptete sie, nichts Derartiges mit ihm getrieben zu haben; und man glaubte ihrem Leugnen um so eher, da es feststand, daß Amlethus' Begleiter nichts von dem Vorfall wußten. Derjenige, welcher der Warnung wegen die Bremse mit dem Zeichen versehen hatte, sagte, um anzudeuten, wieviel Amlethus seiner List zu verdanken habe: er sei in der letzten Zeit nur für ihn besorgt gewesen. Und die Antwort des Jünglings war nicht unpassend. Denn, damit er nicht gleichgültig gegen das Verdienst des Warners scheine, erzählte er, daß er einen gewissen Strohträger gesehen, der plötzlich auf ihn losgeflogen sei, mit einem Halm hinten am Leibe. Diese Rede reizte die übrigen zum Lachen, erfreute aber den Beschützer Amlethus' durch ihre Klugheit.

So hatte er alle, die ihm nachstellten, getäuscht, und keiner konnte den Schlüssel zu des Jünglings Benehmen finden: Da erklärte einer von Fengons Freunden, der sich auf seine Klugheit mehr einbildete als wirklich an ihr war, es sei unmöglich, die undurchdringliche Schlauheit des Prinzen mit gewöhnlichen Mitteln zu fangen; seine Beharrlichkeit sei zu fest, als daß man ihr durch leichte Versuche beikommen sollte; deshalb dürfe man gegen seine vielfache und vielgewandte Verschlagenheit nicht ein einfaches Maß der List, ihn auf die Probe zu stellen, in Anwendung bringen. Er selbst nun, sagte jener, habe mit Aufwendung größeren Scharfsinns ein feineres Mittel entdeckt, leicht in der Ausführung und zur Erforschung des vorliegenden Rätsels gewiß sehr wirksam. Wenn sich nämlich Fengon, ein wichtiges Geschäft vorgebend, absichtlich entferne, dann solle man Amlethus allein mit seiner Mutter, der Königin, in ein Gemach einschließen, nachdem vorher für einen zuverlässigen Mann gesorgt worden, der sich in dem Zimmer verstecke und unbemerkt alles genau mit anhören könne, was zwischen den beiden zur Sprache komme. Denn sich der Mutter auszusprechen werde der Sohn, wenn er irgend bei Verstande wäre, kein Bedenken tragen; ihrer Treue sich anzuvertrauen, werde ihn keine Furcht abhalten. Der Ratgeber, um nicht bloß als solcher zu erscheinen, sondern die Sache auch auszuführen, bot sich sehr dienstreifrig an, das Amt des Lauschers selbst zu übernehmen. Fengon, mit dem Vorschlag ganz einverstanden, gab eine weite Reise vor und entfernte sich. Der Ratgeber aber schlich sich heimlich in das Zimmer, in dem Amlethus mit seiner Mutter eingeschlossen wurde, und verbarg sich dort unter einer Decke. Amlethus fehlte es jedoch nicht an der Gegenmaßregel. Da er fürchtete, heimlich behorcht zu werden, blieb er vorerst seinem angenommenen Wesen getreu und krähte wie ein Hahn und schlug mit den Armen wie mit Flügeln auf und nieder und sprang auf die Decke und auf ihr herum, um zu erforschen, ob da etwas verborgen sei. Als er aber unter seinen Füßen einen Körper fühlte, stieß er mit dem Schwerte in die Decke und durchbohrte den Versteckten und zog ihn hervor, ihn vollends zu töten. Den

Leichnam zerschnitt er in Stücke und kochte diese in heißem Wasser; dann warf er sie durch die Öffnung einer Abzugsrinne den Schweinen zum Fraße vor, den stinkenden Kot mit den Gliedern des Unglücklichen dicht bedeckend. Nachdem er sich so der Nachstellungen erwehrt hatte, kehrte er in das Zimmer zurück; und da seine Mutter mit heftiger Wehklage über den Wahnsinn ihres Sohnes zu weinen anfing, wandte er sich gegen sie: »Wie, Unseligste der Weiber! Willst du deine schmachvolle Missetat hinter falschem Jammer verbergen? Die du, nach geiler Metzen Art, einem sündlichen, abscheulichen Ehebett dich hingibst, den Mörder deines Gatten blutschänderisch am Busen hegst und ihm, der den Vater deines Sohnes tötete, mit ekelhaften Liebkosungen schmeichelst? Ja, so geben sich Stuten dem jedesmaligen Sieger hin; wilder Tiere Art ist es, in ihrer Neigung bald hierhin, bald dorthin zu schweifen; an ihnen hast du dir sicherlich ein Beispiel genommen, um den früheren Gemahl ganz zu vergessen. Ich aber trage nicht umsonst das Kleid der Torheit; denn ich zweifle nicht, daß der, welcher seinen Bruder mordete, auch gegen dessen Angehörigen mit gleicher Grausamkeit wüten wird. Deshalb ist es besser, für einen Narren als für einen Klugen zu gelten und Schutz und Sicherheit von dem Schein äußerster Geistesverwirrung zu borgen. Im Herzen lebt mir das Streben, den Vater zu rächen; ich warte nur auf die günstige Gelegenheit und die richtige Zeit. Nicht ein jeder Ort paßt zu jedem Unternehmen; gegen einen finsteren und wilden Sinn muß man mit überlegenen Geisteskräften handeln. Du aber brauchst nicht meine Torheit zu bejammern, da du lieber deine eigene Schande beweinen solltest. Also beklage, was dir, nicht was einem andern fehlt. Im übrigen wirst du zu schweigen wissen.«

Mit solch vorwurfsvoller Rede rief er die im Innersten erschütterte Mutter auf den Weg der Tugend zurück und mahnte sie, die frühere Liebe den Lockungen der Gegenwart vorzuziehen.

Als der König heimkehrte und jenen Späher nirgends fand, ließ er lange eifrig nach ihm suchen; aber niemand wußte etwas von ihm. Auch Amlethus wurde, scherzeshalber, gefragt, ob er nicht eine Spur von ihm entdeckt habe; und darauf erzählte dieser, der Vermißte sei in eine Abzugsrinne

gegangen, dort in den Schlamm geraten und, in der Masse
des Unrats erstickt, von herumschweifenden Schweinen gefressen worden. Obgleich dieser Bericht die Wahrheit sagte,
wurde er doch, weil scheinbar aberwitzig, von denen, die ihn
hörten, gründlich verlacht.

Fengon indes hegte doch starken Verdacht, daß sein Stief-
sohn ihn hintergehe, und hätte ihn gern aus dem Weg ge-
räumt. Da er dies aber, aus Rücksichten auf dessen Großvater Rorik sowohl als auf seine Gemahlin Gerutha, nicht
selbst zu tun wagte, so beschloß er, Amlethus durch den
König von Britannien beseitigen zu lassen, um sich so den
Schein der Unschuld zu wahren, indem er einen andern zum
Täter machte; damit er seine Schlechtigkeit verberge, wollte
er lieber einen Freund mit schwerem Unrecht beladen, als
sich selbst einen bösen Ruf zuziehen.

Bei der Abreise nach England trägt Amlethus insgeheim der
Mutter auf, sie möge die Halle des Schlosses mit einem netz-
artigen Gewebe bekleiden und nach Jahresfrist zum Schein
sein Todesfest feiern; er verspricht ihr, zur selben Zeit zurückzukehren. Mit ihm reisen zwei vom Hofe des Königs,
Runentafeln (die damals die Briefe ersetzten) bei sich führend, in welchen dem König von Britannien aufgetragen
war, den Jüngling, den man ihm schicke, zu töten. Während
aber die Begleiter schliefen, untersuchte Amlethus ihre Ta-
schen und fand die Runentafeln; und als er den Auftrag gelesen, schabte er das Geschriebene aus, setzte dafür neue
Zeichen und änderte so den Auftrag dahin, daß er das ihm
zugedachte Verderben gegen seine Begleiter kehrte. Und
nicht zufrieden, sich dem Todesurteile entzogen und die Gefahr auf andere gewälzt zu haben, fügt er unter Fengons
Namen die Bitte hinzu, daß der König von Britannien dem
klugen Jüngling, den man sende, seine Tochter zur Gemahlin geben wolle.

In Britannien angekommen, verfügten sich die Gesandten
zum König und überreichten ihm den Brief, den sie zu
Amlethus' Untergang geschrieben glaubten, der aber in der
Tat ihren eigenen Tod forderte. Der König, ohne sich etwas
merken zu lassen, nahm sie mit großer Gastfreundschaft auf.
Da verschmähte aber Amlethus die Pracht des königlichen
Mahles, als sei es das gewöhnlichste Essen; mit merkwürdi-
ger Enthaltsamkeit wandte er sich ab vom Überflusse der

Speisen und war nicht weniger enthaltsam im Trinken. Das war allen ein Wunder, daß der fremde Jüngling die Kostbarkeiten der königlichen Tafel, die üppigst zubereiteten Gerichte, verachtete, als habe er das Zubrot eines Bauern vor sich. Nach Aufhebung der Tafel entließ der König die Gäste zur Ruhe, sorgte aber dafür, daß sich jemand in ihrem Schlafgemache verstecke, durch den er die nächtlichen Gespräche der Fremden erforsche. Als nun Amlethus von den Gefährten gefragt wurde, warum er sich heute aller Speisen, als ob es Gift sei, enthalten habe, sagte er, das Brot habe etwas von Blut an sich gehabt, das Getränk nach Eisen geschmeckt, und die Fleischspeisen seien mit einem gewissen Geruch nach Verwesung, wie eines menschlichen Leichnams, behaftet gewesen. Auch fügte er hinzu, die Augen des Königs seien die eines Knechtes, und die Königin habe dreierlei an sich, was nur einer Magd gezieme; so häufte er Vorwürfe und Schmähungen nicht sowohl auf das Mahl als auf die Geber desselben. Seine Begleiter warfen ihm seine Sinnesverkehrtheit vor und spotteten seiner mit mutwilligem Hohne, daß er das Gute schmähe, das Schickliche verunglimpfe, einen vortrefflichen König und eine Königin von den reinsten Sitten mit schnöden Reden antaste und sie, die nur Lob verdienten, mit ärgstem Schimpfe begeifere.

Als der König das von seinem Kundschafter erfuhr, mußte er gestehen, daß, wer so spreche, entweder übermenschlich klug oder völlig unklug sein müsse; mit diesen wenigen Worten umfaßte er die ganze Höhe und Tiefe von Amlethus' Geistesschärfe. Nun wird zunächst der Verwalter herbeigeholt und gefragt, woher das Brot stamme; und dieser, da er nur die Auskunft geben kann, daß der Hofbäcker es gebakken, forscht hierauf bei dem weiter nach, wo das Korn dazu gewachsen sei und ob sich dort nicht Spuren von Menschenleichen fänden; worauf derselbe antwortet, in der Nähe sei ein Feld, mit alten Knochen bedeckt und allen Anzeichen nach der Schauplatz einer früheren Schlacht, das er in der Hoffnung, es werde besonders fruchtbar sein, im Frühjahr bestellt und eingesäet habe; möglich also, daß das Brot daher etwas nach Verwesung schmecke. Als der König das hörte und Amlethus' Ausspruch in dieser Hinsicht bestätigt fand, stellte er weitere Erkundigungen an, woher man den Speck genommen habe; da erfuhr er, daß die Schweine durch Un-

achtsamkeit des Hüters aus dem Stalle gebrochen wären und
die verwesende Leiche eines Räubers gefressen hätten, daß
deshalb ihrem Fleische also wohl ein etwas fauler Geschmack
anhaften könne. Jetzt, da der König Amlethus' Urteil auch
darin richtig befunden, fragte er, woraus das Getränk bereitet worden; man sagte ihm, es sei gebraut aus Getreide und
Wasser; nun ließ er sich die Quelle zeigen, aus der das Wasser genommen, und ließ dort nachgraben und fand mehrere
verrostete Schwerter, von denen jener falsche Geschmack des
Wassers wahrscheinlich herrührte. Andere erzählen, Amlethus habe am Getränk getadelt, daß er beim Trinken Bie-
nen gespürt hätte, die vom Leib eines toten Menschen gefressen; so sei ein Fehler von ihm herausgeschmeckt worden,
der dem zum Met verwendeten Honig angehaftet habe. Da
der König also sah, daß Amlethus in betreff des tadelns-
werten Geschmacks jener Dinge ganz richtig geurteilt hatte,
und da er in dem Vorwurf, den derselbe seinen Augen gemacht, einen Zweifel an der Reinheit seiner Abstammung
erkannte, sprach er insgeheim mit seiner Mutter und fragte
sie aufs Gewissen, wer sein Vater wäre. Sie behauptete anfangs, von keinem Manne außer dem König zu wissen; als
er ihr aber mit einer öffentlichen Untersuchung drohte, gestand sie ihm, daß sie einem Knechte sein Leben verdanke;
und nach dem Zeugnisse dieses Bekenntnisses konnte er die
Schande seines Ursprungs nicht bezweifeln. Ebenso beschämt
über den Makel seines Herkommens wie erfreut über die
Klugheit des Jünglings stellte er sich nun an diesen die Frage,
warum er der Königin die Sitten einer Magd vorgeworfen.
Aber während es ihn schon bekümmerte, daß der Anstand
seiner Gemahlin von dem Gaste im nächtlichen Gespräche
angegriffen worden, mußte er jetzt erfahren, daß sie eine
Magd zur Mutter gehabt. Amlethus sagte nämlich, er habe
an ihr in dreierlei Hinsicht ein unadeliges Benehmen bemerkt; erstens, daß sie wie eine Magd mit dem Mantel den
Kopf bedeckt; zweitens, daß sie das Kleid beim Gehen aufgenommen; drittens, daß sie die Überbleibsel der Speisen
aus den Zähnen gestochert und dann noch einmal gekaut
habe. Er berichtete auch, daß ihre Mutter einmal durch
Kriegsgefangenschaft in Dienstbarkeit geraten sei, ihre Fehler also nicht etwa bloß für anerzogene, sondern auch für
angeborene zu halten wären.

Nun bewunderte der König Amlethus' Verstand als etwas Übermenschliches und gab ihm seine Tochter zur Gemahlin; daß Amlethus gern einwilligte, nahm er als ein Zeichen des Himmels. Die Begleiter desselben ließ er, um dem Auftrage des Freundes nachzukommen, folgenden Tages aufknüpfen. Amlethus aber stellt sich über diese ihm geschehene Wohltat sehr aufgebracht und ungehalten, als sei ihm ein Unrecht widerfahren, und empfing vom König zur Sühne eine Summe Goldes, das er nachher schmelzen und in heimlich ausgehöhlte Stöcke gießen ließ.

Nach Verlauf eines Jahres nahm Amlethus Urlaub und kehrte in sein Vaterland zurück, von allem Reichtum der königlichen Schätze nichts als seine goldgefüllten Stöcke mit sich führend. Sobald er in Jütland angelangt war, vertauschte er das seitherige Benehmen mit dem früheren, so ehrenhaft durchgeführten, indem er wieder den Schein eines lächerlichen Wahnsinns anlegte. Und als er nun, mit Schmutz bedeckt, die Speisehalle des Königspalastes betrat, wo man eben sein Leichenfest feierte, erfüllte er alle mit Staunen und Entsetzen, weil das Gerücht fälschlich seinen Tod verbreitet hatte. Schließlich löste sich der Schrecken in Gelächter auf, und die Gäste verspotteten einander gegenseitig, daß der lebend unter ihnen sei, den sie tot feierlich betrauerten. Wegen der Begleiter befragt, zeigte Amlethus auf die Stöcke, die er trug, und sagte: »Hier ist der eine und hier der andere« – ebenso scherzhaft als wahr, da diese Rede, so eitel sie den meisten schien, doch von der Wahrheit nicht abwich, insofern sie auf das hinwies, was er nach ihrem Tode für sie als Buße erhalten hatte. Dann, um die Gäste noch trunkener und fröhlicher zu machen, mischte er sich unter die Schenken und kredenzte sehr eifrig. Und damit das weite Gewand ihn nicht beim Gehen hindere, gürtete er sich mit einem Schwert, das er absichtlich öfters herauszog, bis er sich die Fingerspitzen an ihm verwundete. Daraufhin sorgten die Umstehenden dafür, daß das Schwert und die Scheide mit einem eisernen Keil durchstochen und jenes so an diese festgehefet wurde. Nun hatte Amlethus zur Sicherung seines Vorhabens den edlen Gästen so mit dem Becher zugesprochen und alle so trunken gemacht, daß sie nicht mehr auf ihren Füßen zu stehen vermochten und sich im Königssaale selbst hinlegten und die Speisehalle in ein Schlafgemach verkehrten. Da

sah Amlethus seine Zeit gekommen; er sammelte die früher
vorbereiteten Stäbchen in seinem Busen und kehrte mit ihnen
in die Halle zurück, wo die Großen des Reiches, überall
herumliegend, ihren Rausch verschliefen, und löste das von
der Mutter um die inneren Wände der Halle gezogene Gewebe von den Haften, so daß es herabfiel. Nun befestigte
er dasselbe mit Hilfe der Hakenstäbchen über den Schlafen-
den und verknotete es so künstlich, daß keiner der Darunter-
liegenden mit aller Anstrengung sich vom Boden erheben
konnte. Hierauf legte er Feuer an den Palast; und die mächtig züngelnden Flammen ergriffen den ganzen Bau und
brannten die Halle nieder und in ihr alle, die dort noch in
tiefem Schlafe lagen oder vergeblich sich abmühten gegen
ihre Fesseln. Dann aber begab er sich in das Schlafgemach
Fengons, der sich früher zurückgezogen hatte, und nahm
das am Bett hängende Schwert desselben weg und hing dafür seines hin, worauf er den Oheim weckt mit dem Rufe:
die Gäste verzehre das Feuer, Amlethus aber sei da mit
seinen Hakenstäbchen, um die Rache für den Mord des Vaters einzufordern. Das hörend, springt Fengon aus dem Bett,
und indem er, seines eigenen Schwertes beraubt, das fremde
nicht aus der Scheide ziehen kann, fällt er von Amlethus'
Hand.
So handelte Amlethus als Mann der Tat, ewigen Ruhmes
wert. Klugerweise Dummheit erkünstelnd, verbarg er eine
fast übermenschliche Weisheit hinter bewunderungswürdiger
Erdichtung scheinbaren Blödsinns. Durch Geistesgegenwart
erwarb er nicht allein sich selbst Heil, sondern wurde durch
sie auch dazu geführt, daß er volle Rache nehmen konnte
für seinen Vater. Indem er so sich geschickt schützte und den
Vater kräftig rächte, läßt er uns ungewiß, was wir höher an
ihm schätzen sollen, seine Kraft oder seine Weisheit.
Nach Vollstreckung der Tat an seinem Stiefvater hielt Amlethus, weil ihm die Gesinnung des Volkes zu unsicher war,
zunächst für geraten, sich in einem Versteck zu verbergen,
bis er erkannt hätte, wohin die Stimmung der schwankenden Menge sich neige. Die Nachbarschaft, die den Brand in
der Nacht wahrgenommen hatte und sich am nächsten Morgen
nach der Ursache des Feuers umsah, fand den Königspalast
in Asche gelegt und beim Durchsuchen der rauchenden Trüm-
mer nichts weiter als unförmliche Überreste verbrannter

Leichen. Die Flamme hatte alles so gründlich verzehrt, daß nichts übriggeblieben war, was auf die Veranlassung der jammervollen Verheerung schließen ließ. Auch der Leichnam Fengons wurde, vom Schwerte durchbohrt, unter den blutigen Resten aufgefunden. Die einen ergriff Entsetzen und Unwillen, die anderen Trauer. Manche empfanden auch geheime Freude, jene beklagten den Tod ihres Fürsten, diese wünschten sich Glück zu dem Ende der Herrschaft des Brudermörders. So wurde der Tod des Königs mit geteilter Stimmung aufgenommen.

Aus dieser Ruhe des Volks schöpfte Amlethus das Vertrauen, sein Versteck zu verlassen; und nachdem er diejenigen, deren Anhänglichkeit an das Gedächtnis seines Vaters ihm bekannt war, zu sich entboten, berief er eine Versammlung und redete zu ihr wie folgt: »Werte Freunde! Der Anblick des gegenwärtigen Jammers kann euch nicht wehe tun, wenn euch der jammervolle Untergang Horwendils wehe tut; euch, sage ich, kann der nicht wehe tun, die ihr Treue eurem Fürsten, Liebe eurem Vater bewahrt habt. Eines Brudermörders, nicht eines Königs Leiche habt ihr vor euch. Das war ein beklagenswerterer Anblick, als ihr unsern König vom verruchtesten Meuchelmörder – um nicht Bruder zu sagen – elendig umgebracht saht. Ihr selber habt den verstümmelten, wundenbedeckten Leib Horwendils mit tränenvollen Augen geschaut. Wer von euch zweifelt, daß der grausame Henker ihn des Lebens beraubt hat, um das Vaterland in Ketten zu schlagen? Dieselbe Hand tat jenem den Tod und euch die Knechtschaft an. Wer wäre nun so verblendet, daß er Fengons Schlechtigkeit der Güte und Milde Horwendils vorzöge? Gedenkt, wie Horwendil euch mit Wohlwollen hegte, mit Gerechtigkeit schützte, mit Milde liebte. Erinnert euch, daß euch der gütigste Fürst, der gerechteste Vater genommen und ein Tyrann, ein Mörder, an seine Stelle gekommen ist, der eure Rechte euch entrissen hat, Zucht und Sitte geschändet, das Vaterland mit Schändlichkeiten besudelt, euere Nacken ins Joch gebeugt, euch eueren freien Willen geraubt hat. Und jetzt seht ihr dem ein Ende gesetzt; der Urheber dieser Schmach ist seinen Verbrechen erlegen, der Brudermörder hat seine Schandtaten gebüßt. Wer, der nur halbwegs klug ist, könnte die Wohltat für ein Unrecht halten? Wer, der seines Verstandes mächtig, wollte betrauern, daß

die Missetat auf den Verbrecher zurückgefallen ist? Wer
wird den Tod des blutigsten Henkers beweinen, wer den
gerechten Untergang des grausamsten Tyrannen bejammern?
Hier steht der, der die Tat getan; hier seht ihr ihn vor euch.
Ich bin es, ich bekenne mich dazu, dem Vater und der Vaterlande die Schuld der Rache abgetragen zu haben. Das
Werk, das gleicherweise euren Händen zukam, ich habe es
vollbracht. Was euch mit mir zugleich geziemte, habe ich
allein ausgeführt. Ich habe auch keinen Genossen der großen
Tat gehabt, niemandes Hilfe war mir ein Beistand. Obgleich
ich wohl weiß, daß ihr mir eure Teilnahme nicht versagt
haben würdet, wenn ich darum gebeten hätte; denn ich
zweifle nicht, daß ihr euerem Könige Liebe und Treue bewahrt habt. Aber ich wollte die Schuldigen strafen, ohne
euch einer Gefahr auszusetzen; ich glaubte, fremden Schultern nicht eine Last aufbürden zu dürfen, der ich selbst und
allein mich gewachsen fühlte. Alle die anderen habe ich zu
Asche verbrannt, nur den Leib Fengons sparte ich euren
Händen auf, ihn dem Feuer zu übergeben, damit ihr an ihm
wenigstens die Lust gerechter Rache sättigen könnt. Eilt,
richtet einen Scheiterhaufen, verbrennt den Leichnam des
Schändlichen, laßt die verruchten Glieder in Flammen untergehen, streut die schuldbeladene Asche, den schnöden Staub
in alle Winde; nicht Urne, nicht Grab umschließe dieser Ge-
beine nichtswürdige Überreste. Keine Spur soll bleiben von
dem Brudermörder, keine Stätte im Vaterlande soll seinen
schandbefleckten Gliedern zuteil werden, keine Nachbarschaft sollen sie verpesten; nicht das Meer, nicht der Schoß
der Erde darf verunreinigt werden mit der Beherbergung
des verdammten Leibes. Alles übrige habe ich getan; dieser
Dienst allein ist eurem Pflichteifer überlassen. Das sind die
Ehren, die der Leiche des Tyrannen gebühren, so soll das
Begängnis des Brudermörders gefeiert werden. Selbst seine
Asche darf das Land nicht decken, das er seiner Freiheit entblößte. Was mich betrifft, wozu soll ich von meinen Kümmernissen sprechen, euch erzählen, was ich gelitten und geduldet? Ihr wißt es besser als ich. Vom Stiefvater mit dem
Tode bedroht, von der Mutter verachtet, von den Freunden
verspottet, habe ich Jahre des Jammers, unselige Tage dahin-
gelebt, mein ganzes Dasein voll von Unsicherheit und Gefahr
und Angst. Einen ganzen Teil meines Lebens habe ich elen-

diglich verbringen müssen im Kampfe gegen die Widrigkeit
der Verhältnisse. Oft beklagtet ihr unter euch mit stillen
Seufzern meinen Stumpfsinn; daß dem Vater kein Rächer,
dem Mörder kein Strafer da sei. Das war mir ein heimliches
Zeichen eurer Treue, da ich die Erinnerung an den schmählichen Tod eures Königs in euch noch nicht erstorben sah.
Wessen Herz wäre auch so hart, wessen Starrheit so steinern,
daß er nicht Mitleid mit meinen Leiden, nicht Kummer mit
meinen Kümmernissen empfände? Erbarmt euch – ihr, die
ihr schuldlos seid an Horwendils Tode – erbarmt euch des
Jünglings, der in eurer Hut aufgewachsen; laßt euch rühren
von meinem Unglück. Erbarmt euch auch meiner tiefgebeug-
ten Mutter und freut euch mit mir und ihr, daß die Schmach
eurer ehemaligen Königin getilgt ist, die in den Umarmungen des Bruders und Mörders ihres Gemahls ein doppeltes
Gewicht der Schande tragen mußte mit der Schwäche des
Weibes. Deshalb, um mein Rachestreben zu verhehlen, das
Licht meines Geistes zu verbergen, habe ich mich zum Toren
erniedrigt, der ich nicht war; unter der Maske des Blödsinns
habe ich einen Plan der Klugheit gesponnen; und ob er wirksam gewesen, ob er die Erfüllung seines Zweckes erreicht,
das liegt euch nun vor Augen; ihr sollt in so großer Sache
Schiedsrichter sein. Tretet die Reste des Mörders mit Füßen,
stoßt seine Asche mit Abscheu von euch, der des erschlagenen
Bruders Gemahlin verunehrte und beschimpfte, seinen Herrn
und König verriet und verdarb, und euch, eure Freiheit rau-
bend, die schwerste Knechtschaft auferlegte, der zum
schändlichsten Mord noch Blutschande häufte. Mich, den
Handhaber so gerechten Gerichts, den Vollstrecker so frommer Rache, mich nehmt auf mit gewogenem Sinn, ehrt mich
mit verdienter Achtung, laßt mich wieder aufleben an
eurem Wohlwollen. Ich habe das Land vom Schimpfe rein-
gewaschen, die Unehre der Mutter gelöscht, eure Knechtschaft gelöst, den Mörder zu Boden geworfen, mit List die
Hinterlist des Oheims entwaffnet, der, wenn er am Leben
geblieben wäre, von Tag zu Tag mehr Bosheiten verübt
hätte. Mich jammerte des dem Vater und dem Vaterlande
angetanen Unrechts; ich vertilgte den, der euch unter einem
erbarmungslosen, für Männer nicht zu tragenden Joche hielt.
Erkennt diese Wohltat, ehrt meinen Unternehmungsgeist,
gebt mir, wenn ich ihrer würdig, die Herrschaft; ihr habt in

mir den Erfinder und Vollbringer eines großen Werkes, den
echten Erben der väterlichen Gewalt, nicht einen Brudermörder, sondern den rechtmäßigen Nachfolger der Krone
und den frommen Rächer der Mordschuld. Mir verdankt ihr
das Glück der wiedererlangten Freiheit, und daß die Herrschaft des Wütrichs gebrochen, das Joch des Bedrückers ab-
geschüttelt, die Gewalt des Mörders beseitigt, das Zepter des
Tyrannen niedergetreten ist. Ich habe eure Ketten von euch
genommen und euch die Freiheit gegeben, eure Hoheit, euren
Ruhm wiederhergestellt, euch befreit von dem Zwingherrn,
euch den Sieg gewonnen über den Henker. Bei euch steht der
Lohn; ihr wißt, was ich verdient; von eurer Tugend erwarte
ich den Dank.«
Mit dieser Rede hatte der Jüngling aller Herzen zu Mitleid
gerührt, viele bis zu Tränen. Und als der erste Schmerz sich
beruhigt, wurde die Angelegenheit mit schneller, allseitiger
Zustimmung erledigt. Denn alle setzten die größte Hoffnung in dessen Kraft und Klugheit, der eine so gewaltige
Tat allein und mit der tiefsten Überlegung erdacht, mit un-
glaublicher Kühnheit ausgeführt hatte. Alles war voll Bewunderung seines so lange Zeit hindurch mit solcher Feinheit
gesponnenen Unternehmens.

(Robert Gericke: Shakespeares Hamlet-Quel-
len. Hrsg. von Max Moltke. Leipzig 1881.
S. IX-XXVII. Orthographie und Interpunktion wurden modernisiert.)

2. François de Belleforest,
Histoires tragiques. 5. Buch, 3. Erzählung

[...] und welcher Rache begegnen wir hier! Einer verschla-
gen und weise erdachten und mutvoll ausgeführten, wie ein
Mensch sie nur irgend ersinnen konnte. Woraus die Verbrecher erkennen mögen, daß, wenn die Bestrafung ihrer Missetaten sich auch manchmal verzögert, sie der mächtigen und
rächenden Hand Gottes doch niemals entgehen werden, der,
obschon langmütig in seinem Zorne, endlich doch furchtbare
Zeichen seines Eifers über diejenigen verhängt, welche
pflichtvergessen das Blut Unschuldiger vergießen und zu
Verrätern an der über sie eingesetzten Obrigkeit werden.

Rorik, König von Dänemark, hatte sein Land, nachdem er es von Sueven und Slaven gesäubert, in Provinzen geteilt, welche er durch Statthalter regieren ließ. So war auch die Statthalterschaft von Jütland an Gerwendil übertragen worden und nach dessen Tode auf seine beiden Söhne Horwendil und Fengon übergegangen. Horwendil erlangte durch seine Taten einen solchen Waffenruhm zu Land und zur See, daß Koller, der König von Norwegen, hierdurch gereizt, ihn nach der Sitte der Zeit zum Zweikampf forderte mit dem Beding, daß der Sieger alles, was dem Gefallenen gehörte, in Besitz nehmen, diesem aber dagegen eine ehrenvolle Bestattung bereiten sollte. Horwendil, welcher die Herausforderung annahm, blieb Sieger, erfüllte die übernommene Pflicht und zog ihrem Übereinkommen gemäß die Besitztümer Kollers ein; versäumte jedoch nicht, Rorik durch Abtretung eines ansehnlichen Teiles der Beute seine schuldige Ehrerbietung zu erweisen, was dieser so günstig aufnahm, daß er ihm zur Belohnung seine Tochter Gerutha zur Frau gab, die, wie er wußte, Horwendil liebte. Aus dieser Ehe ging Amlethus hervor. In Fengon, Horwendils Bruder, hatten diese Vorgänge aber Neid und Mißgunst erregt, weil er sich von dem Ruhm und Ansehen des letzteren in Schatten gestellt, vielleicht sogar in seiner Stellung bedroht sah. Empfindungen und Gedanken, welche mit der Zeit mehr und mehr von seiner Seele Besitz nahmen, so daß er bald auf nichts anderes sann, als wie er sich seines Bruders entledigen, sich selbst aber an dessen Stelle setzen könne. Nachdem er sich einen Anhang zu verschaffen gewußt, überfiel er Horwendil eines Tages bei einem Festgelage. Ebenso verräterisch, wie er denselben erschlug, wußte er sich geschickt von diesem Verbrechen zu reinigen. Nachdem er sich schon seit längerer Zeit heimlich in das Herz Geruthas geschmeichelt und das Bett seines Bruders ehebrecherisch befleckt hatte, gab er jetzt vor, diese Tat nur aus schuldiger Hingebung für die Königin begangen zu haben, welcher sein Bruder, wie er gewußt, nach dem Leben getrachtet hätte. Da Gerutha wegen ihrer Herzensgüte und ihrer äußern Sittsamkeit im ganzen Lande beliebt war und seine Anhänger, die einzigen Zeugen seines Verbrechens, zu seinen Gunsten aussagten, so gelang es ihm leicht, das Urteil der Großen nach seinem Sinne zu lenken, so daß er, statt als Verräter und Ehebrecher verfolgt zu werden, noch mit Lob und Dank überschüttet wurde. Hierdurch kühner geworden, machte er die, mit der er bisher in Ehebruch gelebt, auch noch zu seinem Weibe, indem er seinen früheren Verbrechen das der Blutschande zufügte; während Gerutha, die einst die Ehre genoß, die Gattin eines der tapfersten und weisesten Fürsten zu sein, sich nicht nur zu schnödem Treubruch erniedrigte, sondern, was schlimmer war, in den Ehebund mit demjenigen trat, der ihren ersten und rechtmäßigen Gatten ermordet hatte – was bei manchem den Gedanken erwecken mochte, daß sie vielleicht selbst diesen Mord erst veranlaßt habe, um ihre Sinnenlust freier befriedigen zu können.

Amlethus, der sich angesichts dieser Vorgänge in Lebensgefahr, verlassen von seiner eigenen Mutter und von jedermann aufgegeben sah, kam, um den Ränken Fengons zu begegnen, der den Rächer seines Vaters in ihm zu fürchten hatte und auf nichts andres sann, als sich gelegentlich auch seiner zu entledigen, auf den Einfall, sich blödsinnig zu stellen, was er mit so viel List und Geschicklichkeit ausführte, daß es ihm hierdurch gelang, sein Leben gegen die ihn bedrohende Arglist zu schützen und seine Absichten und Pläne vor den Augen der Späher zu verbergen. Er entstellte in aller Weise sein Aussehen, lief wie ein Toller durch die Straßen, beschmierte sich Gesicht und Kleider mit Kot und zeigte sich in allem, was er sagte und tat, wie einer, der seines Verstandes und Urteils völlig beraubt ist, so daß er den Pagen und dem Gefolge seines Oheims nur noch zur Kurzweil und zum Gespötte diente. Aber er prägte sich diejenigen, die ihn verspotteten, wohl ins Gedächtnis, mit der heimlichen Absicht, sich eines Tages furchtbar dafür an ihnen zu rächen. Er zeigte hierin dieselbe Klugheit und Selbstbeherrschung, die man an Brutus gerühmt.

In diese Äußerungen der Tollheit mischte Amlethus jedoch zuweilen auch Handlungen und Antworten ein, welche in den Verständigeren den Verdacht erwecken mußten, daß diese Tollheit doch nur eine erkünstelte sei. Wenn er z. B. am Feuer saß und sich Hölzchen spitzend, befragt wurde, zu welchem Zweck er das tue, so antwortete er wohl: daß er Wurfspieße mache, um den Tod seines Vaters zu rächen. Toren lachten darüber, besonnenere Leute aber sprachen die Befürchtung aus, daß sich unter diesem Blödsinn wohl eine

List verbergen möchte, die dem Fürsten gefährlich zu werden drohe. Sie gaben dem König daher den Rat, die Echtheit von Amlethus' Wahnsinn auf die Probe zu stellen und sich dazu eines schönen Mädchens zu bedienen, die ihn durch ihre Reize dazu verführen sollte, seine Maske fallen zu lassen.

So wurden denn einige Höflinge beauftragt, dem Prinzen an einem heimlichen Orte im Walde diese Falle zu stellen, und sicher würde er auch in dieselbe gegangen sein, wenn nicht ein junger Edelmann, der mit ihm auferzogen worden war und ihn liebte, seine wahren Absichten durchschauend, Mittel gefunden hätte, ihn zu warnen. Doch auch das Mädchen selbst, das ihn verraten sollte, hatte von Kindheit an eine Neigung zu ihm gefaßt und gestand ihm jetzt alles. Sie beteuerte, daß Amlethus keinen Versuch, ihre Reize zu genießen, gemacht habe, obschon er sich selbst dieses Genusses berühmte, so daß sich nun alle von der Echtheit seines Wahnsinns überzeugt hielten.

Ein einziger nur ließ sich hierdurch den einmal gegen Amlethus gefaßten Verdacht nicht wieder nehmen, sondern sann auf ein neues Mittel, denselben zu überlisten. Er gab dem König den Rat, auf einige Tage zu verreisen, damit er Amlethus inzwischen mit seiner Mutter zusammenbringen und ihre Gespräche belauschen könne. Der König ging gern auf diesen Vorschlag ein. – Als aber der Prinz in dieser Absicht in das Zimmer seiner Mutter geführt worden war, überkam ihn sofort der Gedanke, daß es sich um eine Verräterei dabei handle. Er gebärdete sich daher wie ein Toller, fing wie ein Hahn an zu krähen, schlug mit den Armen um sich, in der Art, wie diese Vögel es mit den Flügeln zu tun pflegen, sprang auf die Gerätschaften des Zimmers, unter anderem auch auf die Decke eines Bettes, unter der sich jener Höfling versteckt hielt. Da er dies nun entdeckte, stach er mit dem Degen nach der verräterischen Stelle, zog den Lauscher, der schon halb tot war, hervor und machte ihm vollends den Garaus. Worauf er den Leichnam in Stücke schnitt, ihn kochte und in einer Schleuse den vorübergehenden Schweinen zum Futter vorwarf. Nachdem er die ihm gestellte List auf diese Weise vereitelt hatte, ging er zur Königin zurück, welche bitterlich weinte, weil sie ihn in solcher Verrücktheit und alle auf ihn gesetzte Hoffnung also zugrunde gegangen

sah. Denn was sie auch immer verbrochen hatte, so war sie
doch hierüber in größter Betrübnis und erblickte darin eine
Strafe, welche der Himmel wegen ihrer blutschänderischen
Ehe mit dem Mörder ihres rechtmäßigen Gatten über sie
verhängt hatte. In solchen Qualen des Gewissens ward sie
jetzt von dem zurückkehrenden Amlethus betroffen, der,
nachdem er noch alle Winkel des Zimmers durchsucht hatte,
folgendes zu ihr sprach: »Ist es nicht die schändlichste Täuschung, die je von einer Buhlerin ersonnen worden, daß Ihr
das verabscheuungswürdigste Verbrechen unter der Schminke
erheuchelter Tränen zu verstecken versucht? Welches Vertrauen dürfte ich Euch noch schenken, die Ihr, gleich einer
geilen Buhlerin, aller Schamhaftigkeit bar, Euch einem solchen Verräter und Schurken an den Hals geworfen habt,
wie es der Mörder meines Vaters ist, und mit unkeuschen
Liebkosungen denjenigen überhäuft, welcher Eurem gesetzmäßigen Gatten sein Recht stahl und seinem unglücklichen
Sohne nach Freiheit und Leben trachtet? Ziemt es wohl einer
Königin und einer Königstochter, tierischen Gelüsten zu
frönen und sich dem Willen dieses verächtlichen Königs
preiszugeben, welcher den Ruhm und den Stolz von ganz
Dänemark mordete und welchen ich ebensowenig als Verwandten und Oheim wie Euch als Mutter anzuerkennen
vermag – ihn, weil er das Blut nicht geachtet hat, das uns so
enge verband – Euch, weil Ihr weder mit Ehren noch frei
von dem Verdachte, in den Tod des Gatten gewilligt zu
haben, die Hochzeit mit dessen Mörder gefeiert.
O Königin Gerutha – heißt es nicht zu den Hunden herab-
sinken, sich mit mehreren zugleich einlassen! Es ist nur Geil-
heit, die in Eurer Seele das Bild des tugendhaftesten, ritter-
lichsten Königs ausgelöscht hat, es ist nur zügelloses Gelüsten, welches die Tochter Roriks in die Arme eines Fengon
getrieben. Selbst noch die wilden Tiere verteidigen ihre Jungen, die Vögel bekämpfen diejenigen, die sie derselben berauben wollen mit Schnäbeln und Krallen – und *Ihr*, ein Weib,
eine Fürstin, die ganz nur Milde, Anmut, Mitleid und Liebe
sein sollte, gebt mich Eurem nichtswürdigen Buhler preis,
statt mich gegen ihn zu verteidigen! Spielt nicht die Beleidigte, weil ich Worte gebrauche, die mir der Schmerz er-
preßt, und weil ich die kindliche Pflicht aus den Augen ver-
liere. Seid Ihr es doch, die Ihr zuerst die Pflichten der Mutter

vergaßt und die der Gattin mit Füßen tratet. Seht, in welche
Not ich durch Euch gekommen, da ich gezwungen bin, den
Tollen zu spielen, statt mich der Ehren und Auszeichnungen
zu erfreuen, wie sie dem Prinzen und Sohne des edlen und
herrlichen Horwendil dem Rechte nach zukommen. Oder
bin ich nicht gezwungen, mich hinter diese Maske zu retten,
da der, welcher sich kein Gewissen daraus machte, seinen
leiblichen Bruder zu töten, vor dem Tode des Neffen gewiß
nicht zurückscheuen wird, dessen Rache er fürchten muß,
weil sie von der Natur ja geboten erscheint. Und Rache will
ich auch nehmen und in einem Maße, wie sie in diesem Lande
bis jetzt nicht erhört worden ist – wennschon ich die Zeit
und die Gelegenheit dazu erst noch reifen lassen muß. Darum habt Ihr nicht Ursache über meinen Wahnsinn, sondern
nur über das zu jammern, was Ihr getan. Um das eine aber
beschwöre ich Euch, dies weder dem König noch sonst irgend-
wem zu verraten und mir in der Ausführung meines Vor-
satzes nicht feindlich zu sein.«

Obschon die Königin sich tief von der Rede Amlethus'
getroffen und verwundet fühlte, waren diese Empfindungen
doch zugleich mit Freude darüber vermischt, daß sie ihren
Sohn mit so hellem Geiste und mit so großer Klugheit begabt
sah. Sie hätte ihm ans Herz sinken mögen vor Wonne, und
doch wagte sie, im Bewußtsein ihrer Schuld, das Auge kaum
zu ihm zu erheben. Das aber stand von Stund' an fest in
ihrer Seele, jedes Gefühl für Fengon in ihrem Herzen zu
ersticken und sich ganz nur der Erinnerung an ihren ersten
Gatten zu weihen, dessen Abbild ihr in voller Lebendigkeit
und Schönheit wieder vor Augen stand. Endlich, nachdem
sie Amlethus lange mit entzücktem Blicke betrachtet, vermochte sie sich nicht mehr zurückzuhalten, sondern um-
schlang ihn mit der vollen Zärtlichkeit einer Mutter, indem
sie, von Tränen gebadet, in folgende Worte ausbrach:

»Wohl weiß ich, mein Sohn, daß ich dir großes Unrecht
getan, als ich die Ehe mit diesem Fengon schloß, welcher der
Mörder deines Vaters und meines gesetzmäßigen Gatten war.
– Doch wenn du erwägen wolltest, wie wenig Mittel des
Widerstandes mir bei der Treulosigkeit der Hofleute und
gegenüber der Gewalt gegeben waren, mit der er mir für
den Fall meiner Weigerung drohte, so würdest du mich wegen dieses Schrittes nicht der Lüsternheit noch der Unbestän-

digkeit anklagen, noch weniger aber aber mich der Teilnahme am
Morde deines Vaters beschuldigen. Denn ich schwöre es dir
bei dem allmächtigen Gott, daß, wenn es in meiner Macht
gestanden hätte, dem Tyrannen zu widerstehen, ich mit Blut
und Leben das Leben meines Gatten und Herrn zu retten
versucht haben würde. Ich würde mich hierzu ebensosehr
von Grund meines Herzens aus getrieben gefühlt haben,
wie ich seitdem zu verschiedenen Malen dich selbst vom
Tode gerettet habe. Jetzt aber beschwöre ich dich bei dem
Gedächtnis deines Vaters, wenn du auch für diejenige nichts
tun wolltest, die des Namens deiner Mutter nicht würdig ist,
dein Unternehmen mit Vorsicht zu betreiben und dich vom
Eifer nicht fortreißen zu lassen. Du siehst, da ist niemand,
dem du vertrauen könntest, niemand, dem ich ein Geheimnis
mitteilen dürfte, aus Furcht vor Verrat an deinen Wider-
sacher, der, wie sehr er mich auch zu lieben vorgibt, um
meine Umarmungen zu genießen, mir doch deinetwegen miß-
traut und nicht töricht genug ist, an deinen Wahnsinn zu
glauben. Vielleicht, daß schon dieser Totschlag, welchen du
heute begangen, dir verderblich wird, obschon ich mich stellen will, als ob ich nichts davon wüßte, ebenso wie ich deinen
wahren Zustand und deine geheimen Absichten vor jedem
geheimhalten will. Ich werde die Götter bitten, dein Herz
zu leiten und dein Unternehmen zu einem glücklichen Ausgang zu führen, damit ich dich in dem Genusse der Güter
erblicken kann, die dir rechtmäßig zukommen, geschmückt
mit der Krone Dänemarks, die der Tyrann dir geraubt hat,
und mich in der Rache, die du an dem Mörder deines Vaters
und an denen, die ihm die Hand dazu boten, zu nehmen
gedenkst, selbst mit befriedigt finde.«
»Mutter«, erwiderte Amlethus, »ich will Euren Worten
Glauben schenken und Euch mit nichts mehr zu nahe treten.
Nur bei der Achtung, die Ihr Eurem Blute schuldig seid,
beschwör ich Euch noch, daß Ihr fortan keine Gemeinschaft
mehr pflegt mit diesem Buhler, welchen ich töten werde, ob
auch alle Dämonen der Hölle ihn schützten. Sein ganzer Anhang soll mich nicht daran hindern, vielmehr soll auch er
seinen Untergang teilen. Denn es ist nur gerecht, daß die,
welche den Mord ihres rechtmäßigen Fürsten so ruhig geschehen ließen, auf eine ebenso listige, doch gerechte Weise gezwungen werden, ihren Treubruch zu zahlen. Und ebenso-

wenig ist es Verrat, wenn ich die Hand gegen Fengon erhebe, der weder mein König noch Herr ist, sondern den ich als meinen Vasallen zur Rechenschaft ziehen und strafen will.«

Als Fengon von seiner vorgespiegelten Reise zurückkam, fragte er sofort nach dem Höflinge, der sich die Gespräche Amlethus' mit seiner Mutter zu belauschen erbot, und da ihn niemand zu finden oder etwas über ihn auszusagen vermochte, wandte er sich an den Wahnsinnigen selbst mit der Frage, ob er nicht wisse, was mit jenem geschehen sei. Der Prinz, der sich bei aller erheuchelten Tollheit doch immer vor jeder Lüge gehütet, weil er ein Feind davon war, erwiderte auch jetzt der Wahrheit entsprechend, daß der Höfling, welchen man suche, durch eine Schleuse gegangen, im Kote versunken und jetzt in den Därmen der Schweine sei, die ihn gefressen hätten. Obgleich man eher an alles andre als an die Schlächterei dachte, die Amlethus an dem Vermißten vollzogen, so vermochte doch Fengon sich nicht zu beruhigen, und sein Verdacht, daß ihm von dem Wahnsinnigen irgendein Unheil drohe, wuchs in dem Maße, daß er ihn gewiß würde haben umbringen lassen, wenn er nicht dessen Großvater Rorik zu fürchten und die Königin, seine Gattin, zu schonen gehabt hätte. So kam er auf den Gedanken, sich zur Ausführung dieses Wunsches einer fremden Hand zu bedienen, und ersah sich dazu den ihm befreundeten König von England. Als Amlethus hörte, daß man ihn nach Britannien zu senden beabsichtige, erriet er sofort den Zweck dieser Reise, bedeutete aber die Königin, der er sich anvertraute, sich nichts hiervon merken zu lassen, sondern im Gegenteil sich zu stellen, als ob auch sie der Reise sich freue, die sie des Anblicks dessen entheben sollte, den sie zwar liebe, der aber durch seinen jämmerlichen Zustand ihr Herz beständig mit Trauer und Mitleid erfülle. Auch bat er die Königin noch, inzwischen den Saal mit Tapeten behängen und diese mit Nägeln an den Mauern befestigen zu lassen, worauf er ihr jene Stifte aufzubewahren gab, die er früher geschnitzt und dabei gesagt hatte, daß es die Wurfspeere seien, mit denen er den Tod seines Vaters zu rächen gedenke.

Mit ihm zugleich reisten zwei dem Fengon ergebene Höflinge ab, welche dem englischen Könige auf Holztafeln eingegrabene Briefe zu überbringen hatten, worin diesem

Amlethus' Ermordung anempfohlen wurde. Der listige
dänische Prinz aber benutzte den Schlaf seiner Reisegefährten, um ihr Gepäck zu untersuchen, und entdeckte auf diese
Weise nicht nur den an ihm beabsichtigten Verrat, sondern
entfernte auch aus jenen Briefen die auf seine Ermordung
bezügliche Stelle, indem er statt seines Namens die Namen
seiner Begleiter, die mit im Komplott waren, setzte und
überdies noch hinzufügte, daß Fengon für Amlethus die
Tochter des englischen Königs zur Gattin begehre. In England angekommen, übergaben die beiden Gesandten die
Botschaft ihres Herrn an den englischen König, der, nachdem
er gelesen, nur auf die Gelegenheit wartete, dem Wunsche
seines Freundes Genüge zu leisten. Inzwischen behandelte er
die Dänen aufs gnädigste, indem er sie sogar zu seiner Tafel
zog. Amlethus berührte aber weder die Speisen noch das
Getränke, was großes Aufsehen erregte. Der König, der seine
eignen Gedanken darüber vorerst zu verbergen wußte, ließ
seine Gäste nach ihren Zimmern bringen, wo er bereits einen
seiner Leute, sie zu belauschen, versteckt hielt. Auch waren
dieselben nicht sobald allein, als Amlethus' Begleiter ihn
wegen seines seltsamen Betragens befragten. Der Prinz, der
nichts ohne Bedacht tat, erwiderte ihnen sogleich: »Wie
könnt ihr wohl glauben, daß ich von einem mit menschlichem
Blute durchtränkten Brote essen und meine Kehle mit Rost
verunreinigen oder von einem Fleische genießen könnte, das
nach verwesten menschlichen Gebeinen schmeckt? Wie wollt
ihr, daß ich einem König Ehrfurcht erweise, der den Blick
eines Sklaven hat, und einer Königin, die statt königliche
Würde zu zeigen, zu drei verschiedenen Malen Dinge getan,
die eine niedere Herkunft verraten?« Amlethus hatte in diesem allen nichts Unwahres gesagt, wie sich aus den Nachfor-
schungen ergab, welche der englische König sofort darüber
anstellen ließ. Wie wenig letzterer aber auch von dem Ergebnis derselben erbaut sein konnte [...], so mußte er doch
den Scharfblick und die Klugheit des Prinzen bewun-
dern. Er bot ihm, wie es der Brief verlangte, seine Tochter
zur Ehe an und ließ seine Begleiter, dem vermeintlichen
Wunsche Fengons entsprechend, nun ohne weiteres aufknüpfen. Obwohl Amlethus dessen sehr froh war, nahm er die
Miene an, als ob ihn dieses Verfahren gegen seine Begleiter
höchlichst beleidigte, so daß ihn der König durch nichts

anderes als durch eine große Summe Goldes, die er als Buße
zahlte, besänftigen zu können glaubte. Dieses ließ Amlethus
nun schmelzen und in Stöcke gießen, die er zu diesem Zwecke
hatte aushöhlen lassen und mit denen er dann sofort seine
Heimreise antrat, indem er versprach, in kurzem wieder
zurückzukehren, um die Hochzeit mit der Tochter des Königs zu feiern.

Er langte gerade in dem Augenblicke in seiner Vaterstadt
an, da man sich anschickte, sein eignes Totenfest zu begehen,
daher sein Erscheinen die größte Überraschung hervorrufen
mußte. Nur wenige gab es, die sich seiner Rückkehr erfreuten. Indessen überwog doch zunächst das Lächerliche der
Situation, und indem man sich über ihn, der durch die Reise
von seiner Tollheit noch immer nicht geheilt schien, wie
ehedem lustig machte, fragte man ihn unter andrem, was aus
seinen beiden Begleitern geworden sei? Worauf er, auf seine
beiden Stöcke zeigend, erwiderte: »Hier seht ihr den einen
und andren von denen, die mich begleitet haben.«

Die Rückkehr des Prinzen gab einen neuen Vorwand, das
Fest weiter fortzusetzen, und Amlethus übernahm dabei das
Amt eines Schenken, das er mit solchem Eifer versah, daß
bald einer nach dem andern, von Trunkenheit übermältigt, zu
Boden sank und in den festesten Schlaf verfiel, wie denn die
Trunksucht damals ein nicht nur bei den Deutschen, sondern
bei allen nördlichen Völkern ausgebreitetes Laster war. Amlethus konnte sich keine bessere Gelegenheit, seine Rache zu
nehmen, ersehnen. Kaum daß alles darniederlag, riß er die
Tapeten von den Wänden herab, breitete sie über die Schla-
fenden aus, befestigte sie an dem Fußboden, benützte hierzu
die Stifte, die er geschnitzt, und nachdem er auf diese Weise
den ganzen Anhang des Königs wie in einem Netze gefan-
genhielt, zündete er den Saal an allen vier Ecken an, so daß
auch nicht einer von ihnen dem Tod durch die Flammen
entkam. Dieses getan, eilte der Prinz nach dem Zimmer des
Königs, in welches sich dieser schon früher vom Gelage zurückgezogen hatte, bemächtigte sich dort des Schwertes, mit
welchem derselbe seinen Vater erschlagen, hing an dessen
Stelle ein andres, das er in der Scheide befestigt hatte,
worauf er Fengon emporrüttelnd ausrief: »Ich verwundre
mich, rechtloser König, wie du so sorglos schlafen kannst,
während dein Palast in Flammen steht und diese bereits all

deine Höflinge, all die Werkzeuge deiner entsetzlichen
Grausamkeit, hinweggezehrt haben. Ich begreife nicht, wie
du deines Glückes so sicher bist, ruhen zu können, da Amlethus doch neben dir steht mit dem Racheschwert in der
Hand, um Rache zu nehmen für den Tod seines Vaters und
die an ihm selber begangene Schmach.« Da Fengon seines
Neffen List nun völlig durchschaute und ihn also mit der
Stimme eines seiner Sinne ganz Mächtigen zu sich sprechen
hörte und auch das Schwert gegen sich schon erhoben sah –
sprang er vom Lager, griff nach dem seinen, das ihm Amlethus vertauscht hatte, und da er vergeblich sich mühte,
dasselbe aus der Scheide zu ziehen, schlug Amlethus ihm mit
einem einzigen Schlage das Haupt vom Rumpfe herab.
Nachdem Amlethus eine so furchtbare Rache genommen,
wagte er sich zunächst nicht offen mit seinen Absichten
hervor. Er sammelte diejenigen um sich, die er als Anhänger
seines verewigten Vaters kannte, und beschloß, die Stimmung des Volks zunächst zu erforschen. Als diese aber nach
manchem Hin- und Herschwanken sich dahin neigte, in
diesem furchtbaren Ereignisse die Vergeltung höherer Mächte
für den an Horwendil begangenen Mord zu erblicken, und
jeder vor allem nur nach Aufklärung dieser rätselhaften
Vorfälle verlangte, glaubte der Prinz den Augenblick günstig, mit seinem Bekenntnis hervorzutreten.

(Erläuterungen zu den ausländischen Klassi-
kern, 7. u. 8. Bdchen. Shakespeares Hamlet,
erläutert von Robert Prölß. Leipzig 1878. S. 92
bis 105. Orthographie und Interpunktion wurden modernisiert.)

3. Der bestrafte Brudermord

Prologus

Die Nacht *(von oben).*
  Ich bin die dunkle Nacht, die alles schlafend macht,
  Ich bin des Morpheus Weib, der Laster Zeitvertreib,
  Ich bin der Diebe Schutz, und der Verliebten Trutz,
  Ich bin die dunkle Nacht, und hab in meiner Macht,
  Die Bosheit auszuüben, die Menschen zu betrüben,

Mein Mantel decket zu der Huren Schand’ und Ruh’,
Eh’ Phöbus noch wird prangen, will ich ein Spiel
                                            anfangen;
Ihr Kinder meiner Brust, ihr Töchter meiner Lust,
Ihr Furien, auf, auf, hervor und laßt euch sehen,
Kommt, höret fleißig zu, was kurzens soll geschehen.

A l e c t o. Was sagt die dunkle Nacht, die Königin der Stille
Was giebt sie Neues an, was ist ihr Lust und Wille?

M ä g e r a.
Aus Acherons finstrer Höhle komm ich Mägera her,
Von dir, du Unglücksfrau zu hören dein Begehr.

T h i s i p h o n e.
Und ich Thisiphone, was hast du vor, sag an,
Du schwarze Hecate, ob ich dir dienen kann?

N a c h t. Hört an, ihr Furien alle drey, hört an, ihr Kinder
der Finsterniß und Gebärerin alles Unglücks, hört an eure
mit Mohnhäupter gekrönte Königin der Nacht, eine Ge-
bietherin der Diebe und Räuber, eine Freundin und Klarheit der Mordbrenner, eine Liebhaberin des verstohlnen
Gutes, und höchstgeliebte Göttin der Verliebten in Un-
ehren, wie ofte wird mein Laster-Altar durch diese ge-
nannte That verehret! Diese Nacht und künftige Tag
müßt ihr mir beystehn, denn es ist der König dieses Reichs
in Liebe gegen seines Bruders Weib entbrannt, welchen er
um ihrenthalben ermordet, um sie und das Königreich zu
bekommen. Nun ist die Stunde vorhanden, daß er sein
Beilager mit ihr hält, ich will meinen Mantel über sie
decken, daß sie beyde ihre Sünden nicht sehn sollen, derowegen seyd bereit, den Saamen der Uneinigkeit auszu-
streuen, mischet Gift unter ihre Eh’, und Eifersucht in ihre
Herzen. Legt ein Rachfeuer an, laßt die Funken in dem
ganzen Reich herumfliegen, verwirret die Blutsfreunde in
dem Lasternetz, und macht der Hölle eine Freude, damit
diejenigen, welche in der Mord-See schwimmen, bald er-
saufen; gehet, eilet, und verrichtet meinen Befehl.

T h i s i p h o n e.
Ich höre schon genung, und werde bald verrichten
Mehr als die dunkle Nacht von ihr selbst kann erdichten.

M ä g e r a.
Der Pluto selbst soll mir so viel im Sinn nicht geben,
Als man in kurzer Zeit von mir bald wird erleben.

A l e c t o.
Ich blas' die Funken an, und mach' das Feuer brennen,
Ich will eh 's zweymal tagt, die ganze Lust zertrennen.
N a c h t. So eilt, ich fahre auf, verrichtet euren Lauf.
              (fährt auf. Music.)

Dritter Akt

Scene I

König. Hier präsentirt sich im Tempel ein Altar.

K ö n i g *(allein).* Nunmehro beginnet mein Gewissen auf-
    zuwachen, der Stachel der Betrügerey beginnet mich hart
    zu stechen, es ist Zeit, daß ich mich zur Bekehrung wende
    und dem Himmel mein gethanes Unrecht bekenne. Ich
    fürchte, daß meine Missethat so groß ist, daß sie mir nicht
    wird können vergeben werden, doch will ich die Götter
    inbrünstig bitten, daß sie mir meine schwere Sünden ver-
    geben wollen. *(König kniet vor dem Altar.)*

Scene II

Hamlet mit bloßem Degen.

H a m l e t. So lange bin ich den verfluchten Hund nachge-
    gangen, bis ich ihn einmal angetroffen, nun ist es Zeit,
    weil er allein ist, ich will ihn in seiner grösten Andacht
    ums Leben bringen. *(will ihn durchstechen.)* Doch nein, ich
    will ihn erstlich sein Gebet thun lassen. Aber ach! wenn
    ich mich bedenke, meinen Vater hat er nicht so viel Zeit
    gelassen, daß er erstlich ein Gebet hätte thun können,
    sondern hat ihn vielleicht in seinen Sünden schlafend nach
    der Höllen geschickt, darum will ich ihn auch an densel-
    bigen Ort nachsenden. *(will ihn von hinten wieder durch-
    stoßen.)* Doch, halt ein, Hamlet! Warum willst du seine
    Sünden auf dich laden? Ich will ihm sein Gebet thun
    lassen, und vor diesesmal von hier gehen, und das Leben
    schenken. Zur andern Zeit aber will ich schon meine Rache
    ausüben. *(ab.)*
K ö n i g. Mein Gewissen ist etwas erleichtert, aber der na-

gende Hund liegt noch unter meinem Herzen. Nun will ich hingehen, und mit Fasten und Allmosen, wie auch durch inbrünstiges Gebet, dem Höchsten versöhnen. Ach verfluchte Ehrsucht, wozu hast du mich gebracht! *(ab.)*

Scene III

Königin. Corambus.

K ö n i g i n. Corambus, saget doch, wie ist es mit unsern Sohn, Prinz Hamlet, beschaffen, läßt seine Tollheit in etwas ab, und will seine Raserey kein Ende nehmen?
C o r a m b u s. Ach nein, Ihro Majestät, er ist eben noch so toll, als er vorhin gewesen.

Scene IV

Horatio.

H o r a t i o. Gnädigste Königin, Prinz Hamlet ist im Vorgemach und begehret in geheim Audienz.
K ö n i g i n. Er ist uns sehr lieb, darum laßt ihn alsobald hereintreten.
H o r a t i o. Es soll geschehen, Ihro Majestät. *(ab.)*
K ö n i g i n. Verberget euch, Corambus, hinter die Tapeten, bis wir euch rufen.
C o r a m b u s. Ja ja, ich werde mich ein wenig verstecken. *(versteckt sich.)*

Scene V

Hamlet.

H a m l e t. Frau Mutter, habt Ihr Euren ersten Gemahl wohl gekannt?
K ö n i g i n. Ach, erinnert mich nicht mehr meiner vorigen Traurigkeit, ich kann mich der Thränen nicht enthalten, wenn ich an denselben gedenke.
H a m l e t. Weint Ihr? ach, lasts nur bleiben, es sind doch lauter Crocodillsthränen. Aber sehet, dort in jener Gallerie hängt das Conterfait Eures ersten Ehegemahls, und da hängt das Conterfait des itzigen: was dünkt Euch wohl,

welches ist doch der ansehnlichste unter ihnen? Ist der
erste nicht ein majestätischer Herr?
K ö n i g i n. Ja freylich ist es wahr.
H a m l e t. Wie habt Ihr ihn denn sobald vergessen können?
Pfui! schämet Euch, Ihr habt fast auf einen Tag Begräbniß
und Beylager gehalten. Aber still, sind auch alle Thüren
vest verschlossen?
K ö n i g i n. Warum fraget Ihr das?
                (Corambus hustet hinter der Tapete.)
H a m l e t. Wer ist es, der uns belauert? *(sticht ihm nieder.)*
C o r a m b u s. O weh, Prinz, was thut Ihr! Ich sterbe.
K ö n i g i n. O Himmel, mein Sohn, was thut Ihr? Es ist
Corambus, der Hofmarschall.

Scene VI

Geist geht über das Theater. (geblitzet.)

H a m l e t. Ach werther Schatten meines Vaters, stehe still!
Ach! ach! was ist dein Begehren? forderst du Rache? die-
selbe will ich schon zu rechter Zeit ausüben.
K ö n i g i n. Was macht Ihr und wem redet Ihr?
H a m l e t. Sehet Ihr nicht den Geist Eures seeligen Ehe-
gemals? Sehet, er winket, als wollte er mit Euch reden.
K ö n i g i n. Wie? ich sehe ja nichts.
H a m l e t. Ich glaube es wohl, daß Ihr nichts sehet, denn
Ihr seyd nicht mehr würdig, seine Gestalt zu sehen. Pfui,
schämt Euch, ich mag kein Wort mehr mit Euch reden. *(ab.)*
K ö n i g i n *(alleine).* Ach Himmel, wie hat doch die Me-
lancholie diesen Prinzen so viele Raserey zugebracht! Ach
mein einziger Prinz hat seinen Verstand ganz verloren!
Ach, ach, ich bin viel Schuld daran! Hätte ich meinen
Schwager, meines vorigen Gemahls Bruder, nicht zu der
Ehe genommen, so hatte ich meinem [Sohn] nicht die
Krone Dännemark aus der Hand gespielt. Was ist aber
bey geschehenen Dingen zu thun? nichts, es muß nun so
bleiben. Hätte mir der Pabst solche Ehe nicht erlaubt: so
wäre es auch nimmer geschehen. Ich will hingehen und
mich aufs höchste bemühen, wie ich meinen Sohn wieder
zu seinem vorigen Verstand und Gesundheit helfen kann.
(ab.)

Scene VII
Jens allein.

Ich bin nun lange nicht zu Hofe gewesen, und meine Zinsen abgegeben. Ich befürchte, wo ich werde hinkommen, ich werde müssen ins Loch kriechen. Könnt ich nur einen guten Freund finden, der ein gutes Wort vor mich redete, damit ich nicht abgestraft werde.

Scene VIII
Phantasmo.

P h a n t a s m o. Es gehet zu Hofe anjetzo wunderlich zu. Prinz Hamlet ist toll, die Ophelia ist auch toll; in Summa, es geht ganz wunderlich da her, daß ich auch fast Lust habe, hinwegzulaufen.

J e n s. Potz tausend, da sehe ich meinen guten Freund Phantasmo, ich hätte keinen bessern antreffen können, ich muß ihn bitten, daß er ein gut Wort vor mich redet. Glück zu, Herr Phantasmo!

P h a n t a s m o. Großen Dank! Was ist dein Begehren, Herr Bauer?

J e n s. Ey, mein Herr Phantasmo, ich bin lange nicht zu Hofe gewesen, und bin viel schuldig, darum bitte ich Euch, Ihr wollet doch ein gutes Wort vor mich einlegen, ich will Euch auch einen guten Käß spendiren.

P h a n t a s m o. Was? meynst du Flegel, daß ich zu Hofe nichts zu fressen habe?

Scene IX
Ophelia toll.

O p h e l i a. Ich laufe und renne und kann doch mein Schätzchen nicht antreffen. Er hat mir Boten geschickt, ich soll zu ihm kommen, wir wollen Hochzeit machen, ich habe mich schon angezogen. Aber da ist mein Liebchen! Siehe, bist du da, mein Lämmchen, ich habe dich so gesucht, ja gesucht hab ich dich. Ach gedenke doch, der Schneider hat mir meinen cartunen[1] Rock ganz verdorben. Siehe, da hast du ein schönes Blümchen, mein Herz!

1. Kartun, volkstümlich für ›Kattun‹.

P h a n t a s m o. O der Teufel, wer nur von ihr weg wäre;
sie meynt, ich bin ihr Liebster.
O p h e l i a. Was sagst du, mein Liebchen? Wir wollen mit
einander zu Bette gehen, ich will dich ganz reine waschen.
P h a n t a s m o. Ja, ja, ich will dich wieder einseifen und
auch auswaschen.
O p h e l i a. Höre, mein Liebchen, hast du dein neues Kleid
schon angezogen? Ei, das ist schön gemacht, recht auf die
neue Mode.
P h a n t a s m o. Das weiß ich ohnedem wohl – – –[2]
O p h e l i a. O potz tausend, was hätte ich bald vergessen!
Der König hat mich zu Gaste gebeten, ich muß geschwinde
laufen. Siehe da, mein Kütschchen, mein Kütschchen! *(ab.)*
P h a n t a s m o. O Hecate, du Königin der Hexen, wie bin
ich so froh, daß dieß tolle Ding weg ist; wäre sie länger
geblieben, ich wäre mit toll worden. Ich muß nur gehen,
eh' das närrische Ding wiederkommen wird.
J e n s. Ach barmherziger Herr Phantasmo! ich bitte meiner
nicht zu vergessen.
P h a n t a s m o. Nun, komm nur mit, Bruder Hundsfott;
ich will sehn, daß ich dir bey dem Ober-Einnehmer zu-
rechte helfe. *(gehen ab.)*

Scene X

König. Hamlet. Horatio. Zwey Diener.

K ö n i g. Wo ist Corambus sein Leichnam geblieben? Ist er
noch nicht hinweggebracht?
H o r a t i o. Er liegt noch an den Ort, wo er erstochen ist.
K ö n i g. Es ist leid uns, daß er so unverhoft um das Leben
kommen. Gehet hin, und lasset ihn wegtragen; wir wollen
ihn adlich zur Erden bestätigen[3] lassen. Ach! Prinz Hamlet, was habt Ihr gethan, daß Ihr den alten Corambus so
unschuldig durchstochen! Es ist uns herzlich leid, doch
weil es ohngefähr geschehen, ist zwar diese Mordthat in
etwas zu entschuldigen; allein ich fürchte, wo es unter dem
Adel kommt, daß es bey den Unterthanen leicht einen

2. Vermutlich soll sich der Darsteller des Phantasmo hier etwas ausführlicher über seine Kleidung ergehen.
3. bestatten.

Aufruhr bringen könnte, und könnten also seinen Tod an Euch rächen. Wir aber aus väterlicher Vorsorge haben ein Mittel erfunden, welches dieses Unglück abhalten kann.

H a m l e t. Es ist mir leid, Herr Vetter und Vater! Ich habe etwas mit der Königin in geheim reden wollen, dieser Spion aber hat uns belauert, doch hab ich nicht gewußt, daß es dieser alte Narr seyn sollte: was meynen aber Ihro Majestät, wie nun am besten mit mir zu prociren sey?

K ö n i g. Wir haben bey uns beschlossen, Euch nacher England zu schicken, weil diese Krone nahe mit der unsrigen befreundet; als könnt Ihr Euch eine Zeit, weil eine gesundere Luft allda, in etwas refrigiren, und zu Eurer Genesung besser als hier gelangen. Wir wollen Euch etliche von unsern Bedienten mitgeben, die Euch begleiten und treulich aufwarten sollen.

H a m l e t. Ja ja, König, schickt mich nur nach Portugall, auf daß ich nimmer wieder komme, das ist das beste.

K ö n i g. Nein, nicht nach Portugall, sondern nacher England, und diese beyden sollen mit Euch auf der Reise seyn; wenn Ihr aber in England kommt, sollt Ihr mehr Diener bekommen.

H a m l e t. Sind das die Laquaien? Das sind saubere Bursche!

K ö n i g. Höret ihr beyden! *(heimlich zu den beyden Dienern.)* Sobald ihr nacher England kommt, so verrichtet, was ich euch befohlen habe. Nehmet einen Degen, oder ein jeder eine Pistole, und bringet ihn ums Leben. Wo aber dieser Anschlag nicht möchte von statten gehn, so nehmet diesen Brief, und bringet ihn nebst dem Prinzen an aufgeschriebenen Ort; derselbige wird wohl dahin bedacht seyn, daß er nimmer wieder aus England kommen soll. Aber das rathe ich euch, daß ihr keinem Menschen was offenbaret. Eure Bezahlung sollt ihr haben, sobald ihr zurückkommt.

H a m l e t. Nun, Ihro Majestät, welches sind denn die rechten, die mitreisen sollen?

K ö n i g. Diese zwey. Nun, die Götter wollen Euch begleiten, daß Ihr möget mit gutem Winde an Ort und Stelle kommen.

H a m l e t. Nun Adieu, Frau Mutter!

K ö n i g. Wie, mein Prinz, warum heist Ihr uns Frau Mutter?

H a m l e t. Mann und Weib ist ja ein Leib, Vater oder
    Mutter, es ist mir alles gleich.
K ö n i g. Nun so fahrt wohl, der Himmel sey mit Euch. *(ab.)*
H a m l e t. Nun, ihr noblen Quantchen, sollt ihr meine Ge-
    fährten seyn?
D i e n e r s. Ja, Ihro Durchlaucht!
H a m l e t. So kommt denn, ihr noblen Gesellen, *(nimmt sie
    beyde an jede Hand)* laßt uns fahren, laßt uns fahren
    nach England, nehmt das Bötchen in die Hand, du bist ja
    ein braver Quant. Laßt uns fahren, laßt uns fahren nach
    England. *(gehen ab.)*

Scene XI

Phantasmo. Ophelia.

P h a n t a s m o. Wo ich gehe oder stehe, da läuft das ele-
    mentische Mädchen, die Ophelia, aus allen Winkeln mir
    nach; ich kann keinen Frieden vor ihr haben, sie sagt alle-
    zeit, daß ich ihr Liebster bin, und ist doch nicht wahr.
    Wenn ich mich nur verstecken könnte, damit sie mich nicht
    finde. Nun wird der Henker[4] wieder los werden: da
    kommt sie wieder.
O p h e l i a. Wo mag mein Liebchen seyn? Der Schelm will
    nicht bey mir bleiben, eher vor mir weg – Aber siehe, da
    ist er. Höre, mein Liebchen, ich bin bey dem Priester ge-
    wesen, der will uns noch heute zusammen copuliren; ich
    habe alles zu der Hochzeit fertig gemacht, ich habe Hüh-
    ner, Haasen, Fleisch, Butter und Käse eingekauft; es man-
    gelt nichts mehr, als daß die Musikanten uns zu Bette
    spielen.
P h a n t a s m o. Ich muß nur ja sagen. Komm denn, wir
    wollen mit einander zu Bette gehn.
O p h e l i a. Nein, nein, mein Püppchen, wir müssen erst-
    lich miteinander zur Kirche gehen, hernach wollen wir
    essen und trinken, und denn wollen wir tanzen – Ach, wie
    wollen wir uns lustig machen!
P h a n t a s m o. Ja, es wird lustig hergehn; es werden wohl
    drey von Einem Teller essen.
O p h e l i a. Was sagst du? Wilt du mich nicht haben, so

4. euphemistisch für ›Satan‹.

will ich dich auch nicht haben *(schlägt ihn).* Siehe dort, dort ist mein Liebchen, er winkt mir. Siehe da, welch ein schön Kleid daß er an hat: siehe er will mich zu sich locken, er wirft mit einem Röslein und Lilien auf mich zu; er will mich in seine Arme nehmen, er winkt mir, ich komme, ich komme. *(ab.)*

P h a n t a s m o. Bey der Nähe ist sie nicht klug, aber weit davon ist sie gar toll. Ich wollte, daß sie aufgehenkt wäre, so könnte mir das Rabenaas so nicht nachlaufen. *(ab.)*

Fünfter Act

Scene I

Hamlet.

Unglückseeliger Prinz, wie lange sollt du noch ohne Ruhe leben! Wie lange verhängst du, gerechte Nemesis, daß dein gerechtes Rachschwerdt auf meinem Vetter, den Brudermörder wetzest! Ich bin nun wieder anhero gelanget, kann aber noch zu keiner Revange kommen, weil der Brudermörder allezeit mit viel Volk umgeben. Aber ich schwöre, ehe die Sonne ihre Reise von Osten in's Westen gethan, will ich mich an ihm rächen.

Scene II

Horatio.

H o r a t i o. Ihro Durchlaucht, ich bin von Herzen erfreuet, daß ich Sie mit guter Gesundheit wieder allhier sehe. Ich bitte aber, Sie wollen mir doch offenbaren, warum Sie sobald wieder zurückgekommen.

H a m l e t. Ach, Horatio, du hättest mich bald nicht mehr lebendig gesehen, dieweil mein Leben bereits auf dem Spiel gestanden, wo mich die göttliche Allmacht nicht sonderlich hätte bewahret.

H o r a t i o. Wie, was sagen Ihro Durchlaucht? Wie ist es zugegangen?

H a m l e t. Du weist, daß mir der König zwey Reisegefährten als Diener, mich zu begleiten, mitgegeben hatte. Nun begab es sich, daß wir eines Tages contrairen Wind hatten, und an ein Eyland, nicht ferne von Dovern anker setzten. Ich stieg mit meinen zwey Dienern aus dem Schiff, etwas frische Luft zu schöpfen. Da kamen diese verfluchten Schelme, und wollten mir das Leben nehmen, und sagten, der König hätte sie dazu erkauft. Ich bat um mein Leben, ich wollte ihnen eben so viel geben, und sollten den König doch unterdessen meinen Tod berichten, ich wollte auch nimmermehr zu Hofe kommen, es war aber kein Erbarmen bey ihnen. Endlich gaben mir die Götter etwas im Sinn: hierauf bat ich sie, daß vor meinem Ende ich noch ein Gebet thun möchte, und wenn ich rufen würde: schießt zu! so sollten sie auf mich Feuer geben: indem aber daß ich rief, fiel ich zur Erden nieder, sie aber erschossen sich selbsten einander; bin also diesesmal noch so mit dem Leben darvon kommen. Meine Ankunft aber wird dem Könige nicht angenehm seyn.

H o r a t i o. O unerhörte Verrätherey!

Scene III

Phantasmo.

H a m l e t. Siehe, Horatio, dieser Narr ist dem Könige viel lieber, als meine Person. Wir wollen hören, was er vorbringt.

P h a n t a s m o. Willkommen zu Hause, Prinz Hamlet! Wisset Ihr was Neues? Der König hat eine Wette auf Euch und auf den jungen Leonhardo geschlagen. Ihr sollt zusammen in Rapieren fechten, und wer dem andern die ersten zwey Stöße anbringen wird, der soll ein weiß neapolitanisch Pferd gewonnen haben.

H a m l e t. Ist dieses gewiß, was du sagest?

P h a n t a s m o. Ja es ist nicht anders.

H a m l e t. Horatio, was mag dieses bedeuten? ich und Leonhardus sollen miteinander fechten. Ich glaube, sie werden diesen Narren etwas weiß gemacht haben, denn man kann ihm einbilden, was man will. Sehet nur, Signora Phantasmo, es ist greulich kalt.

P h a n t a s m o. Ja ja, es ist greulich kalt – *(zittert mit dem Munde).*

H a m l e t. Nun ist es schon nicht so kalt mehr.

P h a n t a s m o. Ja, ja, es ist so recht ins Mittel.

H a m l e t. Aber nun ist eine große Hitze *(wischt das Gesicht)*.

P h a n t a s m o. O welch eine greuliche Hitze! *(wischt auch
den Schweiß.)*

H a m l e t. Nun ists nicht recht kalt, auch nicht recht warm.

P h a n t a s m o. Ja es ist nun eben recht temperirt.

H a m l e t. Da siehest du, Horatio, daß man ihm weiß
machen kann, was man will. Phantasmo, gehe wieder hin
zum Könige, und sage ihm, daß ich ihm bald aufwarten
werde – *(Phantasmo ab)*. Nun kommt, Horatio, ich will
gleichwohl gehn, und mich dem König präsentiren. Aber
ach! was bedeutet dieses? mir fallen Blutstropfen aus der
Nase; mir schüttert der ganze Leib! O wehe, wie geschieht
mir! *(fällt in Ohnmacht.)*

H o r a t i o. Durchlauchtigster Prinz, o Himmel, was bedeutet dieses! Ihro Durchlaucht kommen doch wieder zu
sich selbst! Durchlauchtigster Prinz, wie ists, was wieder-
fährt Ihnen!

H a m l e t. Ich weiß nicht, Horatio. Indem ich gedachte,
nach Hofe zu gehn, überfiel mich eine schleunige Ohnmacht; was dieses bedeuten wird, ist den Göttern bekannt.

H o r a t i o. Ach, der Himmel gebe doch, daß dieses Omen
nicht etwas Böses bedeuten möge.

H a m l e t. So sey es wie es will, ich will dennoch zu Hofe
gehn, und sollte es auch mein Leben kosten *(ab)*.

Scene IV

König. Leonhardus. Phantasmo.

K ö n i g. Leonhardus, mache dich fertig, denn Prinz Hamlet
wird auch bald hier seyn.

L e o n h a r d u s. Ihro Majestät, ich bin schon fertig, und
werde schon mein Bestes thun.

K ö n i g. Sehet wohl zu; hier kommt der Prinz schon – – –

Scene V

Hamlet. Horatio.

H a m l e t. Alles Glück und Heil warte auf Ihro Majestät!

K ö n i g. Wir danken Euch, Prinz! Wir sind höchsterfreut,
daß Euch die Melancholie in etwas verlassen, derowegen

haben wir heut einen Luststreit angestellt zwischen Euch
und dem jungen Leonhardo: Ihr sollt mit ihm in Rapieren
fechten, und welcher von Euch beyden die ersten drey
Stöße bekommen[5] wird, der soll ein weiß neapolitanisch
Pferd mit Satteljzeug und allem Zubehör gewonnen haben.

H a m l e t. Ihro Majestät wollen mir verzeihen, denn ich in
den Rappier wenig geübt bin. Leonhardus aber kommt
kürzlich aus Frankreich, allda er sich ohne Zweifel wird
gut exercirt haben, darum wollen Sie mich entschuldiget
halten.

K ö n i g. Prinz Hamlet thut uns dieses zu gefallen, denn
wir sind begierig zu erfahren, was die Teutschen und die
Franzosen vor Finten haben.

Scene VI
Königin.

K ö n i g i n. Gnädiger Herr und König, ich werde Ihnen ein
großes Unglück erzählen!

K ö n i g. Der Himmel bewahre uns davor! Was ist es denn?

K ö n i g i n. Die Ophelia ist auf einen hohen Berg gestiegen,
und hat sich selber heruntergestürzt und um das Leben
gebracht.

L e o n h a r d u s. Ach unglückseeliger Leonhardus! du hast
in kurzer Zeit einen Vater und Schwester verlohren! Wohin
will doch das Unglück dich leiten! Ich wünsche mir selbsten
vor Betrübniß den Tod.

K ö n i g. Stellet euch zufrieden, Leonhardus! wir sind euch
gnädig, fanget nur das Gefechte an. Phantasmo bringe die
Rappiere; Ihr aber, Horatio, sollet urtheilen.

P h a n t a s m o. Da sind die warmen Biere.

H a m l e t. Wohlan denn, Leonhardus, so kommet denn an,
wir wollen zusehn, wer dem andern die Schellen wird
anhängen. Wo ich aber einen Exces begehen möchte, bitte
ich zu excusiren, denn ich lange nicht gefochten.

L e o n h a r d u s. Ich bin Ihro Durchlaucht Diener, Sie
scherzen nur.

*(In dem ersten Gang fechten sie reine. Leonhardus bekommt
einen Stoß.)*

5. Gemeint: anbringen.

H a m l e t. Nun das war eins, Leonhardus!

L e o n h a r d u s. Es ist wahr, Ihro Durchlaucht! Allo Revange!

(Dieser läßt das Rappier fallen, und ergreift den vergifteten Degen, welcher parat lieget, und stößt dem Prinzen die Quarte in den Arm. Hamlet pariret auf Leonhardo, daß sie beyde die Gewehre fallen lassen. Sie laufen ein jeder nach dem Rappier. Hamlet bekommt den vergifteten Degen, und sticht Leonhardus todt.)

L e o n h a r d u s. O wehe, ich habe einen tödtlichen Stoß! ich bekomme den Lohn, mit welchem ich dachte einen andern zu bezahlen. Der Himmel sey mir gnädig.

H a m l e t. Was zum Teufel ist dieses! Leonhardus, hab ich euch mit dem Rappier erstochen? Wie geht dieses zu?

K ö n i g. Gehet geschwinde, und gebt meinen Mundbecher mit Wein her, damit die Fechter sich ein wenig erquicken. Gehe, Phantasmo, und hole ihn. *(tritt vom Thron. Für sich.)* Ich hoffe, wenn sie beyde von dem Wein trinken werden, daß sie alsdenn sterben, und diese Finte nicht offenbar werde.

H a m l e t. Sagt mir, Leonhardus, wie ist dieses zugegangen?

L e o n h a r d u s. Ach, Prinz, ich bin von dem König zu diesem Unglück verführet worden! Sehet, was Ihr in Eurer Hand habt! es ist ein vergifteter Degen.

H a m l e t. O Himmel, was ist dieses! Bewahre mich doch davor!

L e o n h a r d u s. Ich sollte Euch damit verletzen, denn er ist so stark vergiftet, daß, wer nur die geringste Wunde damit bekömmt, augenscheinlich sterben muß.

K ö n i g. Holla, Ihr Herren, erholtet Euch ein wenig und trinket. *(Indem der König vom Stuhl aufstehet, und diese Worte redet, so nimmt die Königin dem Phantasmo den Becher aus der Hand und trinket, der König ruft:)* Holla! wo bleibt der Becher? Ach, wertheste Gemahlin, was thut sie? Dieses, was hier eingeschenket, ist mit dem stärksten Gift vermenget. Ach wehe, was habt Ihr gethan!

K ö n i g i n. O wehe, ich sterbe!

(Der König stehet vor der Königin.)

H a m l e t. Und du, Tyranne, sollst sie in dem Tode begleiten.

(Hamlet ersticht ihm von hinten zu.)

K ö n i g. O wehe, ich empfange meinen bösen Lohn!

L e o n h a r d u s. Adieu, Prinz Hamlet! Adieu, Welt! ich sterbe auch. Ach, verzeihet mir, Prinz!

H a m l e t. Der Himmel geleite deine Seele, weil du un- schuldig. Diesen Tyrannen aber wünsche ich, daß er seine schwarzen Sünden in der Höllen abwaschen möge. Ach, Horatio, nun ist meine Seele ruhig, nun ich mich an mei- nen Feinden gerochen habe. Ich habe zwar auch einen Stoß in den Arm, aber ich hoffe, es werde nichts zu be- deuten haben. Es ist mir leid, daß ich Leonhardum er- stochen habe, ich weiß aber nicht, wie ich den verzweifel- ten Degen in meine Hand bekommen; doch wie die Arbeit, so ist auch der Lohn, er hat seine Bezahlung bekommen. Nichts jammert mir mehr, als meine Frau Mutter. Doch sie hat diesen Tod wegen ihrer Sünden halben auch ver- dienet. Aber sagt mir, wer hat ihr den Becher gegeben, daß sie Gift bekommen?

P h a n t a s m o. Ich, Herr Prinz! ich habe auch den ver- gifteten Degen gebracht, aber den vergifteten Wein habt Ihr allein sollen austrinken.

H a m l e t. Bist du auch ein Werkzeug dieses Unglücks ge- wesen? Siehe, da hast du auch deine Belohnung! *(sticht ihm todt.)*

P h a n t a s m o. Stecht, daß euch die Klinge verlahme!

H a m l e t. Ach! Horatio, ich fürchte, es wird nach meiner verübten Rache auch mein Leben kosten, denn ich bin am Arme sehr verwundet. Ich werde ganz matt, meine Glieder werden schwach, und meine Beine wollen nicht mehr stehn; meine Sprache vergeht mir, ich fühle den Gift in allen meinen Gliedern. Doch bitte ich euch, lieber Horatio, und bringet die Krone nach Norwegen an meinen Vetter, den Herzog Fortempras, damit das Königreich nicht in andre Hände falle. Ach, o weh, ich sterbe!

H o r a t i o. Ach, Durchlauchtigster Prinz, erwartet doch Hülfe, O Himmel, er bleibt mir unter den Händen! Ach, was hat doch dieses Königreich eine zeither vor schwere Kriege geführet! Kaum hatte es Fried, so ist es aufs neue mit innerlicher Unruhe, Regier-Streit- und Mordsucht an- gefüllet worden. Dieser traurige Unglücksfall mag wohl in keinem Seculo der Welt jemals geschehn seyn, wie man leider jetzt an diesem Hofe erlebet hat. Ich will alle An-

*Das »Swan Theatre«, 1595 von Francis Langley erbaut,
eines der typischen elisabethanischen Theater, in dem auch
Shakespeares Truppe spielte*

stalt mit Hülfe der treuen Räthe machen, daß diese hohe
Personen nach ihrem Stande beerdiget werden, alsdenn
mich cito mit der Krone nach Norwegen verfügen, und
dieselbe übergeben, wie mir dieser unglückseelige Prinz
befohlen hat.

Vers

So gehts, wenn ein Regent mit List zur Kron sich dringet,
Und durch Verrätherey dieselbe an sich bringet,
Derselb erlebet nichts, als lauter Spott und Hohn,
Denn wie die Arbeit ist, so folget auch der Lohn.

Ende.

(Die Schauspiele der englischen Komödianten,
hrsg. von W. Creizenach. Berlin u. Stuttgart
o. J. S. 149–186)

IV. Geistesgeschichtlicher Hintergrund

1. Melancholie

Pierre de la P r i m a u d a y e (geb. um 1545):

> Vom Blut und anderen Körpersäften (humeurs)

Wir verstehen unter ›humeur‹ eine flüssige Substanz, die in der Leber aus der Nahrung zu dem Zweck hergestellt wird, daß der Körper durch diese Flüssigkeit genährt und erhalten werde. Und da unsere Körper aus vier Elementen bestehen, so entsprechen diesen Elementen die vier ›humeurs‹, die alle mit dem Blut vermischt sind. Wir können dies am Blut beobachten, das dem Körper entnommen worden ist. Zuoberst sehen wir einen dünnen Film von der Art, wie er sich beim Blühen und Gären neuen Weines bildet oder wenn älterer Wein eingeschenkt wird. Dann sehen wir so etwas wie kleine Wasserläufe, die mit dem Blut vermischt sind. Und am Boden wird eine schwarze und dickere Flüssigkeit sichtbar wie der Bodensatz des Weins in einem Weinfaß. Wenn wir also wissen, wie wir diese Dinge deuten sollen, dann wird es einfach für uns sein, den Unterschied zwischen diesen verschiedenen Flüssigkeiten zu erkennen und deren charakteristische Eigenschaften zu verstehen.

Was nun die erste der Flüssigkeiten angeht, so müssen wir die natürliche Eigenschaft des Blutes in Analogie zum Charakter der Luft als heiß und feucht verstehen. Das Blut ist gemäßigt, süß und fettig wie der beste und nährreichste Teil unserer Nahrung. Obwohl all die anderen Flüssigkeiten in gleicher Weise eine Nährfunktion erfüllen und vom Blute getragen werden, bleibt jedoch jene Flüssigkeit – das eigentliche Blut – der Hauptteil unserer Ernährung. [...] Die dünne Haut, welche obenauf schwimmt und der Blume des Weines gleicht, ist jene Flüssigkeit (humeur), die gelbe Galle oder Gallenflüssigkeit genannt wird. Sie ist heiß und trokken, bitteren Geschmacks und entspricht der Natur des Feuers. [...] Darüber hinaus kommen jene kleinen Wasserläufe, die wir mit dem Blut vermischt finden, von der phlegmatischen Flüssigkeit, die kalt und feucht ist wie das Wasser, dem sie so ähnlich sieht [...], sie ist ohne Geschmack oder,

wie einige Leute behaupten, leicht brackig, jedoch nicht fettig.
Schließlich die schwarze und höchst irdische Flüssigkeit, die
aussieht wie der letzte Rest eines tiefroten, dicken Weines
oder wie der Bodensatz in einem Faß voll Wein oder Öl.
Dies ist die melancholische Flüssigkeit oder, wie einige Leute
sie auch nennen, die schwarze Galle. Sie ist kalt und trocken
wie die Erde, mit der sie einiges gemeinsam hat; ihr Geschmack ist recht scharf. [...]

Von verschiedenen Temperaturen

Wir betrachten jene Eigenschaften als temperiert, welche der
idealen Temperatur am nächsten kommen. Da jede Flüssigkeit (humeur) mehr oder weniger streng in jedem von uns
herrscht, werden wir entweder Sanguiniker, Phlegmatiker,
Choleriker oder Melancholiker genannt. Je nachdem wie die
Flüssigkeiten untereinander auf die eigentliche Flüssigkeit,
das Blut, abgestimmt sind, lassen sich phlegmatisch-sanguine,
cholerisch-sanguine oder melancholisch-sanguine Typen unterscheiden. Das gleiche gilt sowohl für die anderen Flüssigkeiten in bezug auf ihre Temperatur als auch für die Aus-
wirkungen, die von der Temperatur verursacht werden.
Denn wenn im Menschen ein Überfluß an phlegmatischer
Flüssigkeit vorherrscht, wird seine Natur gewöhnlich träge,
er verabscheut Arbeit und gibt sich körperlichen Freuden
hin; er liebt Leckerbissen, schmackhaftes Fleisch und feine
Getränke, er ist zart, verweichlicht und geputzt im Vergleich
zu anderen stämmigen und braven Männern. Wenn ein
Überfluß an cholerischer Flüssigkeit herrscht, ist sein Gemüt
leicht erregbar und schnell zum Zorn gereizt. Aber seine
Wut ist wie ein Strohfeuer, das schnell aufflammt und großen Lärm macht, dann aber allmählich in sich selber zusam-
menfällt. Auch seine Gesten sind schneller und heftiger, in
seiner Hast verwickelt er sich häufig in Dummheiten und
stiftet Verwirrung. Er schwatzt viel und ist ein Gefäß voller Löcher, er kann kein Geheimnis für sich behalten. Er ist
wild im Angriff, aber unbeständig im Durchhalten seines
Vorhabens, in gewisser Weise gleicht er jenen Hunden, die
bellen und beißen, wann immer sie können, danach aber
feige davonlaufen. Im Falle eines Überflusses an melancholi-
scher Flüssigkeit erweisen sich jene Naturen als mehr oder

weniger traurig, unzufrieden, mißtrauisch, geistreich und aufsässig. Wenn die cholerischen und melancholischen Flüssigkeiten verdorben und vermischt sind, werden ihre Träger zu stolzen Ungeheuern voller Neid und Betrug mit vipernhaft giftigen Spitzfindigkeiten voller Haß und Teufelei. Wenn die bösen Geister wissen, daß die Natur eines Menschen so beschaffen ist, dann benutzen sie zweifellos die Gelegenheit, sofern Gott es zuläßt, sich in diese Menschen einzuschleichen, um dann durch sie andere Menschen zu tyrannisieren; ich sage, sie ziehen in jene Menschen ein und machen sie zu ihren Instrumenten, so, wie Gott seinerseits jene Naturen gebraucht, deren Charakter höchst gemäßigt und ausgewogen ist, um sie zu Instrumenten seiner Herrlichkeit zu machen.

(Primaudaye: L'Académie françoise, Paris 1577. Bd. 2, Kap. LXIV u. LXVIII. Das Werk wurde in der Übersetzung von »T. B. C.« zuerst 1586 in London veröffentlicht. Deutsche Übersetzung vom Hrsg.)

Timothy B r i g h t (1551?–1615):

Wie Melancholie die Geisteshandlungen beeinflußt

Manchmal erweisen sich melancholische Menschen als sehr witzig, sie ragen schnell aus der Menge hervor, weil der ›Humor‹ der Melancholie durch die Hitze verfeinert wird. Wie das trockenste Holz die hellste Flamme hervorbringt und wie von der Weinhefe ein starker und feuriger Schnaps gebrannt wird, so entsteht aus der Trockenheit der Materie und aus dem Abfiltern des Bodensatzes jene Reinheit, welche der Schärfe jenes Witzes entspricht und dessen Trockenheit Heraklit lobend erwähnt hat. Darüber hinaus üben sie unermüdlich ihren Witz, so daß den Anschein einer natürlichen Anlage hat, was in Wirklichkeit die Gewohnheit der Übung und des Gebrauchs ihnen eingegeben hat. Während die bislang gezügelten Leidenschaften sie noch nicht mit sich fortreißen, verbreitet die Melancholie in jenen Menschen ein Gefühl des Zweifels über alle Überlegungen und zwingt so den Melancholiker zu genauem und sorgfältigem Bedenken aller Aspekte der Situationen. Hierzu kommt die Heftigkeit ihrer Neigungen, welche sie mit all ihren Fähigkeiten in die Tiefen dessen trägt, was sie mit Freude und Genugtuung

fasziniert. Denn obwohl der melancholische Mensch nicht
leicht durch andere Leidenschaften als Furcht, Traurigkeit
und Eifersucht zu bewegen sein soll, so behält er – erst einmal leidenschaftlich erregt – jene Glut sehr viel länger, er
kocht gleichsam über, weil sein Herz und sein Geist eine
festere Substanz besitzen, welche die Tiefe der Leidenschaft
erhält, die sonst schon lange geschwunden wäre. So macht
die Sucht nach jenen Dingen, die melancholische Menschen
gern haben, sie fleißig und sorgfältig, vorsichtig und um-
sichtig. Sie sind daher in Geistes- und Sinneshandlungen den
besten Temperamenten nicht unterlegen, andererseits macht
die Sucht nach Dingen sie einseitig und engstirnig. Ihre Ent-
schlüsse entspringen langen Überlegungen, denn selbst wenn
Zweifel und Mißtrauen sich auch nur langsam verbreiten, so
sind sie doch schwer zu leugnen. Solche Personen sind voller
Zweifel und Mißtrauen, sie überlegen lange und sorgfältig
wegen jener heimlichen Befürchtungen oder wegen jener inneren Unsicherheit. Es entsteht daher ein Furchtgefühl in
äußeren Angelegenheiten selbst dann, wenn kein Grund
zum Zweifel vorliegt.

(Bright: A Treatise of Melancholy. London
1586. S. 129–131. Übersetzung vom Hrsg.)

2. Dämonologie

Ludwig L a v a t e r (1527–86):

Die Papistendoktrin über das Erscheinen der Seele
toter Menschen

Die Geister sind Leiden ausgesetzt, wo immer sie sich befinden. Sie erscheinen vor Individuen, kaum vor größeren
Menschenmassen, sie antworten nur auf die Fragen einiger
weniger. Die Papisten lehren, daß die Menschen fasten und
beten sollten, denen eine solche Geistervision erschienen ist.
Außerdem sollte gebeichtet und eine Messe gelesen werden,
bevor wir mit Fragen an sie herantreten. Wir sollten ihnen
auch nicht Glauben schenken, sobald wir nur ein Wort von
ihnen hören, statt dessen sollten wir warten, bis es dreimal

wiederholt worden ist, so wie es Samuel im dritten Kapitel des ersten Buches getan haben soll, als er noch ein Kind war. Denn wie so häufig könnte uns sonst der Teufel versuchen und täuschen.

Wenn nun das Gebet getan ist, sollten wir, wie man uns lehrt, mit den Fragen beginnen, und zwar: »O Geist, wir bitten Euch im Namen Jesu Christi, uns zu sagen, wer Ihr seid, und sollte unter uns jemand sein, dem Ihr antworten wollt, so nennt seinen Namen oder zeigt uns sonstwie an, wer es ist.« Danach soll die Frage wiederholt werden, und unter der Nennung des Namens einer jeden anwesenden Person wird gefragt, ob er diesem oder jenem Menschen antworten wolle. Und wenn er nach Nennung aller Namen zu niemandem sprechen will oder sonst durch irgendwelche Laute sein Interesse nicht bekundet hat, dann sollten all die übrigen Fragen an ihn gerichtet werden. Etwa: Wessen Seele er sei? Aus welchem Grunde er gekommen und was er wünsche? Ob er um irgendwelche Hilfe und Fürbitte im Gebet ersuche? Ob er durch das Lesen von Messen oder durch Almosen von seinem Los erlöst werden könne?

Außerdem lehren uns päpstliche Schreiber, wie wir auf vierfache Weise gute Geister von bösen unterscheiden können. Erstens sagen sie, wenn es sich um einen guten Geist handelt, dann wird er anfangs die Menschen auf irgendeine Weise erschrecken, wenig später jedoch wird er sie wieder gewähren lassen und sie sogar beruhigen. Zweitens werden Geister an ihrer äußeren sichtbaren Erscheinung erkannt. Wenn sie in der Gestalt eines Löwen, Bären, Hundes, einer Kröte, Schlange, Katze oder eines scheußlichen Geistes erscheinen, darf getrost angenommen werden, daß es sich um einen bösen Geist handelt und daß andererseits gute Geister in der Gestalt einer Taube, eines Menschen, eines Lammes oder in der des klaren Lichtes der Sonne erscheinen. Wir müssen auch entscheiden, ob die Stimme des Geistes süß, leise, nüchtern, sorgenvoll oder gar schreckenerregend und vorwurfsvoll ist. Drittens müssen wir feststellen, ob der Geist etwas sagt, das der Lehre der Apostel und der Kirchenväter widerspricht, oder ob er überhaupt etwas äußert, das von dem Glauben, den Sitten und Zeremonien der Kirche abweicht und gegen die Gesetze der heiligen römischen Kirche verstößt, so, wie

sie durch die kanonischen Bräuche und Dekrete der Konzi-
lien bestimmt worden sind. Viertens müssen wir sorgfältig
darauf achten, ob er in seinen Worten, Taten und Gesten
irgendwelche Demut offenbart, die seine Sünden und Strafen eingesteht, oder ob wir von ihm Stöhnen, Weinen, Kla-
gen, Rühmen, Drohen, Verleumdung oder Lästerung hören.
Denn wie der Bettler sein eigenes Unglück betont, so tun
dies auch gute Geister, die Hilfe oder Rettung erwünschen.

(Lavater: De spectris, lemuribus et magnis
atque insolitis fragoribus, variisque praesagitio-
nibus etc. Genf 1570. Das Werk wurde in der
Übersetzung von »R. H.« 1572 in London veröffentlicht. Deutsche Übersetzung vom Hrsg.)

3. Die Natur des Menschen

Pierre de la P r i m a u d a y e :

Vom Menschen

Aram: O unbeschreiblicher und himmlischer Gott, der Du
den Menschen Dir nur um weniges nachstehend geschaffen
hast; Du hast ihn mit Ruhm und Andacht gekrönt. Nun
aber sag uns bitte genauer, Architob, was dieses große und
erstrangige Geschöpf der Natur – der Mensch – wirklich ist,
wozu ihm sein Wesen verliehen wurde und wie er sich dessen
würdig gezeigt hat. Denn es muß etwas Besonderes und Be-
wunderungswürdiges in ihm angelegt sein, da alle Kreatu-
ren geschaffen wurden, um ihm zu dienen und zu gehor-
chen.

Architob: Wahrlich, Freunde, ihr habt gute Gründe, unsere
Diskussion mit jenen Einsichten zu beginnen, die wir als die
Speicher aller Weisheit über uns selber haben sollten. Laßt
uns mit dem Problem der Erlösung beginnen.

Auf diese Frage können wir eine Antwort von Sokrates,
dem Vater der Philosophie, erhalten, der am Apollo-Tempel
in Delphi beim Betrachten der ersten Regel »Erkenne dich
selbst« in tiefes Nachdenken versank und völlig von der
Betrachtung des Selbst überwältigt wurde. Er begann von
jenem Augenblick an zu zweifeln und sich selber auszufor-
schen.

Im Unwissen über das Selbst, so sagt Laktanz, und im Mangel an Erkenntnis, wofür und zu welchem Zweck der Mensch geboren ist, liegt der Grund für Fehltritte und das Böse, für das Verleugnen des Lichts, damit man bequemer im Dunkel herumtappen kann. Wenn wir es also beschämend finden, daß wir jene Dinge nicht kennen, die zum Leben des Menschen gehören, dann ist das Unwissen über uns selber noch beschämender. Laßt uns also gemäß unseres beschränkten Wissens betrachten, was der Mensch ist und was Gott uns wohlwollend geschenkt hat.

Der Mensch ist eine Kreatur, von Gott nach seinem eigenen Bilde geschaffen, er ist von Natur aus gerecht, fromm, gut und rechtschaffen, er besteht aus einem Körper und einer Seele. Ich spreche von einer Seele, der von Gott Geist und Leben eingehaucht wurde, und einem vollkommen natürlichen Körper, der kraft derselben Gewalt Gottes aus Lehm geschaffen wurde. In dieser Gestalt erhielt der Mensch sein Wesen von dem ewigen Schöpfer der gesamten Welt. Der Mensch wurde aus unergründlicher Güte geschaffen, damit er an der Unsterblichkeit und ewigen Glückseligkeit Gottes teilhaben könne, mit dem Zweck, daß der Mensch zum Ruhm des Schöpfers über Dinge spreche und Taten vollbringe, die Gott gefallen als Dank für seine Wohltat. All diese Vorteile, die er von Gott erhalten hatte, verlor der Mensch aus Undank und Ungehorsam durch den Fall seines eigenen freien Willens. Statt Rechtschaffenheit und Frömmigkeit kamen Schlechtigkeit, Unflätigkeit und Schmutzigkeit über ihn, er wurde zum Sklaven von Sünde und Tod, wovon all jenes Elend seinen Anfang genommen hat und womit das Leben des Menschen nun überladen ist. Seine Seele wurde auch unendlich schmerzenden Leidenschaften und Unruhen unterworfen, die in ihr eine beständige Rastlosigkeit verursachen. Sein Körper wurde der Träger unzähliger Leiden und heftiger Verdrießlichkeit.

Weil sie ihm so gefielen, stellte Gott, dessen Güte und Gnade endlos ist, trotz allem die Nachfolge seiner unsterblichen Erbschaft für die Menschen aus Gnade wieder her, indem er sie der Sünde unzugänglich machte und sie ihm selber wieder zuwandte. Die Beschwichtigung seines Zornes geschah durch das unschuldige Opfer seines ewigen Sohnes. Er reinigte die Menschen in dessen Blut und öffnete ihnen das

Tor des Himmels, so daß sie der Güte und dem Glauben
wieder folgen könnten, nachdem er ihnen die Rechtschaffenheit, Frömmigkeit und Unschuld wiedergegeben hatte.

(Primaudaye: L'Académie françoise, Paris 1577.
Bd. 1, Kap. I. Das Werk wurde in der Übersetzung von »T. B. C.« zuerst 1586 in London veröffentlicht. Deutsche Übersetzung vom Hrsg.)

4. *Über den Tod*

Hieronymus C a r d a n u s (1501–76):

Zum Trost

Sokrates pflegte zu behaupten, daß der Tod des Menschen
dem tiefen Schlaf, einer langen Reise oder, wie bei den
wilden Tieren, einer Zerstörung gleichen könnte. [...]
Wenn die Seele fortleben und nichts nach dem Tode empfinden soll, dann gleicht der Tod einem gesunden Schlaf, denn
darin ruhen wir ohne Gefühl und Verstand und kehren
nach dem Schlaf wieder zu bewußter Betätigung zurück. Es
gilt als sicher, daß solch ein Schlaf äußerst süß und gesund
ist. Der Schlaf, in dem wir nicht träumen, ist der beste, er
ähnelt dem Schlaf eines toten Menschen. Der unterbrochene
Schlaf, der Schlummer und die visionsgeladenen Träume
werden gewöhnlich von jenen erfahren, deren Körper
schwach und kränklich ist. [...]
Aber was könnte glücklicher erscheinen, als den Tod mit
einer langen Reise zu vergleichen, auf welcher die Seele,
vom Gefängnis des Körpers befreit, alles wahrnimmt und
allgegenwärtig ist? Denn solange die Seele von der Last des
Körpers beladen ist, scheint sie weder frei noch allwissend,
sie ist statt dessen von Sorgen geplagt, sie kann nur den
Umriß von Gegenständen wie durch ein Gewebe oder Tuch
erkennen, sie errät den Gegenstand, sie erkennt nichts mit
Gewißheit. Wenn die Seele aber frei geworden ist, wirft sie
nicht nur alle Lasten ab, sondern sie erkennt auch alle Dinge
ohne Schwierigkeiten. Wenn dies so ist, wer würde dem Tod
absichtlich aus dem Wege gehen wollen? [...]
Nichts kündigt das Ende des Lebens deutlicher an, als ein
Traum, in dem der Mensch ohne Hoffnung auf Rückkehr,

häufig auf einem schnellen Schimmel reitend, in weit entfernte Länder reist. Eine solche natürliche Weissagung erfüllt sich allgemein in kurzer Zeit.

Selbst wenn der Tod einer Zerstörung gleicht, was, wie schon bewiesen, höchst unwahrscheinlich ist, dann kann auch dies nicht als böse verstanden werden. Denn was auch immer nicht ist, kann nicht böse sein, wir müßten uns sonst darüber beklagen, daß wir geboren worden sind und daß wir überhaupt nicht existieren sollten; nämlich jene, die nicht existieren, können nicht leiden.

> (Cardanus: De consolatione, Buch II. Venedig
> 1542. Das Werk wurde in der Übersetzung von
> Thomas Bedingfield 1576 in London veröffentlicht. Deutsche Übersetzung vom Hrsg.)

Michel de Montaigne (1533–92) in seinen »Essais« (1580):

Rettung des Raimond de Sebonde

Kurzum, es gibt keine festbestimmte Wesenheit weder unseres Seins, noch des Seins der Objekte, und wir und unser Urteil und alle sterbliche Wesen gleiten und kräuseln ohne Unterlaß: also läßt sich von einem auf das andere nichts gewiß Beständiges festsetzen; und der Richter und das Gerichtete sind im ewigen Schwanken und Schweben. Wir haben gar keine Bekanntschaft mit dem Sein, weil die ganze menschliche Natur beständig zwischen Geburt und Tod in der Mitte steht und nichts von sich erteilt als einen dunklen Schein und Schatten und eine unsichere schwache Meinung. Und wenn man etwa einmal seine Gedanken darauf heftet, ihr Wesen zu fassen, so ists nicht mehr noch weniger, als wenn man das Wasser greifen wollte; denn je mehr man dieses, welches allenthalben ab- und durchfließt, zusammendrücken und festhalten will, je mehr wird man das verspillen, was man mit seiner Faust fest umspannen wollte. Weil also alle Dinge dem Übergange von einer Veränderung zur andern unterworfen sind, so findet sich die Vernunft, welche darin eine reelle Substanz sucht, betrogen, weil sie von Substanzen und beständiger Dauer nichts begreift, weil alles entweder im Werden begriffen und noch keineswegs etwas ist, oder schon zu sterben beginnt, bevor es noch geboren wurde. [...]

Und nun wollen wir dummerweise eine Art von Tod fürchten, wenn wir schon so viele andere Arten erlitten haben
und noch erleiden! Denn nicht nur, wie Heraklitus sagte,
ist der Tod des Feuers eine Erzeugung der Luft und der Tod
der Luft Erzeugung des Wassers, sondern wir können es
auch noch viel deutlicher an uns selbst ersehen. Die Blüte des
männlichen Alters stirbt und fällt ab, wenn das Alter eintritt; und die Jugend geht über in Blüte der Mannheit, wie
der Mann sich ausbildet. Die Kindheit verliert sich in die
Jünglingsjahre, und das früheste Alter erstirbt in der Kindheit, und der gestrige Tag erstirbt in dem heutigen, und
Heute wird in Morgen sterben; nichts ist bleibend, nichts,
was immer dasselbe wäre. Z. B. wenn wir immer uns gleich,
eben und dasselbe sind: woher kommt es denn, daß wir uns
jetzt mit einer Sache, dann aber wieder mit einer andern ab-
geben? Woher kommt es, daß wir widrige und zwistige Sachen lieben oder hassen, loben oder tadeln? Daß wir einander entgegengesetzte Neigungen haben und nicht immer mit
einerlei Gedanken einerlei Empfindungen verbinden? Denn
es ist wahrscheinlich, daß wir, ohne daß Veränderungen in
uns vorgingen, andere Leidenschaften fassen würden, und
daß, was Veränderung leidet, eben dasselbe Ding bleibe.
Und wenn ein Ding nicht mehr dasselbe ist, so ist es ein an-
der Ding, wodurch es also aufhört, ein und dasselbe Ding
zu sein. Dadurch ist es weiter nicht mehr das Ding schlechthin und wird beständig ein anderes aus einem andern, und
folglich betrügen sich und lügen die natürlichen Sinne, indem sie den Schein fürs Wesen eines Dinges nehmen, weil sie
nicht richtig wissen, was das Ding ist, das ist. Aber was ist
denn das, was wirklich ist? Das was ewig ist, d. h. was niemals einen Anfang genommen noch jemals ein Ende nehmen wird, auf das die Zeit niemals eine Veränderung wirkt.

Von der Physiognomie

Wir trüben das Leben durch die Sorge des Todes und den
Tod durch die Sorge des Lebens. Jenes macht uns Langeweile,
dieser schreckt uns. Es ist nicht gegen den Tod, daß wir uns
vorbereiten. Das Sterben ist gar zu bald abgetan. Eine Vier-
telstunde Leiden ohne weitere Folgen, ohne weitern Schaden, verdient keine besondere Vorbereitung. Die Wahrheit

zu sagen, rüsten wir uns nur gegen die Rüstung auf den Tod. Die Philosophie gebietet uns, den Tod täglich vor Augen zu haben, ihn, ehe er kommt, vorauszusehen und ihm ins Angesicht zu schauen. Hernach gibt sie uns Regeln und Warnungen, wie wir uns bei dieser Voraussicht benehmen sollen, damit uns die Gedanken nicht quälen. So machen es die Ärzte, die uns eine Krankheit an den Hals werfen, damit sie jemand haben, bei dem sie ihre Pulver und Tränke und Kunst anbringen können. Wußten wir nicht zu leben, so ist es ungerecht, uns sterben zu lehren, und also das Ende dem Ganzen unähnlich zu machen. Wußten wir standhaft und ruhig zu leben, so werden wir auch wissen ebenso zu sterben. Sie mögen sich damit so breit machen als sie wollen, wenn sie sagen: Tota philosophorum vita commentatio mortis est.[1] Ich bleibe aber bei meinen fünf Sinnen und sage: Tod mag wohl das Ende des Lebens sein, aber nicht der Endzweck. Es ist sein Ziel, seine äußerste Grenze, aber nicht sein Gegenstand.

Das Leben ist sich selbst Ziel und Absicht. Sein wahres Studium ist, sich in Ordnung zu halten, sich wohlzubetragen und sich zu dulden. Unter der Zahl vieler andern Pflichten, welche das große Hauptkapitel der Lebensweisheit enthält, ist auch der Artikel Sterbensweisheit. Und dies wäre die leichteste, wenn unsere Furcht sie nicht schwer machte.

Wenn man die Lehren der Einfalt nach ihrer Nützlichkeit und nach der unbefangenen Wahrheit beurteilt, so geben sie den Lehren nichts nach, welche uns die Gelehrsamkeit vorpredigt. Im Gegenteile! Die Menschen sind verschieden an Empfindungen und an Stärke. Man muß sie zu ihrem Besten leiten; aber jeden auf seine Weise und auf verschiedenen Wegen:

Quo me cumque rapit tempestas, deferor hospes.[2]

Ich habe niemals einen Bauern in meiner Nachbarschaft gesehen, der darüber nachgedacht hätte, wie standhaft und gesetzt er seiner letzten Stunde entgegengehen wolle. Die Natur lehrt ihn, nicht früher an den Tod zu denken, als bis er stirbt. Und dabei befindet er sich besser als Aristoteles, wel-

1. Cicero, Tusc. 1,30: Das ganze Leben der Philosophen ist eine Todesbetrachtung.
2. Horaz, Epist. 1,1,15: Überall, wo mich der Sturm hinreißt, bin ich zu Hause.

chen der Tod doppelt drückt; einmal an und für sich selbst
und dann durch eine so lange Vorbetrachtung. Daher war es
die Meinung des Cäsar, daß der am wenigsten vorherge-
sehene Tod der glücklichste und leichteste wäre. Plus dolet
quam necesse est, qui ante dolet, quam necesse est.[3] Das
Beißende dieses Vorgefühls entsteht aus unserm Vorwitz.
Wir zermartern uns immer, wenn wir den Gesetzen der Natur, die wir vorher wissen wollen, Regeln vorschreiben. Es
ziemt nur den Doktoren, deswegen bei guter Gesundheit
schlechtere Mahlzeiten zu tun und dem Bilde des Todes ein
schiefes Maul zu machen. Der gemeine Mann braucht weder
Arznei noch Trostzuspruch früher, als wenn der Knochen-
mann mit seiner Hippe anschlägt; und hat weiter nichts Ar-
ges daraus, als grade so viel wie er fühlt. Verhält es sich
nicht wie wir sagen? Die Stumpfheit und der Mangel an
Begriffen des großen Haufens gebrauchen Geduld bei ge-
genwärtigem Übel und tiefe Gleichgültigkeit gegen die traurigen Zufälle der Zukunft. Ihr Gemüt ist dicker und stump-
fer, aber ebendeswegen minder durchdringlich und leicht zu
erschüttern. Wenn dem also ist, nun beim Himmel, so laßt
uns künftig eine Schule der Dummheit errichten! Es ist ja
der äußerste Nutzen, welchen die Wissenschaften uns versprechen, wohin jene ihre Schüler so sänftiglich hinführt.

(Montaignes Gesammelte Schriften. Hrsg. von
Otto Flake und Wilhelm Weigand. Bd. 4 München u. Leipzig 1910. S. 81–85. Bd. 6 München
u. Leipzig 1911. S. 135–137)

3. Seneca, Epist. 98: Wer Schmerz empfindet, bevor es not tut, empfindet größeren Schmerz als not tut.

V. Texte zur Wirkungsgeschichte und Kritik

Die jahrhundertealte kritische Auseinandersetzung mit der Problematik dieses vielschichtigen Dramas spiegelt in ihren Fragestellungen die Entwicklung europäischer Geistesgeschichte wider. Als besonders fruchtbar hat sich die Entdeckung und Aneignung Shakespeares in Deutschland zwischen 1740 und 1800 erwiesen. Viele große Geister jener Epoche sind durch Shakespeare zu einer Neubestimmung literarischer und humanitärer Werte gezwungen worden. Das neoklassische Theater, das mit seiner aristotelischen Regelstrenge bis zu Shakespeares Zeiten die Bühnen fast ausnahmslos beherrschte, mußte es sich gefallen lassen, mit den offenbar ›regellosen‹ Dramen Shakespeares verglichen zu werden. Die Stellungnahmen und Entscheidungen jener Literaturkritiker üben bis auf den heutigen Tag ihre Wirkungen auf das Drama als lebendige Kunstform aus. Darüber hinaus sind Einflüsse auf die Sprache und das Denken späterer Literaturtheoretiker ebenso spürbar wie die immer wieder neue Betroffenheit des individuellen Menschen durch Shakespeares Drama.

Es konnten im Rahmen dieses Bandes nur richtungweisende und für die jeweilige Zeit typische Interpretationen berücksichtigt werden. Selbst unter diesem Gesichtspunkt mußte wegen der überwältigenden Fülle des Materials vieles von Bedeutung zurückgestellt werden. Der Hauptanteil der wiedergegebenen kritischen Stellungnahmen entstammt der Feder deutscher Shakespeare-Kritiker. Leider mußte eine solche beschränkende Auswahl getroffen werden, um wenigstens für den Leser ein möglichst geschlossenes Bild der deutschen »Hamlet«-Kritik zu liefern. Da viele der bedeutenden englischsprachigen Kritikerstimmen noch nicht ins Deutsche übertragen worden sind, ergab sich von diesem Gesichtspunkt her schon eine rein sprachliche, aber trotzdem sehr bedauerliche Grenze. Die beigefügte Bibliographie versucht, wenigstens den Mangel an Material von neueren englischsprachigen Interpretationen in beschränktem Maße zu beheben.

Voltaire (1694–1778):

Engländer glauben nicht mehr an Geister als einst die Römer, doch sie delektieren sich ständig an der Hamlet-Tragödie, in welcher der Geist eines Königs auf der Bühne erscheint. [...] Es liegt mir fern, alles Geschehen in jener Tragödie zu rechtfertigen, es ist ein vulgäres und barbarisches Drama, das selbst von dem gemeinsten Volk Frankreichs oder Italiens nicht geduldet würde. Hamlet verfällt im zweiten Akt dem Wahnsinn, und seine Mätresse wird im dritten Akt wahnsinnig; der Prinz erschlägt den Vater seiner Mätresse unter dem Vorwand, er töte eine Ratte, die Heldin wirft sich daraufhin in den Fluß. Ein Grab wird auf der Bühne ausgehoben, und die Totengräber sagen allerhand Spitzfindigkeiten, wenn sie Schädel in ihren Händen halten; Hamlet antwortet in gleich dummer Weise auf ihre häßlichen Gemeinheiten. In der Zwischenzeit erobert ein anderer Schauspieler Polen; Hamlet, seine Mutter und sein Stiefvater zechen auf der Bühne, Lieder werden am Tisch gesungen, es wird gestritten, gekämpft und gemordet – man könnte annehmen, es handle sich um das Werk eines betrunkenen Wilden. Aber unter all diesen vulgären Unregelmäßigkeiten, die das englische Drama bis zum heutigen Tage so absurd und barbarisch machen, findet man im Hamlet-Drama – um das Phantastische noch phantastischer zu machen – einige erhabene Stellen, die einem der größten Genien Ehre antäten. Es scheint, als hätte die Natur im Gehirn Shakespeares die höchstmögliche Stärke und Größe mit all dem vermengt, was geistlose Vulgarität auf ihrer niedrigsten und widrigsten Stufe hervorbringen kann.

Es muß eingestanden werden, daß der Geist von Hamlets Vater eine höchst eindrucksvolle theatralische Wirkung hervorruft, er gehört zu dem Schönsten, das durch diese schreckliche Zügellosigkeit hindurchschimmert. Der Geist hat immer einen großen Eindruck auf die Engländer gemacht, ich denke dabei besonders an jene mit einer umfassenden Bildung, die ganz deutlich all die Unregelmäßigkeiten beim Vergleich mit dem alten Drama erkennen.

(Œuvres de Voltaire. Hrsg. von M. Beuchot. Bd. 5 Dissertation sur la tragédie ancienne et moderne, troisième partie. Paris 1830. S. 487 f. Übersetzung vom Hrsg.)

Gotthold Ephraim L e s s i n g (1729–81):

Die Erscheinung eines Geistes war in einem französischen
Trauerspiele eine so kühne Neuheit, und der Dichter, der sie
wagte, rechtfertiget sie mit so eignen Gründen, daß es sich
der Mühe lohnet, einen Augenblick dabei zu verweilen.
»Man schrie und schrieb von allen Seiten«, sagt der Herr
von Voltaire, »daß man an Gespenster nicht mehr glaube
und daß die Erscheinung der Toten, in den Augen einer er-
leuchteten Nation, nicht anders als kindisch sein könne.«
»Wie?« versetzt er dagegen; »das ganze Altertum hätte diese
Wunder geglaubt, und es sollte nicht vergönnt sein, sich nach
dem Altertume zu richten? Wie? unsere Religion hätte dergleichen außerordentliche Fügungen der Vorsicht geheiliget,
und es sollte lächerlich sein, sie zu erneuern?«
Diese Ausrufungen, dünkt mich, sind rhetorischer, als gründlich. Vor allen Dingen wünsche ich, die Religion hier aus
dem Spiele zu lassen. In Dingen des Geschmacks und der
Kritik sind Gründe, aus ihr genommen, recht gut, seinen
Gegner zum Stillschweigen zu bringen, aber nicht so recht
tauglich, ihn zu überzeugen. Die Religion, als Religion, muß
hier nichts entscheiden sollen; nur als eine Art von Überlieferung des Altertums, gilt ihr Zeugnis nicht mehr und
nicht weniger, als andere Zeugnisse des Altertums gelten.
Und sonach hätten wir es auch hier nur mit dem Altertume
zu tun.
Sehr wohl; das ganze Altertum hat Gespenster geglaubt.
Die dramatischen Dichter des Altertums hatten also recht,
diesen Glauben zu nutzen; wenn wir bei einem von ihnen
wiederkommende Tote aufgeführt finden, so wäre es un-
billig, ihm nach unsern bessern Einsichten den Prozeß zu
machen. Aber hat darum der neue, diese unsere bessere Einsichten teilende dramatische Dichter die nämliche Befugnis?
Gewiß nicht. – Aber wenn er seine Geschichte in jene leicht-
gläubigere Zeiten zurücklegt? Auch alsdenn nicht. Denn der
dramatische Dichter ist kein Geschichtsschreiber; er erzählt
nicht, was man ehedem geglaubt, daß es geschehen, sondern
er läßt es vor unsern Augen nochmals geschehen; und läßt
es nochmals geschehen, nicht der bloßen historischen Wahrheit wegen, sondern in einer ganz andern und höhern Absicht; die historische Wahrheit ist nicht sein Zweck, sondern

nur das Mittel zu seinem Zwecke; er will uns täuschen, und
durch die Täuschung rühren. Wenn es also wahr ist, daß
wir itzt keine Gespenster mehr glauben; wenn dieses Nicht-
glauben die Täuschung notwendig verhindern müßte; wenn
ohne Täuschung wir unmöglich sympathisieren können: so
handelt itzt der dramatische Dichter wider sich selbst, wenn
er uns demohngeachtet solche unglaubliche Märchen ausstaf-
fieret; alle Kunst, die er dabei anwendet, ist verloren.
Folglich? Folglich ist es durchaus nicht erlaubt, Gespenster
und Erscheinungen auf die Bühne zu bringen? Folglich ist
diese Quelle des Schrecklichen und Pathetischen für uns ver-
trocknet? Nein; dieser Verlust wäre für die Poesie zu groß;
und hat sie nicht Beispiele für sich, wo das Genie aller unserer Philosophie trotzet und Dinge, die der kalten Vernunft
sehr spöttisch vorkommen, unserer Einbildung sehr fürch-
terlich zu machen weiß? Die Folge muß daher anders fallen;
und die Voraussetzung wird nur falsch sein. Wir glauben
keine Gespenster mehr? Wer sagt das? Oder vielmehr, was
heißt das? Heißt es so viel: wir sind endlich in unsern Einsichten so weit gekommen, daß wir die Unmöglichkeit davon erweisen können; gewisse unumstößliche Wahrheiten,
die mit dem Glauben an Gespenster im Widerspruche stehen,
sind so allgemein bekannt worden, sind auch dem gemeinsten
Manne immer und beständig so gegenwärtig, daß ihm alles,
was damit streitet, notwendig lächerlich und abgeschmackt
vorkommen muß? Das kann es nicht heißen. Wir glauben
itzt keine Gespenster, kann also nur so viel heißen: in dieser
Sache, über die sich fast ebensoviel dafür als darwider sagen
läßt, die nicht entschieden ist und nicht entschieden werden
kann, hat die gegenwärtig herrschende Art zu denken den
Gründen darwider das Übergewicht gegeben; einige wenige
haben diese Art zu denken, und viele wollen sie zu haben
scheinen; diese machen das Geschrei und geben den Ton; der
größte Haufe schweigt und verhält sich gleichgültig und
denkt bald so, bald anders, hört beim hellen Tage mit Vergnügen über die Gespenster spotten und bei dunkler Nacht
mit Grausen davon erzählen.
Aber in diesem Verstande keine Gespenster glauben, kann
und darf den dramatischen Dichter im geringsten nicht abhalten, Gebrauch davon zu machen. Der Same, sie zu glauben, liegt in uns allen, und in denen am häufigsten, für die

er vornehmlich dichtet. Es kömmt nur auf seine Kunst an, diesen Samen zum Keimen zu bringen; nur auf gewisse Handgriffe, den Gründen für ihre Wirklichkeit in der Geschwindigkeit den Schwung zu geben. Hat er diese in seiner Gewalt, so mögen wir in gemeinem Leben glauben, was wir wollen; im Theater müssen wir glauben, was Er will.

So ein Dichter ist Shakespeare, und Shakespeare fast einzig und allein. Vor seinem Gespenste im »Hamlet« richten sich die Haare zu Berge, sie mögen ein gläubiges oder ungläubiges Gehirn bedecken. Der Herr von Voltaire tat gar nicht wohl, sich auf dieses Gespenst zu berufen; es macht ihn und seinen Geist des Ninus[1] – lächerlich.

Shakespeares Gespenst kömmt wirklich aus jener Welt; so dünkt uns. Denn es kömmt zu der feierlichen Stunde, in der schaudernden Stille der Nacht, in der vollen Begleitung aller der düstern, geheimnisvollen Nebenbegriffe, wenn und mit welchen wir, von der Amme an, Gespenster zu erwarten und zu denken gewohnt sind. Aber Voltairens Geist ist auch nicht einmal zum Popanze gut, Kinder damit zu erschrecken; es ist der bloße verkleidete Komödiant, der nichts hat, nichts sagt, nichts tut, was es wahrscheinlich machen könnte, er wäre das, wofür er sich ausgibt; alle Umstände vielmehr, unter welchen er erscheinet, stören den Betrug und verraten das Geschöpf eines kalten Dichters, der uns gern täuschen und schrecken möchte, ohne daß er weiß, wie er es anfangen soll. Man überlege auch nur dieses einzige: am hellen Tage, mitten in der Versammlung der Stände des Reichs, von einem Donnerschlage angekündiget, tritt das Voltairische Gespenst aus seiner Gruft hervor. Wo hat Voltaire jemals gehört, daß Gespenster so dreist sind? Welche alte Frau hätte ihm nicht sagen können, daß die Gespenster das Sonnenlicht scheuen und große Gesellschaften gar nicht gern besuchten? Doch Voltaire wußte zuverlässig das auch; aber er war zu furchtsam, zu ekel, diese gemeinen Umstände zu nutzen; er wollte uns einen Geist zeigen, aber es sollte ein Geist von einer edlern Art sein; und durch diese edlere Art verdarb er alles. Das Gespenst, das sich Dinge herausnimmt, die wider alles Herkommen, wider alle gute Sitten unter den Gespenstern sind, dünket mich kein rechtes Gespenst zu sein; und

1. Der Geist des assyrischen Königs Ninus trat in Voltaires Schauspiel »Semiramis« auf.

alles, was die Illusion hier nicht befördert, störet die Illusion.

Wenn Voltaire einiges Augenmerk auf die Pantomime genommen hätte, so würde er auch von einer andern Seite die Unschicklichkeit empfunden haben, ein Gespenst vor den Augen einer großen Menge erscheinen zu lassen. Alle müssen auf einmal, bei Erblickung desselben, Furcht und Entsetzen äußern; alle müssen es auf verschiedene Art äußern, wenn der Anblick nicht die frostige Symmetrie eines Balletts haben soll. Nun richte man einmal eine Herde dumme Statisten dazu ab; und wenn man sie auf das glücklichste abgerichtet hat, so bedenke man, wie sehr dieser vielfache Ausdruck des nämlichen Affekts die Aufmerksamkeit teilen, und von den Hauptpersonen abziehen muß. Wenn diese den rechten Eindruck auf uns machen sollen, so müssen wir sie nicht allein sehen können, sondern es ist auch gut, wenn wir sonst nichts sehen, als sie. Beim Shakespeare ist es der einzige Hamlet, mit dem sich das Gespenst einläßt; in der Szene, wo die Mutter dabei ist, wird es von der Mutter weder gesehen noch gehört. Alle unsere Beobachtung geht also auf ihn, und je mehr Merkmale eines von Schauder und Schrecken zerrütteten Gemüts wir an ihm entdecken, desto bereitwilliger sind wir, die Erscheinung, welche diese Zerrüttung in ihm verursacht, für eben das zu halten, wofür er sie hält. Das Gespenst wirket auf uns, mehr durch ihn, als durch sich selbst. Der Eindruck, den es auf ihn macht, gehet in uns über, und die Wirkung ist zu augenscheinlich und zu stark, als daß wir an der außerordentlichen Ursache zweifeln sollten. Wie wenig hat Voltaire auch diesen Kunstgriff verstanden!

(Lessings Werke. Hrsg. von Julius Petersen und Waldemar von Olshausen. Bd. 5 Hamburgische Dramaturgie, 11. Stück. Berlin, Leipzig, Wien u. Stuttgart o. J. S. 65–68)

Ulrich B r ä k e r (1735–98):

Hamlet

Hamlet, du König unter allen Spielen, du Kern aller Werke, das je ein Dichter von der Art machen konnte, du Edelstein in der Krone, die dem Künstler mehr Ehre macht als dem, der sie trägt, du Ausbund unter den schönen, Zierde aller

Bühnen, Diamant aller Büchersäle, Herz in den Herzen – ich
wüßte nicht Worte mich auszudrücken, wie sehr du mein Lieb-
ling bist; ich werde nicht ruhen, bis du nebst deinen Bedienten, oder wenigstens einzeln, mein armseliges Bücherschrank
zierst. [...] Hamlet, du bist mir, was ich will – durch dich
seh ich deinem Meister ins Innerste. Komm, großer William,
hier will ich mit dir ins Allerheiligste eindringen – stoße
mich nicht zurück, – besorge nichts, ich will nichts ausschwat-
zen, nur wie dem Hündchen hintennachschleichen. Du hast
noch nichts deutsch herausgesagt, aber ich errate dich doch,
vielleicht konntest du dich nicht deutlicher erklären. Recht,
ich auch nicht, – schweige nur, ich will auch schweigen – die
Geheimnisse vom Innern des Tempels wollen wir bei uns
behalten. Halt, du gehst zu weit, Fantasei – wann ich nur das
Einlenken verstünde. Ha, ich wollte den Hauptinhalt dieses
schönen Trauerspiels hersetzen, in kurzen Zügen zusammen-
fassen – aber es wäre mir unmöglich – o, es wär himmel-
schad, ich würde den ganzen Bau jämmerlich verhunzen.
Nein, ich will lieber wie ein Hummel auf einer buntge-
schmückten, blumenreichen Flur frei herumflattern, mich
voll Entzücken auf jede Blume setzen und Labung saugen –.
[...] Kein Wunder, wenn Geister sich in solche Nächte ver-
lieben, kein Wunder, Hamlet, daß deines Vaters Geist diese
holden Schatten ausliest, um dir aus jener Welt Bericht zu
sagen. Doch ich will nichts von Geistern bis dies Gehäus zerfällt – dann, dann, o dann all ihr Scharen guter wohltätiger
Geister, dann nehmt meinen nackten Geist in euere Gesellschaft auf. Hamlet, Hamlet – ha, dein Grillisieren, Fantasie-
ren über Gegenwart und Zukunft, über Leben und Tod,
Schlafen und Träumen und all der rätselhaften Dinge – ha
das macht einen so voll Gedanken – nicht unruhig – nein
sanft träumend, dir nachspürend in der anmutigsten Sphäre.
– Und dein Wahnwitz, Hamlet – nein, man sollte glauben,
die andern, nicht du, seien wahnwitzig – Polonius, Rosenkranz, Güldenstern, Osrik – o, die sind wahnwitzig. Dein
Lesen da und deine Antwort – ha, der satirische Bube da
schreibt, alte Männer haben graue Bärte – und dort wolltest
du Güldenstern pfeifen lehren – ja du warst mir auch der
rechte Pfeifer. Aber auf dir möcht ich nicht pfeifen, und
doch bist du mir die liebenswürdigste Pfeife – sonderlich,
wenn dein rauhstes Tonloch verstopft wäre. Nur etwas mehr

Milde, göttliche Milde, dann wärst du ein Halbgott, die schönste Seele. Und dein Horatio, dein Freund, den du so reizend beschreibst, o, so ein Freund ist mehr wert als eine halbe Welt. O Welt, warum bist du so dünn besät mit solchen Freunden, solch redlichen Seelen, solch edlen Herzen. [...]

Aber alles übertrifft die Szene, wo die Totengräber ihr Grab machen – gewiß die Kerl könnten nicht netter gezeichnet sein. Wie Hamlet und sein Freund Horatio so zusehen, wie die Kerls mit den Knochen und Schädeln herumspielen und sie so drüber kritteln und Schlüsse machen. Gewiß, William, du hast diese Szene auf einem Kirchhof gemacht – ich weiß, wie da eim die Gedanken im Kopf rumwirbeln, wann das Totengebrumm der Glocken durch die Ohren fahrt und das Klaggeheul der Weiber und all die traurigen Feierlichkeiten so eindringen. Ja, ja, William, da fahren tausend Gedanken durch den Kopf, die man sonst selten denkt. Dein Yorik, Hamlet, dein Yorik – ich weiß wie nahe das geht, wenn man erst sieht die Knochen eines Vaters herausbudeln – wie das all durch die Seele fahrt. Gott, was sind die Menschen! Konnten du und Laertes bei allen diesen Feierlichkeiten noch so heftig ineinanderfahren. Ach das brutale Ding, der Mensch, tut's nicht anders, so lang er Luft in sich zieht. Nein, Hamlet, du und Laertes haben sich menschlich edel verhalten, einen anständigen Frieden gemacht. Laertes hatte recht, böse auf dich zu sein, warum hast du seinen Vater für eine Ratze erstochen; – schon er ein geselliger, plauderhafter Hofmann war, so war er doch sein Vater – und Laertes gefällt mir wohl. Aber gegen Rosenkranz und Güldenstern bist du streng, – vielleicht wußten sie gar nicht um den Befehl, dich hinzurichten, und doch gabst du Ordre, sie so traurig hinzurichten. Wie mögen die Männer Augen gemacht haben, daß man sie schnell zum Block führte, so bald sie nur einen Fuß ans Land setzten.

Den übertünkten königlichen Heuchler hast du gar zu gut gezeichnet. Aber warum hast du auf dem Duellplatz – Hamlet, warum hast du nicht das Billet wegen deiner Hinrichtung hervorgezogen, deinen Verräter entdeckt und deine und Laertes Wut auf ihn gerichtet und dem traurigen Spektakel ein Ende gemacht?

Ich möchte dies Stück auf der Bühne sehen spielen – und da dünkt's mich, ich woll's lieber so – meine immer, es sei

Friedhofszene, Radierung von Chodowiecki, 1799, mit Brockmann als Hamlet (Institut für Theaterwissenschaft der Universität Köln, Sammlung Niessen)

schade drum. Gewiß, man muß es verderben – ich glaube
nicht, daß man so leicht ein Gesicht finde, das zu Hamlets
Charakter paßt. Königs und seiner Gertrude gibt's genug,
Polonius, Rosenkranz und Güldensterns auch. Aber die
Szene, wo der Geist in voller Rüstung auftritt, und wo die
Totengräber auftreten und man das sanft schlafende Täub-
chen zur Ruhe hinsenkt, die müssen gewiß verhunzt werden.
Nein, so lebhaft kann's nicht vorgestellt werden, als wie
man sich's vorstellt, wenn man's liest. Genug, Hamlet, du
bist ein wundervoller Mann. Hätte dich nicht ein großer
Künstler gemacht, so wärst du nicht, was du bist – aber du
hattest auch ein schweres Geschicke zu tragen.

(Bräker: Etwas über William Shakespeares
Schauspiele. Hrsg. von Walter Muschg. Basel
1942. S. 132–138)

Georg Christoph L i c h t e n b e r g (1742–99):

Hamlet erscheint in einem schwarzen Kleide, dem einzigen,
das leider! noch am ganzen Hofe für seinen armen Vater,
der kaum ein Paar Monate todt ist, getragen wird. Horazio
und Marcellus sind bei ihm und haben Uniform; sie erwarten
den Geist; die Arme hat Hamlet hoch untergesteckt, und den
Hut in die Augen gedrückt; es ist eine kalte Nacht, und eben
zwölfe; das Theater ist verdunkelt und die ganze Versammlung von einigen Tausenden wird so stille, und alle Gesichter so unbeweglich, als wären sie an die Wände des Schau-
platzes gemalt; man könnte am entferntesten Ende des
Theaters eine Nadel fallen hören. Auf einmal, da Hamlet
eben ziemlich tief im Theater, etwas zur Linken, geht, und
den Rücken nach der Versammlung kehrt, fährt Horazio
zusammen: Sehen Sie, Mylord, dort kommts, sagt er, und
deutet nach der Rechten, wo der Geist schon unbeweglich
hingepflanzt steht, ehe man ihn einmal gewahr wird. Garrick[2], auf diese Worte, wirft sich plötzlich herum und stürzt
in demselben Augenblicke zwei bis drei Schritte mit zusam-
menbrechenden Knieen zurück, sein Hut fällt auf die Erde,
die beiden Arme, hauptsächlich der linke, sind fast ausge-
streckt, die Hand so hoch als der Kopf, der rechte Arm ist
mehr gebogen und die Hand niedriger, die Finger stehen aus

2. David Garrick (1716–79), engl. Schauspieler.

einander, und der Mund offen, so bleibt er in einem großen, aber anständigen Schritt, wie erstarrt, stehen, unterstützt von seinen Freunden, die mit der Erscheinung bekannter sind, und fürchteten, er würde niederfallen; in seiner Miene ist das Entsetzen so ausgedrückt, daß mich, noch ehe er zu sprechen anfing, ein wiederholtes Grausen anwandelte. Die fast fürchterliche Stille der Versammlung, die vor diesem Auftritt vorherging, und machte, daß man sich kaum sicher glaubte, trug vermuthlich nicht wenig dazu bei. So spricht er endlich, nicht mit dem Anfange, sondern mit dem Ende eines Athemzugs und bebender Stimme: Angels and ministers of grace defend us! Worte, die Alles vollenden, was dieser Scene noch fehlen könnte, sie zu einer der größten und schrecklichsten zu machen, deren vielleicht der Schauplatz fähig ist. Der Geist winkt ihm, da sollten Sie ihn sich von seinen Freunden, die ihn warnen nicht zu folgen und fest halten, los arbeiten sehen, immer mit den Augen auf den Geist, ob er gleich mit seinen Gefährten spricht. Aber endlich, da sie es ihm zu lange machen, wendet er auch sein Gesicht nach ihnen, reißt sich mit großer Heftigkeit los, und zieht mit einer Geschwindigkeit, die einen schaudern macht, den Degen gegen sie: by heaven I'll make a ghost of him, that lets me, sagt er. Das ist genug für sie; alsdann legt er den Degen gegen das Gespenst aus: go on, I'll follow thee: so geht der Geist ab. Hamlet steht noch immer still, mit vorgehaltenem Degen, um mehr Entfernung zu gewinnen, endlich, da der Zuschauer den Geist nicht mehr sieht, fängt er an ihm langsam zu folgen, steht zuweilen still und geht dann weiter, immer mit ausgelegtem Degen, die Augen starr nach dem Geist, mit verwirrtem Haar und noch außer Athem, bis er sich ebenfalls hinter den Scenen verliert. Mit was für einem lauten Beifall dieser Abzug begleitet wird, können Sie sich leicht denken. Er fängt an, sobald der Geist fort ist, und dauert, bis Hamlet ebenfalls verschwindet. Was das für ein Triumph ist! Man sollte denken, ein solcher Beifall auf einem der ersten Schauplätze der Welt und vielleicht von dem gefühlvollsten Publikum der Welt, müßte jeden Funken von Schauspielergenie in einem Zuschauer zu Flammen fachen. Allein da sieht man's, so handeln, wie Garrick und so schreiben wie Shakespeare, sind Wirkungen von Ursachen, die sehr tief liegen. Sie werden freilich nachgeahmt, nicht sie,

sollte man sagen, sondern das Phantom, das sich der Nachahmer nach Maßgabe seiner eigenen Kräfte von ihnen schafft.
Dieses erreicht er oft, übertrifft es wohl gar, und bleibt dessen ungeachtet weit unter dem wahren Original. Der Weißbinder hält sein Werk für so vollkommen als der Maler das
seinige, oder wohl gar für vollkommner. Nicht jeder Schauspieler, der die flachen Hände von ein Paar hundert Menschen allezeit zu commandiren weiß, ist deßwegen ein Garrick, und nicht jeder Schriftsteller, der ein Paar sogenannte
Heimlichkeiten der menschlichen Natur, in einer altväterischen Prose, und mit Prunkschnitzern gegen Sprache und
gute Sitten auszuplaudern gelernt hat, ist deßwegen ein
Shakespeare«.   (Lichtenberg: Werke. Bd. 3 Briefe aus England.
                        London 1844. S. 214–217)

Johann Gottfried H e r d e r (1744–1803) in »Shakespeare«:

Dies *Individuelle* jedes Stücks, jedes einzelnen Weltalls, geht
mit Ort und Zeit und Schöpfung durch alle Stücke. [...] –
wie voll ist das ganze Drama dieses Lokalgeistes von Anfang
zu Ende. Schloßplatz und bittre Kälte, ablösende Wache
und Nachterzählungen, Unglaube und Glaube – der Stern –
und nun erscheints! – Kann Jemand seyn, der nicht in jedem
Wort und Umstande Bereitung und Natur ahnde! So weiter.
Alles Kostume der Geister erschöpft! der Menschen zur Erscheinung erschöpft! Hahnkräh und Pauckenschall, stummer
Wink und der nahe Hügel, Wort und Unwort – welches Lokal! welches tiefe Eingraben der Wahrheit! Und wie der
erschreckte König kniet, und Hamlet vorbeiirrt in seiner
Mutter Kammer vor dem Bilde seines Vaters! und nun die
andre Erscheinung! Er am Grabe seiner Ophelia! der rührende good Fellow in allen den Verbindungen mit Horaz,
Ophelia, Laertes, Fortinbras! das Jugendspiel der Handlung,
was durchs Stück fortläuft und fast bis zu Ende keine
Handlung wird – wer da Einen Augenblick Bretterngerüste
fühlt und sucht, und Eine Reihe gebundner artiger Gespräche auf ihm sucht, für den hat Shakespear[3] und Sophokles, kein wahrer Dichter der Welt gedichtet.

          (Herders Sämmtliche Werke. Hrsg. von Bernhard Suphan. Bd. 5. Berlin 1891. S. 224)

3. hat kein Shakespear (?) (Anm. Suphans).

Johann Wolfgang G o e t h e (1749–1832):

»Ihr kennt Shakespeares unvergleichlichen ›Hamlet‹ aus
einer Vorlesung, die euch schon auf dem Schlosse das größte
Vergnügen machte. Wir setzten uns vor, das Stück zu spielen,
und ich hatte, ohne zu wissen, was ich tat, die Rolle des
Prinzen übernommen; ich glaubte sie zu studieren, indem ich
anfing, die stärksten Stellen, die Selbstgespräche und jene
Auftritte zu memorieren, in denen Kraft der Seele, Erhe-
bung des Geistes und Lebhaftigkeit freien Spielraum haben,
wo das bewegte Gemüt sich in einem gefühlvollen Aus-
drucke zeigen kann.
Auch glaubte ich recht in den Geist der Rolle einzudringen,
wenn ich die Last der tiefen Schwermut gleichsam selbst auf
mich nähme und unter diesem Druck meinem Vorbilde durch
das seltsame Labyrinth so mancher Launen und Sonderbar-
keiten zu folgen suchte. So memorierte ich, und so übte ich
mich und glaubte nach und nach mit meinem Helden zu
einer Person zu werden.
Allein je weiter ich kam, desto schwerer ward mir die Vorstellung des Ganzen, und mir schien zuletzt fast unmöglich,
zu einer Übersicht zu gelangen. Nun ging ich das Stück in
einer ununterbrochenen Folge durch, und auch da wollte mir
leider manches nicht passen. Bald schienen sich die Charaktere, bald der Ausdruck zu widersprechen, und ich verzwei-
felte fast, einen Ton zu finden, in welchem ich meine ganze
Rolle mit allen Abweichungen und Schattierungen vortragen
könnte. In diesen Irrgängen bemühte ich mich lange vergebens, bis ich mich endlich auf einem ganz besondern Wege
meinem Ziele zu nähern hoffte.
Ich suchte jede Spur auf, die sich von dem Charakter Hamlets in früher Zeit vor dem Tode seines Vaters zeigte; ich
bemerkte, was unabhängig von dieser traurigen Begebenheit,
unabhängig von den nachfolgenden schrecklichen Ereignissen,
dieser interessante Jüngling gewesen war und was er ohne
sie vielleicht geworden wäre.
Zart und edel entsprossen, wuchs die königliche Blume unter
den unmittelbaren Einflüssen der Majestät hervor; der Begriff des Rechts und der fürstlichen Würde, das Gefühl des
Guten und Anständigen mit dem Bewußtsein der Höhe seiner Geburt entwickelten sich zugleich in ihm. Er war ein

Fürst, ein geborner Fürst, und wünschte zu regieren, nur
damit der Gute ungehindert gut sein möchte. Angenehm von
Gestalt, gesittet von Natur, gefällig von Herzen aus, sollte
er das Muster der Jugend sein und die Freude der Welt
werden.
Ohne irgend eine hervorstechende Leidenschaft war seine
Liebe zu Ophelien ein stilles Vorgefühl süßer Bedürfnisse;
sein Eifer zu ritterlichen Übungen war nicht ganz original;
vielmehr mußte diese Lust durch das Lob, das man dem
Dritten beilegte, geschärft und erhöht werden; rein fühlend,
kannte er die Redlichen und wußte die Ruhe zu schätzen,
die ein aufrichtiges Gemüt an dem offnen Busen eines
Freundes genießt. Bis auf einen gewissen Grad hatte er in
Künsten und Wissenschaften das Gute und Schöne erkennen
und würdigen gelernt; das Abgeschmackte war ihm zuwider,
und wenn in seiner zarten Seele der Haß aufkeimen konnte,
so war es nur eben so viel, als nötig ist, um bewegliche und
falsche Höflinge zu verachten und spöttisch mit ihnen zu
spielen. Er war gelassen in seinem Wesen, in seinem Betragen einfach, weder im Müßiggange behaglich, noch allzu begierig nach Beschäftigung. Ein akademisches Hinschlendern
schien er auch bei Hofe fortzusetzen. Er besaß mehr Fröh-
lichkeit der Laune als des Herzens, war ein guter Gesell-
schafter, nachgiebig, bescheiden, besorgt und konnte eine
Beleidigung vergeben und vergessen; aber niemals konnte er
sich mit dem vereinigen, der die Grenzen des Rechten, des
Guten, des Anständigen überschritt.
Wenn wir das Stück wieder zusammen lesen werden, könnt
ihr beurteilen, ob ich auf dem rechten Wege bin. Wenigstens
hoffe ich meine Meinung durchaus mit Stellen belegen zu
können.«
Man gab der Schilderung lauten Beifall; man glaubte vorauszusehen, daß sich nun die Handelsweise Hamlets gar gut
werde erklären lassen; man freute sich über diese Art, in den
Geist des Schriftstellers einzudringen. Jeder nahm sich vor,
auch irgend ein Stück auf diese Art zu studieren und den
Sinn des Verfassers zu entwickeln. [...]
Nun mußte sich bei Wilhelms Vorliebe für Shakespearen das
Gespräch notwendig auf diesen Schriftsteller lenken. Er
zeigte die lebhafteste Hoffnung auf die Epoche, welche diese
vortrefflichen Stücke in Deutschland machen müßten, und

bald brachte er seinen »Hamlet« vor, der ihn so sehr beschäftigt hatte.

Serlo versicherte, daß er das Stück längst, wenn es nur möglich gewesen wäre, gegeben hätte, daß er gern die Rolle des Polonius übernehmen wolle. Dann setzte er mit Lächeln hinzu: »Und Ophelien finden sich wohl auch, wenn wir nur erst den Prinzen haben.«

Wilhelm bemerkte nicht, daß Aurelien dieser Scherz des Bruders zu mißfallen schien; er ward vielmehr nach seiner Art weitläufig und lehrreich, in welchem Sinne er den Hamlet gespielt haben wolle. Er legte ihnen die Resultate umständlich dar, mit welchen wir ihn oben beschäftigt gesehn, und gab sich alle Mühe, seine Meinung annehmlich zu machen, so viel Zweifel auch Serlo gegen seine Hypothese erregte. »Nun gut«, sagte dieser zuletzt, »wir geben Ihnen alles zu; was wollen Sie weiter daraus erklären?«

»Vieles, alles«, versetzte Wilhelm. »Denken Sie sich einen Prinzen, wie ich ihn geschildert habe, dessen Vater unvermutet stirbt. Ehrgeiz und Herrschsucht sind nicht die Leidenschaften, die ihn beleben; er hatte sich's gefallen lassen, Sohn eines Königs zu sein; aber nun ist er erst genötigt, auf den Abstand aufmerksamer zu werden, der den König vom Untertanen scheidet. Das Recht zur Krone war nicht erblich, und doch hätte ein längeres Leben seines Vaters die Ansprüche seines einzigen Sohnes mehr befestigt und die Hoffnung zur Krone gesichert. Dagegen sieht er sich nun durch seinen Oheim, ungeachtet scheinbarer Versprechungen, vielleicht auf immer ausgeschlossen; er fühlt sich nun so arm an Gnade, an Gütern und fremd in dem, was er von Jugend auf als sein Eigentum betrachten konnte. Hier nimmt sein Gemüt die erste traurige Richtung. Er fühlt, daß er nicht mehr, ja nicht so viel ist als jeder Edelmann; er gibt sich für einen Diener eines jeden, er ist nicht höflich, nicht herablassend, nein, herabgesunken und bedürftig.

Nach seinem vorigen Zustande blickt er nur wie nach einem verschwundnen Traume. Vergebens, daß sein Oheim ihn aufmuntern, ihm seine Lage aus einem andern Gesichtspunkte zeigen will; die Empfindung seines Nichts verläßt ihn nie.

Der zweite Schlag, der ihn traf, verletzte tiefer, beugte noch mehr. Es ist die Heirat seiner Mutter. Ihm, einem treuen und

zärtlichen Sohne, blieb, da sein Vater starb, eine Mutter
noch übrig; er hoffte, in Gesellschaft seiner hinterlassenen
edlen Mutter die Heldengestalt jenes großen Abgeschiedenen
zu verehren; aber auch seine Mutter verliert er, und es ist
schlimmer, als wenn sie ihm der Tod geraubt hätte. Das
zuverlässige Bild, das sich ein wohl geratenes Kind so gern
von seinen Eltern macht, verschwindet; bei dem Toten ist
keine Hülfe und an der Lebendigen kein Halt. Sie ist auch
ein Weib, und unter dem allgemeinen Geschlechtsnamen Gebrechlichkeit ist auch sie begriffen.
Nun erst fühlt er sich recht gebeugt, nun erst verwaist, und
kein Glück der Welt kann ihm wieder ersetzen, was er verloren hat. Nicht traurig, nicht nachdenklich von Natur, wird
ihm Trauer und Nachdenken zur schweren Bürde. So sehen
wir ihn auftreten. Ich glaube nicht, daß ich etwas in das
Stück hineinlege oder einen Zug übertreibe.«
Serlo sah seine Schwester an und sagte: »Habe ich dir ein
falsches Bild von unserm Freunde gemacht? Er fängt gut an
und wird uns noch manches vorerzählen und viel überreden.« Wilhelm schwur hoch und teuer, daß er nicht überreden, sondern überzeugen wolle, und bat nur noch um einen
Augenblick Geduld.
»Denken Sie sich«, rief er aus, »diesen Jüngling, diesen
Fürstensohn recht lebhaft, vergegenwärtigen Sie sich seine
Lage, und dann beobachten Sie ihn, wenn er erfährt, die
Gestalt seines Vaters erscheine; stehen Sie ihm bei in der
schrecklichen Nacht, wenn der ehrwürdige Geist selbst vor
ihm auftritt. Ein ungeheures Entsetzen ergreift ihn; er redet
die Wundergestalt an, sieht sie winken, folgt und hört. – Die
schreckliche Anklage wider seinen Oheim ertönt in seinen
Ohren, Aufforderung zur Rache und die dringende, wieder-
holte Bitte: ›Erinnere dich meiner!‹
Und da der Geist verschwunden ist, wen sehen wir vor uns
stehen? Einen jungen Helden, der nach Rache schnaubt?
Einen gebornen Fürsten, der sich glücklich fühlt, gegen den
Usurpator seiner Krone aufgefordert zu werden? Nein!
Staunen und Trübsinn überfällt den Einsamen; er wird
bitter gegen die lächelnden Bösewichter, schwört, den Abgeschiedenen nicht zu vergessen, und schließt mit dem bedeutenden Seufzer: ›Die Zeit ist aus dem Gelenke; wehe
mir, daß ich geboren ward, sie wieder einzurichten.‹

In diesen Worten, dünkt mich, liegt der Schlüssel zu Hamlets ganzem Betragen, und mir ist deutlich, daß Shakespeare habe schildern wollen: eine große Tat auf eine Seele gelegt, die der Tat nicht gewachsen ist. Und in diesem Sinne find' ich das Stück durchgängig gearbeitet. Hier wird ein Eichbaum in ein köstliches Gefäß gepflanzt, das nur liebliche Blumen in seinen Schoß hätte aufnehmen sollen; die Wurzeln dehnen sich aus, das Gefäß wird zernichtet.

Ein schönes, reines, edles, höchst moralisches Wesen, ohne die sinnliche Stärke, die den Helden macht, geht unter einer Last zugrunde, die es weder tragen noch abwerfen kann; jede Pflicht ist ihm heilig, diese zu schwer. Das Unmögliche wird von ihm gefordert, nicht das Unmögliche an sich, sondern das, was ihm unmöglich ist. Wie er sich windet, dreht, ängstigt, vor- und zurücktritt, immer erinnert wird, sich immer erinnert und zuletzt fast seinen Zweck aus dem Sinne verliert, ohne doch jemals wieder froh zu werden.« [...]

»[...] Geschichtsschreiber und Dichter möchten uns gerne überreden, daß ein so stolzes Los dem Menschen fallen könne. Hier werden wir anders belehrt; der Held hat keinen Plan, aber das Stück ist planvoll. Hier wird nicht etwa nach einer starr und eigensinnig durchgeführten Idee von Rache ein Bösewicht bestraft: nein, es geschieht eine ungeheure Tat, sie wälzt sich in ihren Folgen fort, reißt Unschuldige mit; der Verbrecher scheint dem Abgrunde, der ihm bestimmt ist, ausweichen zu wollen und stürzt hinein, eben da, wo er seinen Weg glücklich auszulaufen gedenkt. Denn das ist die Eigenschaft der Greueltat, daß sie auch Böses über den Unschuldigen, wie der guten Handlung, daß sie viele Vorteile auch über den Unverdienten ausbreitet, ohne daß der Urheber von beiden oft weder bestraft noch belohnt wird. Hier in unserm Stücke wie wunderbar! Das Fegefeuer sendet seinen Geist und fordert Rache, aber vergebens! Alle Umstände kommen zusammen und treiben die Rache, vergebens! Weder Irdischen noch Unterirdischen kann gelingen, was dem Schicksal allein vorbehalten ist. Die Gerichtsstunde kommt. Der Böse fällt mit dem Guten. Ein Geschlecht wird weggemäht, und das andere sproßt auf.« [...]

Wilhelm hatte sich schon lange mit einer Übersetzung »Hamlets« abgegeben; er hatte sich dabei der geistvollen Wieland-

schen Arbeit bedient, durch die er überhaupt Shakespearen
zuerst kennen lernte. Was in derselben ausgelassen war,
fügte er hinzu, und so war er im Besitz eines vollständigen
Exemplars in dem Augenblicke, da er mit Serlo über die
Behandlung so ziemlich einig geworden war. Er fing nun an,
nach seinem Plane auszuheben und einzuschieben, zu trennen und zu verbinden, zu verändern und oft wieder herzu-
stellen; denn so zufrieden er auch mit seiner Idee war, so
schien ihm doch bei der Ausführung immer, daß das Original nur verdorben werde. [...]

Ferner hatte Wilhelm in seinem Stücke die beiden Rollen
von Rosenkranz und Güldenstern stehen lassen. »Warum
haben Sie diese nicht in *eine* verbunden?« fragte Serlo;
»diese Abbreviatur ist doch so leicht gemacht.«

»Gott bewahre mich vor solchen Verkürzungen, die zugleich
Sinn und Wirkung aufheben!« versetzte Wilhelm. »Das, was
diese beiden Menschen sind und tun, kann nicht durch *einen*
vorgestellt werden. In solchen Kleinigkeiten zeigt sich
Shakespeares Größe. Dieses leise Auftreten, dieses Schmie-
gen und Biegen, dies Jasagen, Streicheln und Schmeicheln,
diese Behendigkeit, dies Schwänzeln, diese Allheit und Leer-
heit, diese rechtliche Schurkerei, diese Unfähigkeit, wie kann
sie durch *einen* Menschen ausgedrückt werden? Es sollten
ihrer wenigstens ein Dutzend sein, wenn man sie haben
könnte; denn sie sind bloß in Gesellschaft etwas, sie sind die
Gesellschaft, und Shakespeare war sehr bescheiden und
weise, daß er nur zwei solche Repräsentanten auftreten ließ.
Überdies brauche ich sie in meiner Bearbeitung als ein Paar,
das mit dem *einen*, guten, trefflichen Horatio kontrastiert.«
[...]

»Sind Sie auch unerbittlich, daß Hamlet am Ende sterben
muß?« fragte Serlo.

»Wie kann ich ihn am Leben erhalten«, sagte Wilhelm, »da
ihn das ganze Stück zu Tode drückt? Wir haben ja schon so
weitläufig darüber gesprochen.«

»Aber das Publikum wünscht ihn lebendig.«

»Ich will ihm gern jeden andern Gefallen tun, nur diesmal
ist's unmöglich. [...]«

(Goethes Werke. Festausgabe. Hrsg. von Robert Petsch. Bd. 11 Wilhelm Meisters Lehr-
jahre. 4. u. 5. Buch. Leipzig 1926. S. 220 bis
310)

August Wilhelm S c h l e g e l (1767–1845) in »Shakespeare und Wilhelm Meister«:

Ob der Dichter beim Hamlet alles so gedacht hat, wie Wilhelm Meister ihn auslegt, das ist ein Zweifel, den Shakespeare allein, wenn er könnte, zu bekräftigen das Recht hätte. Es muß aber dabei die anschauliche Wahrnehmung von dem entwickelten Begriffe unterschieden werden. Man kann sich recht gut denken, daß Shakespeare mehr von seinem Hamlet wußte, als ihm selbst bewußt war; ja er läßt ihn vielleicht ausführlicher über sich und seine sittlichen Verhältnisse philosophieren, als er es bei Anlegung dieses Charakters in eigner Person tat. In einem solchen Dichtergeiste müssen alle Kräfte in so inniger Gemeinschaft wirken, daß es gar nicht zu verwundern ist, wenn der Verstand erst hinterdrein seine Verdienste geltend zu machen und seinen Anteil an der vollendeten Schöpfung zurückzufordern weiß. Am Hamlet ist er in der Tat so hervorstechend, daß man das Ganze, wie Goethes Faust, ein Gedankenschauspiel nennen könnte. Nämlich nicht ein Schauspiel, durch welches eine Reihe von Gedanken neben der Handlung hinläuft, und zwar so, daß diese sich in ihren Fortschritten nach der Folge jener richten muß, um damit immer in gleich naher Beziehung zu bleiben; wo also die dramatische Verknüpfung gewissermaßen ein Bild des logischen Zusammenhanges wird (wie etwa in Lessings Nathan); sondern ein solches, aus dessen Verwickelung Aufgaben hervorgehen, welche aufzulösen dem Nachdenken des Lesers oder Zuschauers überlassen wird. Hiezu wird der Charakter eines Helden am brauchbarsten sein, dem die Widersprüche seiner sittlichen Natur zum Hauptgegenstande der Betrachtung werden müssen, weil seine Erkenntnis seiner Willenskraft weit überlegen ist; und darauf beruht eben die Ähnlichkeit zwischen den beiden genannten Schauspielen.

Doch nichts weiter über Hamlets Charakter, nach dem, was Wilhelm Meister gesagt: keine Ilias nach dem Homer! Aus demselben Grunde schweige ich auch von den Bemerkungen über Ophelia und den wenigen, aber köstlichen Worten über Polonius und das doppelte Exemplar von Höflingen, Rosenkranz und Güldenstern. Was die Aufführung betrifft, so ist sehr zu wünschen, daß jeder Schauspieler, der sie künftig

anordnen oder nur daran teilnehmen soll, die darüber ge-
gebnen Winke auf das sorgfältigste erwäge und beherzige.
Nur hüte sich der, welcher den Geist spielen soll, nicht, wie
der Unbekannte hier tut, sein Visier herunterzulassen. Dort
in dem Schauspiel mußte Hamlet die Gesichtszüge seines
Vaters sehen, um vollkommen überzeugt zu werden, daß
ihm wirklich sein Geist erschien[4]; hier im Roman war es
wesentlich, daß Wilhelm den Schalk im Harnisch nicht er-
kennte, um allerliebste Abenteuer vorzubereiten; und nur
einem Dichter ziemt es, sich mit den offenbaren Absichten
eines andern poetische Lizenzen herauszunehmen. Hingegen
läßt sich schwerlich mit Gewißheit ausmachen, wie Shakespeare in der Szene zwischen Hamlet und seiner Mutter es
mit den Bildnissen hat gehalten wissen wollen, da die ältesten Ausgaben seiner Schauspiele ganz ohne theatralische
Anweisungen sind und in den Zeiten des barbarischen Geschmacks in England, wo Shakespeares Stücke entweder gar
nicht oder sehr selten gespielt wurden, die ursprüngliche
Überlieferung der Bühne sich nicht erhalten haben kann.
Wilhelm erklärt sich, gegen den allgemein eingeführten Gebrauch, nach welchem Hamlet zwei Miniaturbilder hervor-
zieht, oft auch das eine zu Boden wirft, für zwei Gemälde
in Lebensgröße, an der Dekoration angebracht. Der Gedanke, durch die Ähnlichkeit zwischen der Abbildung des
verstorbnen Königs und seinem Geiste die Täuschung zu
erhöhen, ist neu und groß und überwiegt leicht den Einwurf, es sei nicht wahrscheinlich, daß die Königin das Bildnis ihres ersten Gemahls, gleichsam einen beständigen Zeugen ihrer Schande, in ihrem Kabinett habe dulden können.
Für die Miniaturbilder ließe sich eine Stelle des Hamlet an-
führen, woraus man sieht, daß dem Dichter die Vorstellung
geläufig war, sich dergleichen von geschätzten Personen
machen zu lassen.[5] Ja, Shakespeare ist zuweilen so seltsam in
seinen Ausdrücken, daß sich selbst die Meinung derer nicht
ganz verwerfen läßt, welche annehmen, es sei nur von Bildnissen im metaphorischen Sinne die Rede und Hamlet sehe
die Gestalten der beiden Brüder bloß in seiner erhitzten
Einbildungskraft vor sich.[6]

4. Vgl. I,2,228–332 (S. 17).
5. Vgl. II,2,379 ff. (S. 45).
6. So sagt Hamlet einmal, da ihm Horatio eben die Erscheinung des

Manche Bewunderer Shakespeares werden Wilhelm Meistern dafür lieb haben, daß er sich so ernstlich gegen eine Verstümmelung des Stückes sträubt, daß er am Ende nur der gebieterischen Konvenienz nachgibt und die Umarbeitung selbst übernimmt, um größeren Übeln vorzubeugen. Bei dem Gleichnis mit einem Baume, das er gebraucht, möchte man immer noch zugeben, daß Zweige weggeschnitten, andre eingeimpft werden könnten, ohne den freien königlichen Wuchs zu entstellen und die Spur der Schere sichtbar werden zu lassen.

(Schlegel: Kritische Schriften. Ausgewählt, eingeleitet u. erläutert von Emil Staiger. Zürich u. Stuttgart: Artemis 1962. S. 59–61)

August Wilhelm S c h l e g e l in der 29. Vorlesung über dramatische Kunst und Literatur:

»Hamlet« ist einzig in seiner Art: ein Gedankentrauerspiel, durch anhaltendes und nie befriedigtes Nachsinnen über die menschlichen Schicksale, über die düstre Verworrenheit der Weltbegebenheiten eingegeben und bestimmt, eben dieses Nachsinnen wieder in den Zuschauern hervorzurufen. Dieses rätselhafte Werk gleicht jenen irrationalen Gleichungen, in denen immer ein Bruch von unbekannten Größen übrigbleibt, der sich auf keine Weise auflösen läßt. Schon so viel ist darüber gesagt und geschrieben worden, und kein denkender Kopf, der von neuem darüber spricht, wird in seiner Ansicht des Zusammenhanges und der Bedeutung aller Teile ganz mit seinen Vorgängern übereinstimmen. Am meisten muß es in Erstaunen setzen, daß bei so versteckten Absichten, bei einer in unerforschte Tiefen hinabgebauten Grundlage, das Ganze sich auf den ersten Anblick äußerst volksmäßig darstellt. Die haarsträubende Erscheinung des Geistes bemächtigt sich gleich anfangs der Einbildungskraft und des Gemütes; dann das Schauspiel im Schauspiel, worin man wie in einem Spiegel das Verbrechen wiederholt sieht, dessen vergeblich bezweckte Bestrafung den Inhalt des Stücks ausmacht; des Königs Entsetzen darüber; Hamlets verstellter

Geistes erzählen will: – methinks, I see my father. / Horatio. O where my lord? / Hamlet. In my mind's eye, Horatio (Anm. Schlegels. Vgl. I,2,184 f., S. 15).

und Ophelias wirklicher Wahnsinn; ihr Tod und Leichen-
begängnis; das Zusammentreffen des Hamlet und Laertes an
ihrem Grabe; ihr Zweikampf und die große Entscheidung;
endlich das Auftreten des jungen Helden Fortinbras, der
einer untergegangnen Königsfamilie mit kriegerischem Pomp
die letzte Ehre erweist; dazwischen die komischen Cha-
rakterszenen mit Polonius, den Höflingen und den Totengräbern, die sämtlich ihre Bedeutung haben: alles dies erfüllt die Bühne mit der lebendigsten und mannigfaltigsten
Bewegung. Der einzige Umstand, weswegen man dies Stück
weniger theatralisch finden könnte als andre Trauerspiele
Shakespeares, ist, daß die Haupthandlung in den letzten
Aufzügen ins Stocken gerät oder gar rückgängig zu werden
scheint. Dies war jedoch unvermeidlich und liegt in der
Natur der Sache. Das Ganze zweckt ja dahin ab, zu zeigen,
wie eine Überlegung, welche alle Beziehungen und möglichen Folgen einer Tat bis an die Grenzen der menschlichen
Voraussicht erschöpfen will, die Tatkraft lähmt [...].
Über Hamlets Charakter kann ich nach den Absichten des
Dichters, wie ich sie verstehe, nicht ganz so günstig urteilen
als Goethe tut. Es ist wahr, er ist ein Geist von hoher Bildung, ein Prinz von königlichen Sitten, mit dem feinsten
Sinn für Schicklichkeit begabt, edlen Ehrgeizes empfänglich,
der Begeisterung für fremde Vortrefflichkeit, die ihm fehlt,
in hohem Grade offen. Die Rolle des Wahnsinns spielt er
mit unvergleichlicher Überlegenheit, indem er die Leute, die
ihn ausspähen, eben dadurch von seiner Geistesverwirrung
überzeugt, daß er ihnen ihre Wahrheiten sagt und sie mit
dem schärfsten Witze verspottet. Aber bei seinen so oft gefaßten und immer unausgeführten Vorsätzen ist die Schwäche
seines Willens offenbar: er läßt sich nur Gerechtigkeit widerfahren, wenn er sagt, es gebe keine größere Unähnlichkeit
als zwischen ihm und dem Herkules. Nicht bloß die Notwendigkeit treibt ihn zur List und Verstellung, er hat einen
natürlichen Hang dazu, krumme Wege zu gehen; er heu-
chelt gegen sich selbst: seine weithergeholten Bedenklichkeiten sind oft nur Vorwände, um seinen Mangel an Entschlossenheit zu verkleiden; »Gedanken«, wie er zu einer andern
Zeit sagt, »die nur ein Viertel Weisheit und drei Viertel
Feigheit in sich haben«. Am meisten ist er verklagt worden

wegen der Härte, womit er Ophelias von ihm selbst veranlaßte Liebe zurückstößt und wegen seiner Fühllosigkeit bei ihrem wiewohl unwillkürlich verschuldeten Tode. Aber er ist zu sehr in seinen eignen Gram versunken, um Mitleiden für andre übrigzuhaben: seine Gleichgültigkeit gibt uns den Maßstab seiner innern Zerrüttung. Dagegen spürt man unleugbar in ihm eine tückische Schadenfreude, wenn es ihm gelungen ist, mehr durch Not und Zufall, die ihn allein zu raschen Streichen treiben können, als durch das Verdienst seines Mutes, seine Feinde aus dem Wege zu räumen; so äußert er sich nach Ermordung des Polonius und über Rosenkranz und Güldenstern. Hamlet hat keinen festen Glauben, weder an sich noch an irgendetwas: von Äußerungen religiöser Zuversicht geht er zu skeptischen Grübeleien über; er glaubt an das Gespenst seines Vaters, wenn er es sieht, und sobald es verschwunden, wird es ihm beinahe zur Täuschung. (Man hat es als einen Widerspruch gerügt, daß Hamlet in dem Monolog über den Selbstmord sagt:

> Das unentdeckte Land, von dessen Grenzen
> Kein Wandrer wiederkehrt.

Denn war nicht der Geist ein zurückgekommener Wanderer? Shakespeare hat aber geflissentlich zeigen wollen, daß Hamlet auf keine Überzeugung irgendeiner Art fest fußen kann.) Er ist dahin gekommen zu sagen, »nichts sei an sich weder gut, noch übel; nur das Denken mache es dazu«; der Dichter verliert sich mit ihm in den Irrgängen des Gedankens, worin man weder Ende noch Anfang findet. Und auch die Gestirne geben durch den Lauf der Begebenheiten keine Antwort auf die so dringend vorgelegten Fragen. Eine, wie es scheint vom Himmel bevollmächtigte, Stimme aus einer andern Welt fordert Rache für einen ungeheuern Frevel und bleibt ohne Wirkung; die Verbrecher werden zuletzt bestraft, aber wie durch einen ungefähren Schlag und nicht auf die erforderliche Weise, um der Welt ein warnendes Beispiel der Gerechtigkeit kundzumachen; unentschlüssige Vorsicht, schlaue Verräterei und rasche Wut eilen dem gleichen Untergange entgegen; weniger Schuldige oder Unschuldige werden in den allgemeinen Fall mit verwickelt. Das Schicksal der Menschheit steht da wie eine riesenhafte Sphinx, die jeden, der ihr furchtbares Rätsel nicht zu lösen vermag, in den Abgrund des Zweifels hinabzustürzen droht.

(Schlegel: Kritische Schriften und Briefe. Hrsg. von Edgar Lohner. Bd. 6 Vorlesungen über dramatische Kunst und Literatur, Zweiter Teil. Stuttgart, Berlin, Köln u. Mainz: Kohlhammer 1967. S. 168–171)

Georg Wilhelm Friedrich H e g e l (1770–1831):

Auf der einen Seite steht die energisch sich *durchführende Festigkeit* des Charakters, welche sich zu bestimmten Zwekken begrenzt und die ganze Macht einseitiger Individualität in die Realisation dieser Zwecke hineinlegt; auf der anderen Seite erscheint der Charakter als *subjektive Totalität*, die aber unausgebildet in ihrer *Innerlichkeit* und unaufgeschlossenen Tiefe des Gemüts verharrt und sich nicht zu explizieren und zur vollständigen Äußerung zu bringen imstande ist.

a. Was wir also zunächst vor uns haben, ist der partikuläre Charakter, der so, wie er unmittelbar ist, sein will. Wie die Tiere verschieden sind, sich in dieser Verschiedenheit für sich selber finden, so auch hier die unterschiedenen Charaktere, deren Kreis und Eigentümlichkeit zufällig bleibt und durch den Begriff nicht fest begrenzt werden kann.

α. Solch eine nur auf sich selbst verwiesene Individualität hat deshalb keine ausgedachte Absichten und Zwecke, welche sie an irgendein allgemeines Pathos knüpfte, sondern was sie hat, tut und vollbringt, schöpft sie ganz unmittelbar, ohne alle weitere Reflexion, aus ihrer eigenen bestimmten Natur, die ist, wie sie eben ist, und nicht durch irgend etwas Höheres begründet, darein aufgelöst und in etwas Substantiellem gerechtfertigt sein will, sondern unbeugsam und ungebeugt auf sich selber beruht und in dieser Festigkeit entweder sich durchführt oder zugrunde geht. Eine solche Selbständigkeit des Charakters kann nur da zum Vorschein kommen, wo das Außergöttliche, das partikulär Menschliche zu seiner vollständigen Geltung gelangt. Von dieser Art sind hauptsächlich die Charaktere Shakespeares, bei denen ebendie pralle Festigkeit und Einseitigkeit das vorzüglich Bewundernswerte ausmacht. Da ist nicht von Religiosität und von einem Handeln aus religiöser Versöhnung des Menschen

in sich und vom Sittlichen als solchen die Rede. Wir haben
im Gegenteil Individuen vor uns, selbständig nur auf sich
selber gestellt, mit besonderen Zwecken, die nur die ihrigen
sind, aus ihrer Individualität allein sich herschreiben und
welche sie nun mit der unerschütterten Konsequenz der Leidenschaft ohne Nebenreflexion und Allgemeinheit, nur zur
eigenen Selbstbefriedigung durchsetzen. [...]
So ist z. B. Hamlet ein schönes, edles Gemüt; nicht etwa
innerlich schwach, aber ohne kräftiges Lebensgefühl geht er
in der Dumpfheit der Melancholie schwermütig in der Irre
umher; er hat eine feine Witterung; kein äußeres Zeichen,
kein Grund zum Verdacht ist da, aber ihm ist nicht geheuer,
es ist nicht alles, wie es sein soll, er ahnt die ungeheure Tat,
die geschehen. Der Geist seines Vaters gibt ihm das Nähere
an. Schnell ist er innerlich zur Rache bereit, er gedenkt stets
der Pflicht, die ihm sein eigenes Herz vorschreibt; aber er
läßt sich nicht, wie Macbeth, hinreißen, tötet nicht, wütet
nicht, schlägt nicht, wie Laertes, unmittelbar drein, sondern
verharrt in der Untätigkeit einer schönen, innerlichen Seele,
die sich nicht wirklich machen, in die gegenwärtigen Verhältnisse sich nicht hineinlegen kann. Er wartet ab, sucht in
der schönen Rechtlichkeit seines Gemüts nach objektiver Gewißheit, kommt aber, selbst nachdem er sie erlangt hat, zu
keinem festen Entschluß, sondern läßt sich durch äußere
Umstände leiten. In dieser Unwirklichkeit irrt er sich nun
auch in dem, was vorliegt, bringt, statt des Königs, den alten
Polonius um; handelt übereilt, wo er hätte besonnen prüfen müssen, während er, wo es der rechten Tatkraft bedurfte,
in sich versunken bleibt – bis sich ohne seine Handlung in
diesem breiten Verlauf der Umstände und Zufälle das
Schicksal des Ganzen wie seiner eigenen stets wieder in sich
zurückgezogenen Innerlichkeit entwickelt hat.

(Hegel: Vorlesungen über die Ästhetik. Erster und
zweiter Teil. Mit einer Einführung hrsg. von Rüdi-
ger Bubner. Reclams UB Nr. 7976 [9]. S. 638 f.)

Um den näheren Unterschied bemerkbar zu machen, der in
dieser Rücksicht zwischen der antiken und modernen Tragödie stattfindet, will ich nur auf Shakespeares »Hamlet«
hinweisen, welchem eine ähnliche Kollision zugrunde liegt,
wie sie Äschylus in den »Choephoren« und Sophokles in der

»Elektra« behandelt hat. Denn auch dem Hamlet ist der
Vater und König erschlagen, und die Mutter hat den Mörder
geheiratet. Was aber bei den griechischen Dichtern eine sitt-
liche Berechtigung hat, der Tod des Agamemnon, erhält dagegen bei Shakespeare die alleinige Gestalt eines verruchten
Verbrechens, an welchem Hamlets Mutter unschuldig ist, so
daß sich der Sohn als Rächer nur gegen den brudermörde-
rischen König zu wenden hat und in ihm nichts vor sich
sieht, was wahrhaft zu ehren wäre. Die eigentliche Kollision
dreht sich deshalb auch nicht darum, daß der Sohn in seiner
sittlichen Rache selbst die Sittlichkeit verletzen muß, sondern
um den subjektiven Charakter Hamlets, dessen edle Seele
für diese Art energischer Tätigkeit nicht geschaffen ist und,
voll Ekel an der Welt und am Leben, zwischen Entschluß,
Proben und Anstalten zur Ausführung umhergetrieben,
durch das eigene Zaudern und die äußere Verwicklung der
Umstände zugrunde geht. [...]
Der letzte wichtige Punkt, über den wir jetzt noch zu sprechen haben, betrifft den *tragischen Ausgang*, dem sich die
modernen Charaktere entgegentreiben, sowie die Art der
tragischen *Versöhnung*, zu welcher es diesem Standpunkte
zufolge kommen kann. In der antiken Tragödie ist es die
ewige Gerechtigkeit, welche als absolute Macht des Schicksals den Einklang der sittlichen Substanz gegen die sich ver-
selbständigenden und dadurch kollidierenden besonderen
Mächte rettet und aufrechterhält und bei der inneren Ver-
nünftigkeit ihres Waltens uns durch den Anblick der unter-
gehenden Individuen selber befriedigt. Tritt nun in der modernen Tragödie eine ähnliche Gerechtigkeit auf, so ist sie
bei der Partikularität der Zwecke und Charaktere teils abstrakter, teils bei dem vertiefteren Unrecht und den Verbrechen, zu denen sich die Individuen, wollen sie sich durchsetzen, genötigt sehen, von kälterer, kriminalistischer Natur. [...]
Auf der anderen Seite aber stellt sich der tragische Ausgang
auch nur als Wirkung unglücklicher Umstände und äußerer
Zufälligkeiten dar, die sich ebenso hätten anders drehen und
ein glückliches Ende zur Folge haben können. In diesem
Falle bleibt uns nur der Anblick, daß sich die moderne Individualität bei der Besonderheit des Charakters, der Umstände und Verwicklungen an und für sich der Hinfälligkeit

des Irdischen überhaupt überantwortet und das Schicksal der Endlichkeit tragen muß. Diese bloße Trauer ist jedoch leer und wird besonders dann eine nur schreckliche, äußerliche Notwendigkeit, wenn wir in sich selbst edle, schöne Gemüter in solchem Kampfe an dem Unglück bloß äußerer Zufälle untergehen sehen. Ein solcher Fortgang kann uns hart angreifen, doch erscheint er nur als gräßlich, und es dringt sich unmittelbar die Forderung auf, daß die äußeren Zufälle mit dem übereinstimmen müssen, was die eigentliche innere Natur jener schönen Charaktere ausmacht. Nur in dieser Rücksicht können wir uns z. B. in dem Untergange Hamlets und Julias versöhnt fühlen. Äußerlich genommen, erscheint der Tod Hamlets zufällig durch den Kampf mit Laertes und die Verwechslung der Degen herbeigeleitet. Doch im Hintergrunde von Hamlets Gemüt liegt von Anfang an der Tod. Die Sandbank der Endlichkeit genügt ihm nicht; bei solcher Trauer und Weichheit, bei diesem Gram, diesem Ekel an allen Zuständen des Lebens fühlen wir von Hause aus, er sei in dieser greuelhaften Umgebung ein verlorener Mann, den der innere Überdruß fast schon verzehrt hat, ehe noch der Tod von außen an ihn herantritt. Dasselbe ist in »Julie und Romeo« der Fall. Dieser zarten Blüte sagt der Boden nicht zu, auf den sie gepflanzt ward, und es bleibt uns nichts übrig, als die traurige Flüchtigkeit so schöner Liebe zu beklagen, die wie eine weiche Rose im Tal dieser zufälligen Welt von den rauhen Stürmen und Gewittern und den gebrechlichen Berechnungen edler, wohlwollender Klugheit gebrochen wird. Dies Weh aber, das uns befällt, ist eine nur schmerzliche Versöhnung, eine *unglückselige Seligkeit* im Unglück.

(Hegel: Vorlesungen über die Ästhetik. Dritter Teil. Die Poesie. Hrsg. von Rüdiger Bubner. Reclams UB Nr. 7985[4]. S. 344 f. u. 350–353)

Friedrich S c h l e g e l (1772–1829) an seinen Bruder:

Du hast mich zu einer Ausschweifung verleitet. Ich habe gestern Abends den Hamlet gelesen. In meiner jetzigen Stimmung war das nichts; das liegt mir nun alles im Sinne, und ich weiß nicht wie ich das empörte Herz besänftigen soll. Erwarte nur nichts Außerordentliches; was ich sagen werde, wird Dir vielleicht sehr Alltäglich und Nahliegend, vielleicht

eine spitzfindige Grille, vielleicht abentheuerliche Schwärme-
rey scheinen. Der Gegenstand und die Wirkung dieses Stücks
ist die heroische Verzweiflung d. h. eine unendliche Zerrüttung in den allerhöchsten Kräften. Der Grund seines innren
Todes liegt in der Größe seines Verstandes. Wäre er weniger
groß, so würde er ein Heroe seyn. – Für ihn ist es nicht der
Mühe werth, ein Held zu seyn; wenn er wollte, so wäre es
ihm nur ein Spiel. Er übersieht eine zahllose Menge von
Verhältnissen – daher seine Unentschlossenheit. – Wenn man
aber *so* nach Wahrheit frägt, so verstummt die Natur; und
solchen Trieben, so strenger Prüfung ist die Welt nichts,
denn unser zerbrechliches Daseyn kann nichts schaffen, das
unsren göttlichen Forderungen Genüge leistete. Das Innerste
seines Daseyns ist ein gräßliches Nichts, Verachtung der Welt
und seiner Selbst. – Dieß ist der *Geist* des Gedichts; alles
andre nur Leib, Hülle. Und dieser kann seiner Natur nach
nur von sehr Wenigen gefaßt werden; so daß es wohl geschehen, daß im Schauspielhause kein Einziger von den Spie-
lenden, und auch kein einziger von den Zuschauern etwas
von der Sache ahndet. – Unglücklich wer ihn versteht! Unter
Umständen könnte dieß Gedicht augenblicklichen Selbstmord
veranlaßen, bei einer Seele von dem zartesten moralischen
Gefühl. Ich weiß noch was es auf mich wirkte als ich vor
anderthalb Jahren es in der erbärmlichsten Vorstellung sahe.
Ich war mehrere Tage wie außer mir. – Seine Größe wird
vielleicht paradox scheinen; meine Beweise sind sein aner-
kannter Muth und Verstand; vornehmlich aber eine gewisse
Besonnenheit, überhaupt das sicherste Kennzeichen des Helden. Denn wenn wir diesen Ehrennamen wohl mit Zuversicht für jemand in Anspruch nehmen, so fügen wir nicht
selten hinzu, z. B. daß er kühl und gelassen unter dem Donner von hundert Kanonen umherwandelte, so frey
dachte wie je. – Ich mache Dich auf die Stelle aufmerksam,
wo die Leidenschaft nur einen Helden nicht überwältigen
konnte, wo er ruft

                    hold my heart,
    And you, my sinews, grow not instant old.[7]

und dann auf die Scene mit der Mutter, wo der Geist zum
zweitenmale erscheint. Mein bester Beweis aber ist seine er-

7. Vgl. I,5,93 f. (S. 27).

habene Begeisterung für das Wenige Gottähnliche, was etwa
noch im Menschen wohnt. So z. B. die Stelle in der Scene
mit Guildenstern und Rosencrantz I have at late – man
delights not me.[8] Seine riesenhafte Überlegenheit über alle,
die um ihn sind, springt in die Augen. Nur für den, der *ihn*
faßt, werden diese so im dämmernden Hintergrunde schweben; versinkt man nicht ganz in Hamlet, treten diese mehr
vor, so ist das Ganze eine Plattheit. Man sollte denken, hier
könnten gute Schauspieler viel thun, da es doch vom dem
Leser viel verlangt, so vieles zu errathen. Man redet von
Garrik, und ich erinnre mich noch daß Schröder[9] ihn doch
bedeutend und wie einen denkenden Mann spielte. Allein
ich zweifle, daß den Hamlet darzustellen, ein Unternehmen
für einen sterblichen Mann ist. [...]
Die Begierde seinen Vater zu rächen, der Unwille über seine
Mutter ist nur der Anlaß zu Hamlets innerer Zerrüttung,
der Grund davon liegt in ihm selbst, in dem Übermaaß seines Verstandes (oder vielmehr in der falschen Richtung desselben, und dem Mangel verhältnißmäßiger Kraft der Vernunft) und der Inhalt selbst *Verzweiflung* macht ein wahres
Ende unmöglich. – Vielleicht habe ich den erhabenen Geist
des Werkes ergriffen, aber ietzt fühle ich mein Unvermögen
da ich von der äußern Hülle reden soll. Nur einige Bemerkungen. Die Erscheinung des Geistes gleich im Anfang
spannt die ganze Seele, und schärft sie das feine Wesen zu
fassen. – Die Schwäche der Königin, die elende Seele des
Königs, die Albernheit des Polonius, die Gemeinheit der
übrigen, die Beschränktheit des Einzigen den er schätzt, des
Horatio, alles wird höchst bedeutend durch Hamlets Denk-
art, und durch seine Stellung. Der Wahnwitz des guten
Mädchens, wo die Rührung bis zum Gräßlichen steigt, hat
hier einen fürchterlichen Sinn. Alles ist bedeutend bis auf
das platte Geschwätz des Todtengräbers. – Der innre Zusammenhang (was ich letzthin Natureinheit nannte) kann
nicht vollkommner seyn. Aber nur wer das Große in Hamlet fassen kann, wird ihn wahrnehmen. Um mich durch ein
Beyspiel verständlich zu machen. Hemsterhuys[10] sagt sehr

---

8. Vgl. II,2,306 ff. (S. 43 f.).
9. Friedrich Ludwig Schröder (1744–1816).
10. Franz Hemsterhuys (1721–90), niederl. Philosoph.

richtig; es galt dem Römischen Pöbel für Mord, in der Seele des Brutus aber war es der ewigen Ordnung gemäß. – Im Hamlet scheint alles Äußre wie aus dem Geiste hervorgekeimt. Sonst war bey Shakespeare die äußre Hülle oft die da als der Geist, der in eine Geschichte oder Legende, die ihm Anlaß gab, erst hineingebildet wurde, und in vielen seiner Werke sucht man dieß, da Geist und Hülle nicht so ganz eins ist, vielleicht auch Romeo, dessen Wesen Du glaube ich richtig angegeben hast. Der Ausdruck ›Romantische Melodie‹ ist höchst treffend. Kein Gedicht ist so romantisch und so musikalisch. – Die schöne, schwärmerische Schwermuth des Romeo ist ein wesentlicher Zug.

Eine Note zum Hamlet bezieht sich auf eine Legende des Saxo Grammaticus[11] von König Fengo und König Amlethus. Die Tollheit, die Liebe, das Gespräch mit der Mutter, und die Reise nach England sind schon in dieser enthalten. Nur von der letzten könnte man vielleicht vermuthen, daß sie nur stehen geblieben sey. – Der Hamlet wird immer schlecht aufgeführt werden, weil keinen Schauspielern die Weisheit zuzutrauen ist, daß sie alle ihre Bedeutung nur vom Hamlet entlehnten: und das ganze besteht aus so zarten Verhältnißen, daß der geringste Mislaut alles zerstören würde.

Über den Hamlet weiß ich Dir für ietzt nichts mehr zu sagen; zwar ist noch viel zurück, allein ich müßte ihn noch einmal lesen, und das würde mich viel zu sehr stören. Dasselbe trift bey dem Propertius ein, obschon das was Du von ihm sagst, mich sehr anzieht, und mir gefällt. Deine Übersetzung aus dem Hamlet finde ich sehr gut, bis auf einige Kleinigkeiten, als ›gnädge Frau‹. Doch weiß ich kein schicklicheres Wort. Und dann eine allgemeine Critik – vorausgesetzt, daß Du den Hamlet ganz so übersetzen wolltest, und für unsre Nation bestimmtest. Es sind fast in jeder Zeile ungewöhnliche Worte. Du hast Dich beym Dante daran etwas gewöhnt, wo es am rechten Orte war. Du könntest in Gefahr kommen, nur für Gelehrte zu dichten!

(Schlegel: Briefe an seinen Bruder August Wilhelm. Hrsg. von Oskar F. Walzel. Berlin 1890. S. 94–97)

11. Vgl. Kap. III, 1.

Friedrich S c h l e g e l , »Über das Studium der Griechischen Poesie«:

Im Hamlet entwickeln sich alle einzelnen Theile gleichsam
nothwendig aus einem gemeinschaftlichen Mittelpunkt, und
wirken wiederum auf ihn zurück. Nichts ist fremd, überflüssig, oder zufällig in diesem Meisterstück des künstlerischen Tiefsinns.[12] Der Mittelpunkt des Ganzen liegt im
Charakter des Helden. Durch ein wunderbares Lebensver-
hältniß wird alle Stärke seiner edeln Natur in den nach-
sinnenden Verstand zusammengedrängt, die thätige Kraft
aber ganz vernichtet. Sein Gemüth trennt sich, wie auf der
Folterbank nach entgegengesetzten Richtungen aus einander
gerissen; es zerfällt und geht unter im Überfluß des immer
tiefer sinnenden und grübelnden Geistes, der ihn selbst noch
peinlicher drückt, als alle die ihm nahen. Es giebt vielleicht
keine vollkommnere Darstellung der unauflöslichen Dishar-
monie des menschlichen Gemüths, welche der eigentliche
Gegenstand der philosophischen Tragödie ist, als ein so
gränzenloses Mißverhältniß der denkenden und der thätigen
Kraft, wie in Hamlets Charakter. Der Totaleindruck dieser
Tragödie ist die höchste intellektuelle Verzweiflung, inmitten
einer durchaus zerrütteten Welt. Alle Eindrücke, welche einzeln groß und wichtig schienen, verschwinden als untergeord-
net und nicht bedeutend vor dem, was hier als das letzte,
einzige Resultat alles Seyns und Denkens erscheint; vor der
ewig unauflöslichen, riesenhaft furchtbaren Dissonanz, welche die Menschheit und das Schicksal unendlich trennt.
Der Gegenstand des Drama überhaupt ist eine aus Menschheit und Schicksal gemischte Erscheinung, welche den größten Gehalt mit der größten Einheit verbindet. Der Zusammenhang des Einzelnen kann auf eine doppelte Weise zu
einem unbedingten Ganzen vollendet werden. Entweder
wird die Menschheit und das Schicksal in vollkommner Ein-

12. Dieser vollkomme Zusammenhang wurde auch durch das Urtheil
eines großen Dichters anerkannt. Äußerst treffend ist alles, was in
Göthe's Meister darüber und über den Charakter der Ophelia, so wie
über alles Einzelne im Hamlet gesagt wird. Nur die Idee des Ganzen,
so wie dieser Gattung überhaupt, ist nicht berührt; nämlich die Idee von
dieser eigenthümlichen tragischen Weltauffassung, welche auf dem alle
Tiefen der Seele durchschneidenden skeptischen Gefühl über die ewig
unauflösliche Dissonanz des in seinen innersten Fugen zerrütteten Men-
schenlebens beruht (Anm. Schlegels).

tracht oder in vollkommnem Streit dargestellt. Das letzte ist
der Fall in der philosophischen Tragödie. Begebenheit heißt
jene gemischte Erscheinung, wenn das Schicksal überwiegt.
Der Gegenstand des philosophischen Trauerspiels ist daher
eine tragische Begebenheit, deren Masse und äußre Form der
darstellenden Kunst angehört, deren Inhalt, letzter Zweck
und Geist aber eigentlich mehr philosophisch bedeutend und
ergreifend ist. Das Bewußtseyn jenes Streites erregt das Gefühl der Verzweiflung. Man sollte diesen sittlichen Schmerz
über unendlichen Mangel, und unauflöslichen Streit nie mit
der bloß thierischen Angst verwechseln; wiewohl die letztere
im Menschen, wo das Geistige mit dem Sinnlichen so innigst
verwebt ist, sich oft zu jener gesellt. Nur in dem andern
Trauerspiele desselben Dichters, im König Lear, ist dieses
Tragische im Gefühl der allgemeinen Weltzerrüttung wohl
noch größer aufgefaßt und umfassender durchgeführt. Im
Hamlet aber ist die wesentliche Idee solcher eigenthümlichen
Kunstgattung für den Anfang dennoch den meisten Sinnen
faßlicher und leichter zu ergreifen vorgestellt.

(Schlegel: Sämtliche Werke. Bd. 5. Wien 1823.
S. 64–66)

Ludwig T i e c k (1773–1853):

In der Rolle des Polonius ist zwar ein herkömmliches Spiel
gebräuchlich, aber doch setzt sie die meisten Darsteller in
Verlegenheit, und es gelingt nur selten, die scheinbaren
Widersprüche harmonisch aufzulösen. So trefflich Goethe
den Charakter in den Gesprächen des Meister schildern läßt,
so kann doch auch dies nicht genügen, ihn uns ganz verständlich zu machen. Die meisten Darsteller nehmen ihn als
einen schlauen, alten Mann, dessen Schwäche es ist, klüger
zu thun, als er sich in Wahrheit fühlt, und der eben dadurch
die Zielscheibe des witzigeren Hamlet wird: oft grenzt sein
Betragen an Blödsinn; das recht Verständige, was er sagt, ist
mehr, wie ein auswendig gelerntes Pensum, als daß es aus
dem Gemüthe kommen sollte. So ungefähr sprechen auch die
Engländer über ihn, und nimmt man es nicht genauer, so
kommt der Dichter am Ende zur Noth mit dieser Erklärung
durch.
Ich sehe im Polonius einen wahren Staatsmann, der klug,

politisch, einsichtig, mit Rath bereit, nach Gelegenheit schlau,
dem verstorbenen Könige wichtig war, und dem neuen Herrscher für jetzt unentbehrlich ist. Wie viel er über die Hin-
wegräumung des vorigen Regenten argwohnt, oder wie er
den Todesfall treuherzig annimmt, ist vom Dichter nicht
erklärt: das aber sehen wir, daß er geholfen hat die Wahl
und Thronbesteigung des Usurpators durchzusetzen, und
daß er jetzt der Vertraute von diesem ist. In der ersten
Scene sagt er nur wenige Worte, aber seine Redseligkeit er-
gießt sich desto freier im Abschied von seinem Sohne. Die
Lehren, die er diesem einprägt, sind ganz die eines vornehmen Weltmanns, das Wichtigste mit dem Unwichtigsten ge-
mischt, denn beides gilt ihm ungefähr gleich. Vortrefflich ist
Alles, was er sagt, und die herrlichen Worte:

> Dies über Alles: sei Dir selber treu;
> Und daraus folgt, so wie die Nacht dem Tage,
> Du kannst nicht falsch sein gegen irgend wen –

kommen in diesem Augenblick ganz aus seinem Gemüthe,
denn welcher Vater wünscht wol nicht, daß sich sein Sohn
zum edeln Menschen ausbilden möge, wenn er auch später-
hin eben so ehrlich und ganz treuherzig sagt:

> – Wir sind oft hierin zu tadeln –
> Gar viel erlebt man – mit der Andacht Minen
> Und frommen Wesen überzuckern wir
> Den Teufel selbst.

Diese Reden müssen also im edelsten und hochherzigsten
Tone vorgetragen werden, nur leicht von dem flachen Wesen
vieler Vornehmen angefärbt.
Jetzt wendet er sich zu Ophelien, und es wird von ihrem
Verhältniß zu Hamlet gesprochen. Er spielt den Unwissen-
den; er habe es erst von Anderen vernehmen müssen, daß
die Tochter den Prinzen spreche, und oft, und vertraut.
Hier offenbart sich ganz der schlaue Hofmann, denn die
Besuche konnten ihm wol in seinem Hause nicht unbekannt
bleiben. Diese Besuche fallen aber in jene Zeit, als der vorige
König noch regierte, dann in die Zwischenperiode, bevor der
neue Herrscher den Thron bestiegen hatte. Die Wahl war
zweifelhaft; Hamlet, wie wir wissen, hatte das nächste Anrecht, und die Aussicht, der Schwiegervater des Königs zu

werden, war reizend. Hamlet aber, der gar keine Fähigkeit
hat, Umstände zu benutzen, und selbst das ihm Gerechteste
durchzusetzen, läßt sich fallen, und was er nun am Hofe
durch eigene Schuld ist, hat Polonius selbst so eben noch bei
der großen Versammlung gesehen. Er warnt also, ja verbietet in doppelter Hinsicht den Umgang mit dem Prinzen,
weil dieser jetzt nichts gilt, und weil der König, wenn er
diesen Umgang erführe, darüber Argwohn schöpfen könnte.
[...]
Nach einiger Zeit sehen wir Polonius wieder erscheinen, indem er seinen Diener, der den Sohn beobachten soll, nach
Paris sendet. Shakspeare, dessen Werke in der Regel ohne
Zwischenakte gespielt wurden, schob diese Scene, wie so
manche, kunstmäßig ein, um nach den Schrecknissen der
Nacht das Gemüth der Zuschauer zu einiger Ruhe kommen
zu lassen, und sie nach der Abspannung von neuem spannen
zu können. Ich kann auch hier nicht finden, daß der Alte
sich wie ein Thor beträgt; er ist offenbar zerstreut, andere,
wichtigere Gedanken veranlassen seine Abwesenheit, und
dies macht die Scene komisch. Dabei begeht er nur den
menschlichen Fehler, den man an vielen Vornehmen, vorzüglich älteren Leuten, beobachten kann. Er übergibt gern
dem Untergeordneten, dem Diener, ein wichtiges Geschäft,
eine Sache des Vertrauens, die, wenn sie irgend gelingen soll,
beim Ausübenden Einsicht und nicht gewöhnlichen Verstand
voraussetzt: aber eben, weil die Vertrauenden dies fühlen,
wollen sie den Verstand und die Einsicht erst recht wecken
und schärfen, ermahnen, lehren und predigen darüber so
weitläufig, als wenn ihr Unterhändler ein Blödsinniger
wäre. – Ophelia erschreckt ihn mit der Nachricht von des
Prinzen Wahnsinn; dieser ist grausam genug gewesen, seine
Rolle bei ihr zu beginnen, und sie meint gutmüthig, dadurch,
daß sie sich von ihm zurückgezogen habe, sei seine unglück-
liche Krankheit entstanden. Der Vater ist außer sich:

Geht mit mir, kommt, ich will den König suchen –

ruft er aus, denn er fürchtet, daß Hamlet's Verrücktheit
selbst seine Leidenschaft ausplaudern werde, daß das Verhältniß also nun auf keine Weise mehr geheim zu halten ist.
Er gibt uns aber auch eine Aufklärung über seine wahre
Meinung:

> Es thut mir leid, daß ich mit besserm Urtheil
> Ihn nicht beachtet. Ich sorgt', er tändle nur
> Und wolle Dich verderben: doch verdammt mein Argwohn!
> Uns Alten ist's so eigen, wie es scheint,
> Mit uns'rer Meinung über's Ziel zu gehn,
> Als häufig bei dem jungen Volk der Mangel
> An Vorsicht ist. Gehn wir zum König, komm.

Er sieht kein anderes Mittel,

> Er muß dies wissen, denn es zu verstecken,
> Brächt' uns mehr Gram, als Haß, die Lieb' entdecken.

Hamlet gilt nichts; ob er über diese Entdeckung zürnt, ist gleichgültig: dem König aber darf es nicht verschwiegen werden, weil uns dies großes Unglück zuziehen könnte.
Mit diesem Muth tritt er zur Majestät: indessen ist ihm unterwegs die große Schwierigkeit der politischen Aufgabe, die er jetzt mit Klugheit lösen soll, noch klarer geworden. Die Ursache von Hamlet's Wahnsinn ist seine Liebe zur Tochter des Ministers, dem Vertrauten des Königs. Der Vater muß doch irgend einmal diese Liebe geduldet, vielleicht gebilligt, wol gar befördert haben; dies ist dem Könige verschwiegen worden, bis es sich nicht mehr verbergen läßt. Wie erscheint hierbei der alte Vertraute? Die Entdeckung läßt sich nur bei guter Laune des Herrschers wagen, weil auf dem Vater immer ein Schatten von Zweideutigkeit haften bleibt. Zum Glück sind die Gesandten mit glücklichen Nachrichten von Norwegen zurückgekommen; dies ist das Fest, welches er dem Könige bereitet, seine Eröffnung soll nur der Nachtisch sein. In dieser, da ihm der Unwille der Königin sehr gleichgültig ist, sucht er den Prinzen durchaus lächerlich und abgeschmackt zu schildern, jede seiner komischen Wendungen soll dessen Unbedeutenheit darthun, er selbst spielt dabei so den Treuherzigen, Arglosen, daß er nach allen diesen Vorbereitungen endlich glaubt, der König sei aufgeheitert genug, um die Sache zu erfahren.

> Allein wie nahm
> Sie seine Liebe auf?

ist dennoch die erste, ganz ernsthafte Frage des Königs, der gleich wissen will, was ihm einzig dabei wichtig ist. Und nun muß der Alte eine Lüge aus Halbwahrheit und Ver-

drehung spinnen, die ihn in das unschuldigste Licht stellen
soll, die aber dennoch dem König nicht genügt. Polonius,
allzu geschäftig, weil er sich nicht schuldlos weiß, und seine
Unschuld eben deshalb mit Gewalt darstellen will, schlägt
eine Zusammenkunft der Tochter mit dem Prinzen vor, die
er und der König dann belauschen wollen.
Und vor lauter Klugheit ist er denn doch nicht klug gewesen. Aber der Schreck hat ihn zu sehr übernommen;
Hamlet hätte von seiner Liebe vielleicht nicht gesprochen,
oder es war möglich, dem Könige diese Reden als die eines
Verrückten gleichgültig zu machen.
Aus dieser sonderbar isolirt erscheinenden Scene haben übri-
gens manche Schauspieler die Veranlassung genommen, den
Polonius als einen Schalksnarren darzustellen.
Der alte Staatsrath drängt sich dazu, den Prinzen auszu-
forschen, und dieser, gekränkt durch die Art, wie man ihm
erst den Zutritt zu Ophelien erleichtert und nachher versagt
hat, mißhandelt ihn bei jeder Gelegenheit.
Kennt Ihr mich, gnädiger Herr? fragt er den Prinzen.
Vollkommen. Ihr seid ein Fischhändler.
Das nicht, mein Prinz.
So wollt' ich, daß Ihr ein so ehrlicher Mann wäret.
Im Original:
      Excellent well; you are a fishmonger.
      Not I, my lord.
      Then I would you were so honest a man.
Ich weiß nicht, ob man das ganze Gewicht dieser Stelle, die
nur wie Spaß aussieht, verstanden hat. Ich konnte an
Kemble und Kean, die ich beide in London in der Rolle des
Hamlet sah, nicht bemerken, ob sie die Bitterkeit fühlten.
Die Editoren haben etwas anders zu thun, als dergleichen
zu erklären. Vielleicht findet man auch, wenn das Wort ausgesprochen ist, daß der Sinn so nahe liegt, daß kein Mensch
ihn verfehlen kann. I would you were so honest a man
– but – you are a fleshmonger: – Ihr seid ein Kuppler, kein
so ehrlicher Mann, als ein fishmonger, ein Fischhändler. Der
Prinz wirft dem Alten geradezu vor, er sei für seine Tochter
und ihn ein Gelegenheitsmacher gewesen, und die bald folgende Rede: – »Denn wenn die Sonne Maden« u. s. w. –
setzt die Verachtung, die Hamlet gegen den Vater und die
Tochter ausspricht, nur fort. (In dieser schwierigen Stelle

möchte übrigens wol die alte verworfene Lesart a good kissing carrion, wofür die Herausgeber a god, kissing carrion
gesetzt haben, die richtige sein. Es ist aber hier nicht der Ort,
Stellen kritisch zu erörtern). Im ganzen Stück spricht Hamlet mit der größten Geringschätzung von Ophelien, so behandelt er sie auch, wenn er in ihre Nähe kommt; nur einmal, beim Leichenbegängniß, erwacht sein besseres Gefühl,
eben so viel aus Trotz gegen Laertes, in einer übertrieben
emphatischen Rede, und nach dem Schluß derselben wird sie
von ihm selbst nicht mehr erwähnt.

Der Vater fühlt nicht, was Hamlet sagen will, und sieht
immer nur den Wahnsinn der Liebe. Es ist weit mit ihm
gekommen, sehr weit! sagt er zu sich selbst, – und wahrlich,
in meiner Jugend brachte mich die Liebe auch in große
Drangsale, fast so schlimm, wie ihn.

Mir hat es immer weh gethan, wenn ein Schauspieler diese
Worte so sagte, daß sie nur Gelächter erregten. Ein schmerz-
liches Lächeln war wol die Absicht des Dichters hervorzu-
bringen durch diesen Rückblick in des Alten Jugend, und
durch die Aussicht, daß Hamlet, so geistreich, witzig und
beißend überlegen er jetzt gegen den Alten erscheint, in dessen Jahren doch ungefähr ihn wieder darstellen würde.

Um es dem Könige nur recht zu machen, um den Prinzen
nicht aus den Augen zu lassen, erniedrigt sich der alte Staats-
beamte immer mehr zum Botenläufer, damit nur kein Zweifel obwalte, zu welcher Partei er gehöre. Er meldet die
Schauspieler und läßt sich wieder vom Hamlet verspotten.
So eilt er, den Prinzen und seine Tochter zusammen zu
bringen, so schlägt er vor, daß die Mutter nach dem Schauspiele den Sohn scharf befragen soll, indeß er sich in das
Gehör der Unterredung stellen will; und so rennt er, über-
dienstfertig, verblendet, von einem nicht reinen Gewissen
aller Haltung beraubt, auf ähnliche Art, wie Rosenkranz
und Güldenstern, in sein Verderben.

(Tieck: Dramaturgische Blätter II, Kritische
Schriften. Bd. 3. Leipzig 1852. S. 256–263)

Ludwig B ö r n e (1786–1837) in »Hamlet. Von Shakespeare«:

Unter den Schauspielen des britischen Dichters, die sich nicht
in der Geschichte oder Fabel Englands bewegen, ist »Ham-

Edmund Kean als Hamlet, 1814

*Gustaf Gründgens als Hamlet, 1935/36 (Institut für Theater-
wissenschaft der Universität Köln, Sammlung Niessen)*

let« das einzige, das nordischen Boden und nordischen
Himmel hat. Der naturkundige Shakespeare verstand es gut
und achtete wohl darauf, welche Luft am gedeihlichsten sei
für jede seiner Menschenarten. Dem bunten Scherze, der
flatternden Freude, der entschiedenen Leidenschaft, der hellen, scharf umgrenzten Tat gab er den blauen sonnigen
Süden, wo die Nacht nur ein schlafender Tag ist; den weh-
mütigen, brütenden, träumerischen Hamlet versetzte er in
ein Land des Nebels und der langen Nächte, unter einen
düstern Himmel, wo der Tag nur eine schlaflose Nacht ist.
Gleich dem Nord, dem feuchten Kerker der Natur, hält uns
dieses Trauerspiel gefangen, und es erquickt uns wie der
Sonnenstrahl, der durch einen Ritz der Mauer in das Dunkel dringt, wenn, wie es einmal geschieht, wir das warme
Wort *Rom* und das helle *Frankreich* darin vernehmen.
Die genauesten Schätzer, wie die wärmsten Freunde des
Dichters haben Hamlet als sein Meisterwerk erklärt. Wir
müssen die Grenzen dieser Meinung suchen. Hamlet ist nicht
das bewundrungswürdigste Werk Shakespeares; aber Shakespeare ist am bewundrungswürdigsten im Hamlet. Nämlich:
erstaunen wir über eine ungewöhnliche Kraft, geschieht es
nicht, wo ihre Wirksamkeit beginnt, sondern wo diese aufhört; denn nur die Ausdauer einer Kraft zeugt von deren
Größe. So hier. Durchwandern wir die glänzende Bahn des
Dichters und kehrt am Ziel unsere Bewunderung ermüdet
um, finden wir Hamlet auf dem Rückwege, den wir nicht
erwartet. Shakespeare mußte sich verdoppeln, mußte aus
sich heraustreten, ihn zu schaffen, er hat darin sich selbst
überholt. Aber dieses ist nicht gesagt in der rednerischen
Sprache der Lobpreisung, sondern in der nüchternen der
Berechnung. Hamlet ist eine Kolonie von Shakespeares
Geiste, die unter einer andern Zone liegt, eine andere Natur
hat und von ganz andern Gesetzen regiert wird als das
Mutterland. [...]
Ist der *Geist* wirklich so erhaben, als er schon oft geschildert
worden? Er tritt geharnischt auf; aber, wie mir scheint, ist
nur seine Hülle umpanzert, seine innere Seele aber ist weich
und bloß. Die Familienähnlichkeit zwischen ihm und seinem
Sohne Hamlet ist gar nicht zu verkennen. Er ist ein schwa-
cher, philosophischer, geflügelter Geist, der in der Luft zu

Hause ist. Wesen solcher Art singen wie die Vögel, deren
Ton kein Wort zum Körper hat. Hamlets Vater spricht gern,
viel und kunstrednerisch; man könnte glauben, einen ver-
klärten Schauspieler zu hören. Die Zeit, die ihm zum Her-
umwandern verstattet, ist so sehr kurz, und er verliert sie
fast unbenutzt. Statt mit dem Wichtigsten, mit den Tatsachen, mit seiner Ermordung anzufangen, erzählt er zuerst von seinen Höllenqualen und zeigt die größte Lust, eine
große dichterische Schilderung davon zu machen. Er will
einen regelmäßigen Klimax beobachten und mit dem Fürch-
terlichsten, mit dem Brudermorde endigen; das ist aber hier
ein Fehler. Das Schauerlichste an einem Geiste ist, *daß* er
erscheint und spricht; *was* er tut und sagt, und wäre es das
Schrecklichste, ist nach dem andern Kinderei. Auch scheint
der Geist in jener Welt seine Menschenkenntnis nicht verbessert zu haben, sonst hätte er jeden andern eher als Hamlet
zum Vollstrecker der Rache gewählt. Vielleicht war das auch
gar nicht die Absicht seiner Erscheinung. Er wanderte auf
gut Glück umher, sich einen Rächer zu suchen; unglücklicherweise aber war am ganzen Hofe Hamlet das einzige Sonn-
tagskind. Der Geist ist so besorgt, Horatio und die andern
Zeugen schwören zu lassen, daß sie nicht reden wollten von
dem, was sie gesehen, versäumt aber, was viel nötiger war,
seinem Sohne Verschwiegenheit zu empfehlen. Dieser plau-
dert und verplaudert alles und vereitelt dadurch den Wunsch
seines Vaters und sein eigenes Vorhaben. Der König kommt
zwar endlich um, doch wird er nicht gerichtet als der Mörder
seines Bruders, sondern als der Mörder seines Neffen. Der
alte Maulwurf war blind.

[...] Hamlet ist ein Feiertagsmensch, ganz unverträglich mit
dieser Werkeltagserde. Er verspottet das eitele Treiben der
Menschen, und diese tadeln seinen eiteln Müßiggang. Ein
Nachtwächter, beobachtet und verkündet er die Zeit, wenn
andere schlafen und nichts von ihr wissen wollen, und
schläft, während andere wachen und geschäftig sind. Wie
ein Fichtianer denkt er nichts, als *ich bin ich*, und tut nichts,
als sein Ich setzen. Er lebt in Worten und führt als Historio-
graph seines Lebens ein Schreibbuch in der Tasche. Ganz
Empfindung, verbrennt ihn das Herz, das ihn erwärmen
sollte. Er kennt die Menschheit, die Menschen sind ihm
fremd. Er ist zu sehr Philosoph, um zu lieben und zu hassen.

Die Menschen kann er nicht lieben, *den* Menschen kann er nicht hassen; darum ist er ohne Teilnahme für seine Freunde und ohne Widerstand gegen seine Feinde. Mut, dieser Bürge der Unsterblichkeit – wer hätte Mut, wenn er sich nicht unsterblich glaubte? – er hat ihn nicht, der Königssohn. Weil er in jedem Menschen das übergewaltige Menschenvolk erkennt, ist er furchtsam, was andere nicht sind, die mit ihren kleinen Augen im einzelnen nur den einzelnen sehen. In der Schuld seiner Mutter sieht er die Gebrechlichkeit des Weibes, in dem Verbrechen seines Oheims die lächelnde Schurkerei der Welt. Soll er ihn wagen, diesen tollkühnen Streit? Er zittert. Ihm fehlt nicht der Mut des Geistes, dem ein tapferes Heer von Gedanken umgibt; ihm fehlt der Mut des Herzens, für das nur das eigene Blut kämpft. Darum ist er kühn in Entwürfen und feige, sie auszuführen. Zum Übermaße des Verderbens kennt sich Hamlet sehr gut, und zu seiner unseligen Schwäche gesellt sich das Bewußtsein derselben, das ihn noch mehr entmutigt.

Hamlet ist ein Todesphilosoph, ein Nachtgelehrter. Sind die Nächte dunkel, steht er unentschlossen, unbeweglich da; sind sie hell, ist es immer nur eine Monduhr, die ihm den Schatten der Stunde zeigt, er handelt ungelegen und geht irre im trügerischen Lichte. Das Leben ist ihm ein Grab, die Welt ein Kirchhof. Darum ist der Kirchhof seine Welt, da ist sein Reich, da ist er Herr. Wie liebenswürdig erscheint er dort! Überall betrübt, da ist er heiter; überall dunkel, da ist er klar; überall verstört, da ist er ruhig. Wie treffend, geistreich und witzig zeigt er sich dort! Sonst betrübend durch seine Todesgedanken, wird er uns tröstlich zwischen Gräbern. Indem er das Leben als einen Traum verspottet, spottet er den Tod auch zu nichts. Da ist er nicht schwach – wer ist stark im Angesichte des Todes? Da endigt alle Kraft, aller Wert, da hört alle Berechnung, alle Schätzung, alle Verachtung, jede Vergleichung auf. Da darf Hamlet ungescholten den Befehl seines Vaters vergessen, da braucht er dessen Tod nicht zu rächen. Soll er einen Verbrecher, der in den letzten Zügen einer Krankheit liegt, auf das Blutgerüst schleppen? Wie grausam! Umbringen im Angesichte des Todes – wie lächerlich, welch eine kindische Ungeduld! Es ist, als ginge eine Schnecke dem kommenden Winde entgegen.

In dieser schnöden Welt muß die Tugend Gewalt haben, um

Macht zu haben, anmaßend sein, der Anmaßung zu begegnen, und mit den Waffen der Hölle für den Himmel kämpfen. Hamlets Tugend hat keine Tüchtigkeit. Ein so zarter
Jüngling mit seinem ewig jungen Herzen kann in keinem
Königshause gedeihen, wo man alt geboren wird. Hamlet
hat den Adelstolz der hochgeborenen Seelen, und er kann
sich zu keiner niedrigen Natur herablassen. Geistreich und
feingesittet, wird es ihm nicht behagen in einem betrunkenen
Lande. Zeigt er sich trüb gestimmt und schwärmerisch, wird
er verachtet und verspottet werden; wenn heiter, wird er
selbst ein Spötter sein, was keiner ungestraft ist, an einem
Fürsten aber, dem gleiche Waffe sich nicht offen entgegen-
setzen darf, sich im verborgenen am gefährlichsten ist.
Hamlet tadelt die Zechlustigkeit des Hofes, macht Polonius'
geschäftige Dienertreue lächerlich und verhöhnt die elende
Kriecherei der Höflinge. Sein Oheim ist ihm unleidlich, und
er würde ihn hassen, auch wenn er nicht der Mörder seines
Vaters wäre. Der Geist ohne Charakter steht dem Charakter
ohne Geist und jener diesem immer feindlich gegenüber.
Hamlet fühlt sich überwältigt von der stillen, ruhigen,
machtgebietenden Art des Königs. Er weiß recht gut, daß es
nur eitle Fechterkünste sind, die ihn abhalten; aber er kann
ihnen nicht begegnen, er selbst hat diese Künste nicht geübt,
und dieses gibt ihm jenen heftigen Groll, der selbstbewußte
Schwäche immer begleitet. Dem Könige gegenüber ist er
blöde und verlegen, und aus dem ganzen Heere von Hohn
und Haß, das sich um sein Herz gelagert, tritt selten eins
jener großen Worte hervor, deren Hamlet so viele zählt,
den friedlichen König herauszufordern. Wie froh wird
Hamlet sein, wenn er erfährt, daß sein Oheim ein Bösewicht
ist; wie wird er sich erleichtert fühlen, wenn sein Haß einen
Grund bekommen, wenn seine Abneigung ihm zur Pflicht
geworden! Der Mord des Vaters ist nicht Hamlets Schmerz,
er ist nur das Gefäß seiner Leiden; jetzt *faßt* er, was ihn
quält. Unglücklich wäre er immer gewesen.
Der Tod des Vaters ruft Hamlet zurück. Die Heirat der
Mutter bekommt er drein in seine Trauer. Hamlet weiß besser als einer, besser als etwas, daß Menschen sterblich sind.
Aber daß auch Empfindungen sterblich sind, die der Jüngling für ewig hielt, daß eine Liebe endigen, man zweimal
lieben und von einer edlen Liebe zu einer gemeinen herab-

steigen könne – das überrascht ihn schmerzlich, das verwirrt
ihn, für diese neue Erfahrung ist selbst sein weiter Kreis der
Trostlosigkeit zu eng. Hamlets Einbildungskraft ist kühn,
sie wirft alles vor sich nieder. Sein Oheim hat eine Krone
empfangen aus den Händen seiner Mutter – er hat Vorteil
gezogen von dem Tode seines Vaters – er hat diesen tot ge-
wünscht – er hat seinen Bruder ermordet. Das ahnete Hamlet, ehe es ihm der Geist entdeckt. Dieser erscheint, sagt laut,
was sich der Sohn leise gesagt, und fordert ihn zur Rache
auf. Hamlet entsetzt sich – nicht über den Mord; er entsetzt
sich, daß er ihn rächen soll. Nur auf freies Denken und
Fühlen angewiesen, soll er nachdenken und handeln; die
Natur hat ihn durchsichtig geschaffen, und er soll auf Liste
sinnen und sie verdecken; er ist zum Dulden geboren und
man erwartet Taten von ihm. So geklemmt zwischen dem
heiligen Gebote seines Vaters und den strengen Verboten
seiner Natur, wird er bald hier fort-, bald dort zurückge-
stoßen, verliert alle freie Bewegung, und so sehen wir ihn
hingeschleppt von Entwürfen, die seiner Ohnmacht spotten,
von Versuchen, die ihm mißlingen, von großen Worten, die
ihn lächerlich, und kleinen Handlungen, die ihn verächtlich
machen – und so sehen wir ihn endlich in einem gemeinen
Handgemenge schimpflich umkommen und alle, die ihn umgeben, nicht den Schlägen, nein, einer Schlägerei des Schicksals unterliegen.
Die fürchterliche Stunde ist da, wo Hamlet den Geist seines
Vaters sehen soll. Und hätte er tausend Seelen, sie dürften
sich nicht bewegen; und hätte er tausend Herzen, sie müßten
stillstehen und horchen. Aber in dieser Bangigkeit, wo wir
selbst, gleichgültige Hörer eines Märchens, taubes Ohr, blindes Auge sind – was tut Hamlet? Er füllt die Erwartung
mit unnützem Werg aus. Er hält eine anthropologische Vorlesung, spricht wie ein Prediger von häßlichen Gewohnhei-
ten, welche die saubersten Tugenden beschmutzen, und stellt
nüchterne Betrachtungen über das zu viele Trinken an. Der
Geist schreckt ihn auf, er hatte ihn schon ganz vergessen.
Der Geist spricht Feuerworte, Hamlet brennt – es ist Zunder.
Eine Minute, und es ist verglommen, und die Asche seiner
Begeisterung fliegt in den Wind. Er will rasch sein zur schönen Tat, er möchte fliegen, der Rückweg zum Palaste ist
ihm um eine Welt zu lang. Aber, noch hat er keinen Schritt

getan, und er hat schon Mittel gefunden, die Rache mit seiner Bedächtigkeit, die Pflicht mit seiner Schwäche zu vereinigen. Er will mit Witz anfangen, was nur der Verstand unternehmen, nur der Mut vollführen kann. Er will es fein machen, will politisch sein, sich toll stellen. Was denkt er sich dabei? Soll ihm die Tollheit den Zutritt zum Könige erleichtern? Sie wird ihn nur erschweren. Soll sie den König einschläfern? Sie wird ihn nur wachsamer machen. Will er seine Schwermut vermummen? Er soll sie heilen, er soll sie rächen. *Stellt* sich Hamlet toll? Er *ist* es. Es gibt Wahnsinnige, die lichte Zeiten, es gibt andere, die lichte Räume haben, in welche sie zu jeder Zeit sich stellen und von dort aus ihren eigenen Wahnsinn beobachten können. Zu den letztern gehört Hamlet. Er glaubt mit seinem Wahnsinne zu spielen, und dieser spielt mit ihm.

Hamlet beginnt sein tolles Spiel und prüft dessen Wirksamkeit zuerst an der Unschuldigsten in seinem Kreise, an der liebendgläubigen Ophelia. Es ist eine unbeschreibliche Häßlichkeit in diesem Betragen. Er hätte das gute Mädchen eher zur Vertrauten als zur Hülle seines Geheimnisses machen sollen. Hamlets Verwirrtheit wird bemerkt; der aufmerksame König schickt Rosenkranz und Güldenstern, des Prinzen Jugendfreunde, hinter ihn, den Grund seines Trübsinns zu erspähen. Hamlet ist eitel; er verstellt sich, will aber zugleich seinen klugen Kopf zeigen und merken lassen, daß er sich verstellt. Er läßt sich nicht ausforschen, bekennt aber, daß er ein Geheimnis habe. Die Spione müssen zwar unverrichteter Sache abziehen, aber nur, weil sie Höflinge sind, die sich auf Schwärmereien nicht verstehen. Hamlet beharrt in seiner schmählichen Untätigkeit; statt anzugreifen, verschanzt er sich gegen Angriffe. Wenn auch Mensch und Sohn, durfte er darüber den Fürsten nicht vergessen; er mußte in dem Mörder seines Vaters auch den Mörder seiner Krone bestrafen. Nicht meuchelmörderisch soll er den König töten, er soll das Verbrechen laut verkündigen und sich an die Spitze des Volkes stellen, das ja, wie Laertes' Beispiel zeigt, dem Könige so ungewogen und so leicht zu lenken ist. Aber Hamlet geht umher wie Hans der Träumer. Da werden ihm die Schauspieler gemeldet; er wacht auf, er lebt wieder. Auf die Kunst versteht er sich, er liebt sie. Einer der Komödianten trägt etwas vor von Hekuba; er redet sich in

das Zeug hinein und wird blaß und weint. Hamlet fühlt sich
beschämt, überhäuft sich mit Scheltreden und betrinkt sich
in Worten, um Mut zu bekommen. Es dauert nicht lange,
und er redet sich wieder in Zweifel, um die Tat verschieben
zu dürfen. Vielleicht hat ihn ein tückischer Geist betrogen,
vielleicht ist sein Oheim unschuldig. Er will ihn prüfen
durch psychologische Mittel, er will einen chemischen Versuch
anstellen, die Schauspieler sollen des Königs echte Farbe dar-
tun. Er gibt ihnen ein Stück auf, worin ein Mord dargestellt
wird, er macht selbst Verse dazu, und mehr als für seinen
Vater zeigt er sich besorgt, daß ihm die Schauspieler durch
schlechten Vortrag seine schönen Verse verunzieren möchten.
Er unterrichtet sie mit einer Ruhe, mit solchem Bedachte und
mit solcher Umständlichkeit, als habe er sein gutes Auskom-
men und sonst keine Sorgen auf der Welt. Der König wird
gefangen, Hamlet ist ganz vergnügt, daß ihm seine List gelungen; die gewonnene Erfahrung zu benutzen, daran denkt
er nicht. Seine Mutter läßt ihn rufen, er geht und hält sich
lange im Vorzimmer auf; dort philosophiert er. Er hält den
schönen Monolog, der aber in dem Munde eines Fürsten sich
so häßlich ausnimmt. Das Leben ist ihm verhaßt; aber nicht
wegen der Leiden, nein, wegen der Handlungen, die es auf-
legt. Kein anderes Mittel, sich vor den Plagen der Welt zu
schützen, als Flucht, Selbstmord; der Tod soll die Todes-
furcht heilen. Er trifft den König unbewacht, jetzt könnte
er ihn töten; aber er betet. Hamlet will grausam sein, er
will ihn betrunken zur Hölle schicken. Jetzt spricht er mit
seiner Mutter; da ist ihm wohl und behaglich, da vertragen
sich Pflicht und Neigung. Der Geist selbst hat ihm Schonung
aufgelegt, nur reden darf er, Dolche keine brauchen. Es
rührt sich etwas hinter dem Vorhange; Hamlet hat Mut, er
sieht den Gegner nicht; er verwundet den weichen, wehr-
losen Teppich und trifft Polonius, den guten alten Mann.
Hamlets Wahnsinn steigt; die Maske der Verstellung, halb
fällt sie, halb läßt er sie sinken. Der König wird zum
Äußersten gebracht, er muß selbst zugrunde gehen oder
Hamlet verderben. Da beschließt er, ihn nach England zu
schicken, zu seinem Untergange. Er gibt ihm ganz freund-
liche Rechenschaft von der Notwendigkeit seiner Entfernung. Hamlet ist es gleich zufrieden, das Wörtchen *nein*
steht nicht in seinem Wörterbuche, er sagt *gut* und läßt sich

schicken. Er denkt an nichts, er entfernt sich von allem. Auf dem Schiffe übt er ein Bubenstück, begeht eine schimpfliche feige Tat gegen seine Begleiter Güldenstern und Rosenkranz. Diese jungen Leute wollten ihr Glück machen, sie zeigten sich dem Könige gefällig; aber sie durchschauen seine Tücke nicht und wissen nichts von der Botschaft, die sie nach England bringen. Hamlet schreibt wie ein Gauner falsche Briefe, schiebt sie den echten unter und bringt seine Begleiter und Jugendfreunde in die Falle, die ihm selbst gestellt. Er tut es nicht aus Bosheit, nicht aus Rachsucht, er tut es nur aus Eitelkeit. Noch nie ist ihm eine Tat gelungen, er will sich einmal etwas zugute tun, er will sich mit einem klugen Streiche bewirten. Der Zufall wirft ihn nach Dänemark zurück. Ob er jetzt auf etwas sinne, läßt er nicht erraten. Er wird zum Fechten mit Laertes eingeladen. Kaum hat er es zugesagt, wird es ihm übel ums Herz; nur die Ahnung einer Tat macht ihn schon krank. Er wird handeln, er wird sterben. Vorher versöhnt er sich mit Laertes auf eine würdige, rührende Art; noch einmal taucht der edle Schwan herauf und zeigt sich rein von dem Schmutze dieser Erde. Hamlet ficht, wird tödlich verwundet, und da, als er nichts mehr zu verlieren hat, als er keinen Mut mehr braucht, bringt er den König um. Es ist die Keckheit eines Diebes, der schon unter dem Galgen steht und Gott, die Welt und seinen Richter lästert. So endet ein edler Mensch, ein Königssohn! Er, der Wehe über sich gerufen, daß er geboren ward, die Welt aus ihren Fugen wieder einzurichten, tritt wie ein blindes Pferd das Rad des Schicksals, bis er hinfällt und ein armes Vieh, den Peitschenhieben seiner Treiber unterliegt!

Das ist das Los des Schönen auf der Erde.[12a]

Man hat viel von Shakespeares Ironie gesprochen. Vielleicht habe ich nicht recht verstanden, was man darunter verstanden; aber ich habe Ironie überall vergebens gesucht. Ironie ist Beschränktheit, – oder Beschränkung. Für letztere war Shakespeare zu königlich, für erstere hatte er eine zu klare Weltanschauung; er sieht keinen Widerspruch zwischen Sein und Schein, er sieht keinen Irrtum. Oft zeigt er uns lächelnd des Lebens verstellten, doch nie spottend des Lebens lächer-

12a. Schiller, »Wallensteins Tod«, IV,12.

lichen Ernst. Doch im Hamlet finde ich Ironie, und keine
erquickliche. Der Dichter, der uns immer so freundlich belehrt, uns alle unsere Zweifel löst, verläßt uns hier in schweren Bedenklichkeiten und bangen Besorgnissen. Nicht die
Gerechten, nicht die Tugendhaften gehen unter, nein schlimmer, die Tugend und die Gerechtigkeit. Die Natur empört
sich gegen ihren Schöpfer und siegt; der Augenblick ist Herr
und nach ihm der andere Augenblick; die Unendlichkeit ist
dem Raume, die Ewigkeit ist der Zeit untertan. Vergebens
warnt uns das eigene Herz, das Böse ja nicht zu achten, weil
es stark, das Gute nicht zu verschmähen, weil es schwach ist;
wir glauben unsern Augen mehr. Wir sehen, daß wer viel
geduldet, hat wenig gelebt, und wir wanken. Hamlet ist ein
christliches Trauerspiel.
Die Welt staunt Shakespeares Wunderwerke an. Warum?
Ist es denn so viel? Man braucht nur Genie zu haben, das
andere ist leicht. Shakespeare wählt den Samen der Art,
wirft ihn hin, er keimt, sproßt, wächst empor, bringt Blätter
und Blüten, und wenn die Früchte kommen, kommt der
Dichter wieder und bricht sie. Er hat sich um nichts beküm-
mert, Luft und Sonne seines Geistes haben alles getan, und
die Art ist sich gleich geblieben. Aber den Hamlet staune ich
an. Hamlet hat keinen Weg, keine Richtung, keine Art. Man
kann ihm nicht nachsehen, ihn nicht zurechtweisen, nicht
prüfen. Sich da nie zu vergessen! Immer daran zu denken,
daß man an nichts zu denken habe! Ihn nichts und alles sein
zu lassen! Ihn immer handeln und nichts tun, immer sich bewegen und nie fortkommen zu lassen! Ihn immer sich als
Kreisel drehen lassen, ohne daß er ausweiche! Das war
schwer. Und Shakespeare ist ein Brite! Hätte ein Deutscher
den Hamlet gemacht, würde ich mich gar nicht darüber
wundern. Ein Deutscher brauchte nur eine schöne, leserliche
Hand dazu. Er schreibt sich ab, und Hamlet ist fertig.

> (Börne: Sämtliche Schriften. Neu bearbeitet
> und hrsg. von Inge und Peter Rippmann.
> Bd. 1. Düsseldorf: Melzer 1964. S. 482–499)

Christian Dietrich G r a b b e (1801–36) in »Über die
Shakspearo-Manie«:

Der Prinz Hamlet selbst ist eine wahre Fundgrube der
genialsten Gedanken, zu welchen jedoch der triviale

»es gibt noch andere Dinge zwischen Erd' und Himmel
als eure Schulweisheit sich träumen läßt, Horatio«

nur darum so oft von dem großen Haufen gezählt wird,
weil er wegen seiner Trivialität auch dem einfältigsten Gehirn sich anpaßt. Die übrigen Personen sind wahre Nullen,
so sehr, daß man die Höflinge Güldenstern, Rosenkranz und
Osrik nicht einmal von einander *unterscheiden* kann. Wilh.
Schlegel vertheidigt dieß zwar, aber die Andeutung des fei-
nen Unterschiedes, der sich auch in der gebildetsten Men-
schenclasse an den Individuen bemerklich macht, hätte ich
grade beim Shakspeare erwartet. Auch der König ist nur ein
Phrasenmacher, denn einen Narren wie den Polonius, der,
wie es scheint, eine Art alt gewordenen Hamlets seyn soll,
ernsthaft anzuhören und sogar als Minister zu behalten,
zeigt Beschränktheit an, wie wir sie selbst heut zu Tage selten in den – – – schen Cabinetten finden. Nichts besser, sondern äußerst grob ist die Erfindung, zu welcher sich der
König endlich emporschwingt, um den Hamlet umzubringen. Den Prinzen in eventum mit einem Trunke, der sofort
tödtet, vor den Augen der Königin, des ganzen Hofes ver-
giften zu wollen, macht den hinterlistigen, besonnenen und
feigen König zu einem albernen Waghalse. Selbst der Geist,
vor dessen Erscheinung in der That das Grauen hergeht,
vernichtet durch seine breiten Expositionen, mit abgedrosche-
ner Moral untermischt, jeden Eindruck, den man gefaßt
hatte. Steckt hier eine shakspearische Ironie (wie ich fürchte),
so kann ich sie doch nicht verzeihen, weil sie den Effect
stört. Vortrefflich ist der Gegensatz Hamlets zum Laertes:
jener voll Tiefe, dieser voll Hohlheit und Bombastes (in der
tiefsten Trauer erinnert er sich an *sieben*fach gesalzne Thränen.) Sicher nicht ohne Anspielung läßt Shakspeare den
Laertes eine Sehnsucht nach *Frankreich* empfinden. Auch
Fortinbras gibt gegen den Hamlet einen guten Contrast ab,
er mußte aber in der Ferne bleiben, weil sein näheres Eintreten ihn entweder zum Haupthelden gemacht oder doch
den Hamlet in Schatten gestellt hätte.

Schon aus diesen Characteren ergibt sich, wie das dramatische Verhältniß des Stückes im Ganzen seyn muß. Alles
ruht im Hamlet, das Reden ist die Hauptsache, die Handlung ungelenk und schleppend. Ophelias Wahnsinn, Laertes'
Empörung, Hamlets Reise nach England, seine zufällige Er-

rettung pp. pp. fallen wie aus den Wolken, und soll hier
abermals eine shakspearische *Feinheit* (welcher Ausdruck so
oft als Substitut eines shakspearischen *Fehlers* gebraucht
wird) stecken, daß nämlich, wie Wilh. Schlegel meint, trotz
aller Hebel welche Erde und Himmel zur Bestrafung der
Frevler in Bewegung setzen, diese Bestrafung nicht durch
das erwählte Werkzeug, den Prinzen Hamlet zu Stande ge-
fördert wird, sondern nur *zufällig* eintritt, – so hätte von
der Dichter sowohl die *Wiederholung* solcher *Zufälle* sparen
sollen, als man ohnedem bei Hamlets Character a priori
weiß, daß nicht er, sondern der Zufall das Spiel entscheiden
werde.
Der Dichter scheint an der Handlung im Hamlet *Langeweile*
gehabt zu haben. Wie zeitungsmäßig und wie steif bewegt
sich alles, was nicht zur Reflection gehört. Man denke nur
an den Theil der Exposition, welcher in Horatios Erzählung
von dem Wettstreit des alten Hamlet und des alten Fortinbras sich vorfindet. Überhaupt sind, wie ich bei dieser Gelegenheit wohl bemerken darf, Shakspeares *Expositionen*
nicht so sehr, wie Schlegel es thut, zu loben. Freilich eröffnet
Shakspeare *oft* (nicht immer!) seine Stücke mit phantasti-
schen Scenen, z. B. mit der Schildwache und der Geistererscheinung im »Hamlet«, mit dem Vorbeischweben der
Hexen im »Macbeth«, mit dem Untergange des Schiffes im
»Sturme«, – aber hinter diesen Phantasiebildern pflegt die
eigentliche Exposition nur um so sicherer daher zu hinken,
wie das denn in allen genannten Stücken der Fall ist. Und
wenn man aus langer Erfahrung weiß, wie wenig auf dem
Theater gleich beim ersten Aufziehen des Vorhangs große
Schläge auf den Zuschauer wirken, – wie dieser noch nicht
genug gesammelt ist, um sie zu verstehen oder aufzunehmen,
so wird man exempli gratia einräumen, daß der Untergang
des Schiffes im »Sturm« wenig dient, der nachfolgenden
Unterredung zwischen Prospero und Miranda, bei welcher
die letztere *einschläft* (ist das vielleicht auch shakspearische
Ironie?) die Langeweile zu benehmen. Die kunstloseste und
trockenste Exposition befindet sich jedoch gleich zu Anfang
des »Cymbeline«.
Kurz auf den Hamlet zurückzukommen, ist es merkwürdig,
wie der Prinz zwar an der Wahrhaftigkeit des Geistes zweifelt, aber den nächsten Grund eines vernünftigen christlichen

Zweifels nicht einsieht: der Geist fodert ihn zur *Rache* auf.
Das thut kein guter Geist, und entweder hat Shakspeare
sich hier versehen oder es steht mit seinem Geiste nicht richtig. Übrigens verkenne ich in der Anlage des Schauspieles
nicht eine echt shakspearische Feinheit. Ich bin subjectiv
überzeugt, daß es ein wirklicher Geist ist, der den Hamlet
zur Rache aufruft; objectiv geht darüber dennoch keine
Gewißheit aus dem Stücke hervor. Es könnte dieser Geistererscheinung auch ein *Betrug*, eine *Cabale* zu Grunde liegen,
und grade dadurch daß selbst diese alles motivirende Geistererscheinung, dieses Kettenglied zwischen Himmel und
Erde, im zweifelhaften Lichte schwebt, wird im Hamlet das
Menschenschicksal zu einer »Sphinx«.

(Grabbe: Werke. Hrsg. von der Akademie der
Wissenschaften in Göttingen. Bearbeitet von
Alfred Bergmann. Bd. 4. Emsdetten: Lechte 1966.
S. 44–46)

Karl W e r d e r (1806–93):

Nicht der *Held* ist das Stück, nicht der *Charakter*; sondern
die *Handlung*.
Man hat grade umgekehrt gemeint: »an der negativen
Handlung dieses Stückes, an dem Ausweichen vor der That,
an dem Mangel an äußren Ereignissen und innerer Energie
des Wirkens und der wirkenden Kräfte könnten wir an sich
wenig Antheil nehmen. Gleichwol nähmen wir den höchsten
Antheil an diesem Hamlet – das eigentliche Interesse liege
also in diesem Charakter.«
Diese Ansicht ist grundverkehrt und ein Beleg dafür, wie
wenig man den Göthe'schen Treffer zu nutzen gewußt; und
ich citire sie zuletzt, weil die Wurzel des allgemeinen Miß-
verständnisses auf's deutlichste darin zu Tage tritt.
Denn eben durch die Meinung: daß wir am Stücke selbst,
an der »Handlung als solcher nur wenig Antheil nehmen
könnten« – eben *da*durch wird das Interesse am Character,
das nach der Behauptung unser »eigentliches« sein soll, ein
völlig schiefes: ein *negatives, pathologisches*! Das gänzliche
Verkennen grade des Characters ist die Folge jener Meinung; – und an ihm nun als moralischer Person nimmt man
ein Ärgerniß und sieht nicht, daß man's am Genius des Dichters nimmt, am Werk. Daß dem Prinzen fehlt, was für den

tragischen Helden gemeinhin als unerläßlich gilt: die Ver-
blendung durch die Begier, die schuldvolle That, der Wille
der gegen ein Heiliges verstößt oder verbricht – *dies* in
Wahrheit ist es, was man als Thatlosigkeit an ihm ansicht;
als seinen Fehler: daß er nicht *gleich* fehltritt; – daß er
ebensoviel Verstand als Leidenschaft, daß er die Leidenschaft einer *durchaus* gerechten, in sich selbst collisionslosen
Sache hat, – darum *ihres Geistes* voll und der echte und
wahre Held ist für die tragische Sühne, um die es sich hier
handelt! *Dies* Heldenthum schließt jene negativen Elemente
aus; *sein* Wesen ist Opferung.
Deshalb ist er uns als Character vom höchsten Interesse!
Durch den Dienst gewinnt er's, in den jene große Sache ihn
nimmt, durch sein aus *ihr* entspringendes Verhängniß – durch
den Zweck und die Handlung.
In der gesammten dramatischen Poesie existirt keine Gestalt,
die individueller und zugleich dabei so sachlich wäre – in
der *nur* die Sache, der Zweck als solcher, und nur der allein,
so wirksam wäre, wie in der seinigen. *Das* ist das Spezifische
an ihm; das die Erfindungs-Eigenthümlichkeit seiner Figur.

(Werder: Vorlesungen über Shakespeare's
Hamlet, gehalten an der Universität zu
Berlin 1859/60. Berlin 1875. S. 244 f.)

Friedrich Theodor V i s c h e r (1807–87) in »Shakespeares
Hamlet« (Kritische Gänge, N. F. 1861):

Man hat mit Recht in Hamlet den Typus der deutschen
Geistesart gefunden; der Franzose, der moderne Engländer
lacht uns aus um unserer Unentschlossenheit willen. Jener
ist leichter, beweglicher, dieser beschränkter, härter organi-
siert und beide ahnen im Spotte doch dunkel, daß uns etwas
inwohnt, wofür sie kein Senkblei haben. Übrigens sind
Nationen nicht einzelne; der Hamlet, der ein Volk ist, wird
den Spott überdauern und es kommt vielleicht eine Zeit, wo
wir sagen dürfen: wer zuletzt lacht, lacht am besten. Vor
kurzem hat ein wahrhaftes Hamletzaudern uns dem Gelächter und der Verachtung der Nationen preisgegeben; aber
wenn der Laertes Frankreich uns den vergifteten Degen in
den Leib stoßen wird, so wird der Hamlet Deutschland den
Stoß und den Gegenstoß überleben . . .
[. . .] Hier ohne Zweifel ist eine Schicksalstragödie und eine

echte, d. h. eine solche, die zugleich wahre Charaktertragödie ist, alles aus dem Innern der Handelnden und vor allem des Helden motiviert. Hier lehrt alles, daß die Verhältnisse stärker sind als der Mensch, das Ganze unendlich größer als der Einzelne, und doch entwickelt sich das Ganze der Verhältnisse nur aus den einzelnen Menschen. Dadurch erst, durch diese Tiefe der Ineinanderschlingung von Mensch und Schicksal, ist Shakespeares wunderbarste Schöpfung sein Hamlet.

(Vischer: Ausgewählte Werke. Hrsg. von Theodor Kappstein. Bd. 3. Leipzig o. J. [1920]. S. 201 u. 205)

Ferdinand F r e i l i g r a t h (1810–76):

Hamlet

Deutschland ist Hamlet! Ernst und stumm
In seinen Toren jede Nacht
Geht die begrabne Freiheit um,
Und winkt den Männern auf der Wacht.
Da steht die Hohe, blank bewehrt,
Und sagt dem Zaudrer, der noch zweifelt:
»Sei mir ein Rächer, zieh dein Schwert!
Man hat mir Gift ins Ohr geträufelt!«

Er horcht mit zitterndem Gebein,
Bis ihm die Wahrheit schrecklich tagt;
Von Stund' an will er Rächer sein –
Ob er es wirklich endlich wagt?
Er sinnt und träumt und weiß nicht Rat;
Kein Mittel, das die Brust ihm stähle!
Zu einer frischen, mut'gen Tat
Fehlt ihm die frische, mut'ge Seele!

Das macht, er hat zuviel gehockt;
Er lag und las zuviel im Bett.
Er wurde, weil das Blut ihm stockt',
Zu kurz von Atem und zu fett.
Er spann zuviel gelehrten Werg,
Sein bestes Tun ist eben Denken;
Er stak zu lang in Wittenberg,
Im Hörsaal oder in den Schenken.

Drum fehlt ihm die Entschlossenheit;
Kommt Zeit, kommt Rat – er stellt sich toll,
Hält Monologe lang und breit,
Und bringt in Verse seinen Groll;
Stutzt ihn zur Pantomime zu
Und fällt's ihm einmal ein, zu fechten:
So muß Polonius-Kotzebue[13]
Den Stich empfangen – statt des Rechten.

So trägt er träumerisch sein Weh,
Verhöhnt sich selber insgeheim,
Läßt sich verschicken über See,
Und kehrt mit Stichelreden heim;
Verschießt ein Arsenal von Spott,
Spricht von geflickten Lumpenkön'gen –
Doch eine Tat? Behüte Gott!
Nie hatt' er eine zu beschön'gen!

Bis endlich er die Klinge packt,
Ernst zu erfüllen seinen Schwur;
Doch ach – das ist im letzten Akt,
Und streckt ihn selbst zu Boden nur!
Bei den Erschlagnen, die sein Haß
Preisgab dem Schmach und dem Verderben,
Liegt er entseelt, und Fortinbras
Rückt klirrend ein, das Reich zu erben. –

Gottlob! noch sind wir nicht soweit!
Vier Akte sahn wir spielen erst!
Hab acht, Held, daß die Ähnlichkeit
Nicht auch im fünften du bewährst!
Wir hoffen früh, wir hoffen spät:
Oh, raff dich auf, und komm zum Streiche,
Und hilf entschlossen, weil es geht,
Zu ihrem Recht der flehnden Leiche!

Mach den Moment zunutze dir!
Noch ist es Zeit – drein mit dem Schwert,
Eh' mit französischem Rapier

13. Gleichsetzung der Tötung des Polonius mit der politisch wenig sinn-
vollen Ermordung des Lustspieldichters und russischen Generalkonsuls
August von Kotzebue durch den Studenten Ludwig Sand.

> Dich schnöd vergiftet ein Laert!
> Eh' rasselnd naht ein nordisch Heer,
> Daß es für sich die Erbschaft nehme!
> Oh, sieh dich vor – ich zweifle sehr,
> Ob diesmal es aus Norweg käme!
>
> Nur ein Entschluß! Auf steht die Bahn –
> Tritt in die Schranken kühn und dreist!
> Denk an den Schwur, den du getan,
> Und räche deines Vaters Geist!
> Wozu dies Grübeln für und für?
> Doch – darf ich schelten, alter Träumer?
> Bin ich ja selbst ein Stück von dir,
> Du ew'ger Zauderer und Säumer!

(Freiligrath: Gedichte. Auswahl und Nachwort
von Dietrich Bode. Reclams UB Nr. 4911[2].
S. 55–57)

Roderich B e n e d i x (1811–73):

Diese Compositionsfehler sind der Schlüssel zu der geheimnißvollen Unbegreiflichkeit Hamlets. Merzen Sie diese aus, so wird Hamlets Charakter so klar und einfach wie jeder andere.

Diese Compositionsfehler sind vor allen Dingen eine Reihe ungemein überflüssiger Episoden, die auf die eigentliche Handlung nicht den geringsten Einfluß, ja beinahe keinen Zusammenhang mit ihr haben, und die man, wie mir scheint, unbedingt als Fehler bezeichnen muß.

Da ist erstens die Absendung einer Gesandtschaft nach Norwegen und deren Rückkehr. Der Zweck und der Erfolg dieser Gesandtschaft hat nicht das geringste Interesse für uns. Aber es verfließen bis zur Rückkunft der Gesandtschaft, die wir ja abwarten müssen, Wochen, vielleicht Monate.

Die zweite Episode ist die Reise des Laertes nach Paris, woran sich die dritte knüpft, die Nachsendung des Reinhold als Aufpasser oder Spion. Diese Episode legt sich unendlich breit in das Stück hinein. Laertes nimmt Urlaub vom König, er nimmt Abschied von Ophelia und gibt dieser gute Lehren, dann gibt ihm Polonius, sein Vater, Verhaltungsregeln, mit denen auch Reinhold reichlichst ausgestattet wird. Alle diese sehr langathmigen Lehren sind nichts weniger als dramatisch, sie beziehen sich nicht im entferntesten auf die Handlung, lassen uns daher ganz kalt. Allein bis zur Rückkehr des Laertes müssen Monate verfließen. Und diese Rückkehr müssen wir ja auch erleben.

Die vierte Episode ist der Marsch des Fortinbras durch Dänemark nach Polen. Da dieser ohne Schiffe nicht möglich ist, müssen Monate bis zu der Rückkehr verfließen. Und diese Rückkehr müssen wir ja auch erleben.

Die fünfte Episode ist die Einschiffung Hamlets nach England, die gerade eintritt, als die Handlung lebhaft zu werden verspricht und zu einem Schlusse zu kommen strebt. Diese Einschiffung Hamlets wirft sich geradezu wie ein Hemmschuh in die Handlung hinein. Und Hamlets Rückkehr müssen wir ja auch erleben. Wir sehen also vier Personen aus dem Stücke fortreisen und später erst wieder kommen. Und diese Reisen sind ganz überflüssige Episoden.

[...] Shakespeare war nicht vollkommen Herr seines Stoffes. Daß er Hamlet ohne Nothwendigkeit umkommen läßt, ist geradezu unbegreiflich. Nein, es ist von poetischer Gerechtigkeit keine Rede. Fortinbras sagt am Schlusse:

> O stolzer Tod,
> Welch Fest geht vor in deiner ewigen Zelle,
> Daß du auf einen Schlag so viele Fürsten
> So blutig trafst.

Das ist des Räthsels Lösung. Ein Fest für den Tod war es, angestellt für die gestählteren Nerven des blutfrohen Publikums.

[...] Hamlet und Laertes springen in das Grab und ringen mit einander. Wozu das? Aus ihrem Streit entsteht nicht die geringste Folge. Laertes hatte ja schon vorher den Mordplan angenommen.

In der folgenden Scene erzählt Hamlet die Büberei, die er gegen Rosenkranz und Güldenstern ausgeübt, und theilt Horatio seinen Entschluß mit, sich an dem König zu rächen. Dann kommen zwei Boten, die ihn zu einem Scheinkampfe mit Laertes einladen. Diese Einladung nebst allerhand Gespräch dabei sind fünfeinhalb Seiten lang. Dann kommt der Hof und der Kampf beginnt, Hamlet ficht mit gewöhnlichem Rappiere, Laertes mit geschärftem und vergiftetem. Der Ausgang dieses Kampfes ist auf die wunderlichste Weise herbeigeführt. Die beiden Kämpfer wechseln *in der Hitze des Gefechts* die Waffen. Ist das eine denkbare Möglichkeit? Wer eine Waffe führt, läßt sie während des Kampfes sicher nicht aus der Hand. Und wäre es möglich, würde nicht Laertes den Kampf unter irgend einem Vorwande unterbrechen, da er das vergiftete Rappier, von dem die leiseste Verwundung ihn tödten muß, in der Hand Hamlets weiß?

Nach dem Kampfe. Die Königin stirbt an Gift, der König von Hamlet, Laertes an der erhaltenen Wunde, endlich auch Hamlet. Daß Horatio auch nach dem Giftbecher greift und sagt: er sei ein Römer und wolle mit dem Freunde sterben, ist eine höchst überflüssige Rodomontade. Hamlet ist todt, das Stück ist aus. Eine gute Schlußrede im Munde Horatio's würde würdig schließen. Doch der Dichter kann nicht zum Schlusse kommen. Es treten noch auf englische Gesandte, die die Nachricht bringen, Rosenkranz und Güldenstern seien glücklich hingerichtet, es tritt auf Fortinbras, der Anspruch auf die Thronfolge macht, Horatio verspricht ihm, alles zu erzählen, Fortinbras trifft Anordnungen zum Begräbniß u. s. w. Nach Hamlets Tode werden noch fünfzig Verse gesprochen, es treten ganz fremde Personen auf und in das Stück ein, das doch zu Ende ist. Ich finde diesen Schluß ebenso ungeschickt, wie den von Romeo und Julie. Was kümmert uns nach Hamlets Tode noch Rosenkranz und Güldenstern? Was kümmern uns englische Gesandte? Was kümmert uns Fortinbras? Was die Thronfolge in Dänemark? Wir haben uns nur um Hamlet gekümmert. Mit seinem Tode ist unser Interesse aus, vollkommen aus, wir wollen nichts, gar nichts mehr wissen.

(Benedix: Die Shakespearomanie. Zur Abwehr.
Stuttgart 1873. S. 274–288)

Otto L u d w i g (1813–65):

Hamlet

Ein eignes Stück, bei weitem weniger dramatisch und von konziser Form wie seine übrigen Tragödien. Hamlets zahlreiche Monologe sind der Kern, die übrigen Szenen nur so darumgebaut. Die Motivierung weit nachlässiger und lückenhafter als in seinen andern. Mancherlei fällt auf. Bei dem Vorherrschen der Innerlichkeit Hamlets befremdet es, daß er keine Ursache angibt für den erkünstelten Wahnsinn und dieser auch sonst nicht motiviert ist. Zu seinem Zweck wäre es viel besser, er stellte sich behaglich und zufrieden als irrsinnig. Übrigens sieht man nicht einmal überhaupt eine Ursache, warum er aktive Verstellung wählt. Er braucht sich ja nur nicht zu verraten. – Über seinen Vorsatz hört man ihn gar nicht reflektieren, während er sonst über alles reflektiert. Gleich nach der Geistererscheinung sagt er bloß zu seinen Freunden: Wenn ihr mich wunderliche Dinge tun seht, laßt euch nichts merken, was die Veranlassung davon verraten könnte. Dann fällt der Anfang des verstellten Wahnsinns in den Zwischenakt; wiederum bei Shakespeare befremdlich. Die Art seiner Verstellung ist nun wiederum so, daß sie eher das Umgekehrte herbeiführen muß, als was er damit bezwecken zu wollen scheint. Weit entfernt, sich dadurch zu maskieren, verrät er sich vielmehr dadurch. Warum verstellt er sich, wenn er solche Dinge macht, wie mit der Tragödie in der Tragödie, die mehr ihn dem Könige verrät als diesen ihm. Die Gewissensprobe mit dem Schauspiel vor dem König ist so, daß sein verstellter Wahnsinn nun ganz überflüssig. Nun wird das Verhältnis ohnehin etwas schielend. Der König muß nun wissen, wie er mit ihm daran ist; die Höflinge sagen gleichfalls, es drohe dem Könige Gefahr von Hamlet, und doch scheinen sie die Sache nicht zu durchschauen. Und doch können sie nur, wenn sie dies tun, eine Gefahr für den König ahnen. Tun sie das, wie kommt's, daß sie keine Überraschung zeigen? Haben sie alle schon geahnt, oder wußten sie, daß der König der Mörder? Hamlet muß wissen, daß ihm schwere Gefahr droht, wenn der König weiß, daß Hamlet alles wisse, daß der König dann im Falle der Notwehr ist und einen Mord mehr begehen können wird, um den alten ungestraft begangen zu haben; denn warum verstellt er sich sonst? Und doch sieht man ihn keine Maßregeln treffen für diesen möglichen Fall, ja gar nicht an ihn denken, ehe er die Gewissensprobe macht. Was soll dann die Mutter mit ihm? Ihn aushorchen? Ist das nicht nötig? Ihn schelten, wie Polonius sagt? Wofür? Daß er das Gewissen des Königs zum Selbstverrate gebracht? Dann braucht's kein Aushorchen mehr, von dem Polonius zugleich doch spricht. Wie wenig Schrecken zeigt die Königin bei der Ermordung des Polonius, wie gleichgiltig ist Hamlet darüber! Soll das

Gefühl des eignen Unglücks ihn für fremdes gleichgiltig machen? Dergleichen pflegt sonst Shakespeare bis zum Ab-
strakten einzuschärfen. (S. Lear.) Dann – gibt's kein sichreres
Mittel, den Hamlet zu töten, als durch ein giftig Rapier?
Warum läßt der König ihn erst wieder nach Helsingör?
Aber er will vielleicht den Laertes zugleich mit töten. Wird
man aber nicht an der Art der Wunde und des Todes sehen,
daß er von Gift kam? Auch schon das mit dem Uriasbriefe[14]
ist sonderbar. Alle diese Mittel kompromittieren ja den
König erst recht, und dem will er doch ausweichen. – Ahnt
denn Hamlet gar nicht, daß er der Grund von Ophelias
Tode ist? Ficht es ihn nicht an? Hat ihn eignes Unglück
fühllos gemacht? Nein. Denn er will mit Laertes ausfechten,
wer sie mehr geliebt habe. – Horatio scheint sonst bieder
und gerade. Wenn Hamlet auch eine solche Tat tun konnte,
daß er Rosenkranz und Güldenstern ans Messer lieferte,
konnte Horatio sie billigen? Sonderbar, in diesem innerlich-
sten von Shakespeares Stücken bleibt man überall über die
Motive im unklaren, die auch in seinen äußerlichsten sonst
immer, ja oft mit abstrakter Deutlichkeit angegeben sind.
Bei den übrigen ist oft die Premierung der Motive gar nicht
nötig, weil die Personen immer das Natürlichste, Nächste tun
oder denken; hier wäre sie es sehr, weil die Personen fast
nichts Natürliches und sich von selbst Verstehendes tun und
denken. Daß Hamlet nichts Verfängliches in der Wette sieht,
zumal da ein übles Vorgefühl sich seiner Seele bemächtigt.
Wie er mit dem Könige steht, der ihm erst den Uriasbrief
gegeben, wie er mit dem Laertes steht, dem er Vater und
Schwester gemordet – wie kann er an Laertes denken als
einen, mit dem er weiter nichts hat, als den Wettkampf in
der Bezeigung des Schmerzes über den Tod der Ophelia, wie
kann er in diesen Augenblicken, wo er über seine Sicherheit
in Sorge sein müßte, über die Folgen seiner Taten in Schmer-
zen, die Plaudereien mit und über Obrick[15] treiben? Kurz, in
keinem Stücke Shakespeares scheint mir die Fabel so will-
kürlich und abenteuerlich, die Figuren in den Situationen

14. Urias war der Gatte der von David verführten Bathseba. Er wurde
auf Davids Befehl, den Urias selbst ohne Wissen in einem Brief über-
bringt, im Kampf an die gefährlichste Stelle gestellt und so getötet
(2. Sam. 11).
15. Ludwig meint Osrick.

weniger vollständig empfunden, die Stimmung öfter zerris-
sen, das Ganze so unzusammenhängend, das Einzelne so
unverhältnismäßig. Welchen Bezug hat die Breite des Ab-
schieds Laertes' von den Seinen, die Ermahnungen und Lehren der Männer an Ophelia und des Alten an den Laertes,
dann die Botschaft Reinholds, des Laertes' Aufführung zu
erkunden, zum Ganzen, wogegen die Rolle der Ophelia
wiederum so obenweg und skizziert wie selten eine bei
Shakespeare? Das ganze Um- und Beiwerk so wenig gesammelt. Auch Polonius ist so sehr ungleich, in seinen ersten
Szenen ein ganz andrer. Es ist das einzige unter Shakespeares Stücken, wo die bewegende Ursache die Schuld eines
andern ist als des Helden. – Es ist so reich an Spielszenen,
ohne daß eben viel Tathandlung vorkommt. – Hamlets
Charakterfigur ist das Zusammensinken nach affektvollem
Aufflammen, wo der Affekt zur Tat werden sollte. Melancholie sein habitueller Gefühlszustand. Auf dem Grunde
seiner Melancholie der Überlegne, der die Lacher auf seiner
Seite hat, seine Szenen lauter Spielszenen. – Zur eigentlichen
Handlung im französisch-klassischen Sinn ist die ganze Reihe
der Szenen Opheliens, ja die Gestalt selbst durchaus nicht
wesentlich notwendig; denn Laertes' Rache, sein Komplott
mit dem Könige war durch den Mord seines Vaters hinläng-
lich motiviert. Aber sie bereicherte die Mannigfaltigkeit der
Anschauungen, gab für Hamlet Anlaß zu mehreren Spielszenen, die zu den berühmtesten des Werkes gehören, und
ließ sich selbst zu Spielszenen im Wahnsinn verwenden,
durch welche ein wunderbar lieblich-elegischer Ton mehr in
den tragischen Akkord kam, nicht gerechnet, wie sie als
ein Glied der kontrastierenden Gruppe benutzt ist, durch
welche die Idee des Hauptcharakters und damit des ganzen
Stückes herausgehoben wird.

Hamlets Innerlichkeit

Auch im Hamlet ist der Hauptschauplatz in der Seele des
Helden. Daher die dramatischen Monologe. In den Helden
ist eigentlich der dramatische Kampf. So sind sie Mittelpunkte der Stücke. – Alle Finesse der psychologischen Aus-
malung bloß im Helden, die übrigen Figuren dagegen alle

mehr nur wie skizziert. Alle andern Gestalten haben nur
den Helden zum Gegenstande ihres Handelns und Sprechens.
Othello spricht nur mit seiner Leidenschaft, Jago ist bloß ein
Erreger und Helfer derselben. – Das In-sich-selbst-Hinein-
schauen, das Mit-sich-selbst-Sprechen, dies in sich als in die
Hauptsache Gewandte gibt den Personen das Nachdrück-
liche, Imposante, das der Stolz, dieser stete Sichselbstan-
schauer hat, das macht sie zu großen Gestalten. – Die Shakespearischen Helden haben alle solchergestalt etwas Isoliertes,
wodurch sie sich wie stolz und vornehm von den andern
Figuren absondern. – Ihre Selbstgespräche sind weit mannig-
faltiger, lebendiger und dramatischer als ihr Gespräch mit
andern, das sie dann, wenn sie allein, erst verarbeiten. –
Sowie sie allein sind, bricht es los, was man in den Gesprächen mit den andern nicht so deutlich sieht. – Alle große
Leidenschaft isoliert. Sie verbirgt sich der Umgebung und
sucht die Einsamkeit, mit sich selbst zu streiten, sich zu bedauern, sich anzufeuern, mit sich zu beraten, sich schlechtzu-
machen, sich zu trösten, sich auszutoben. – Man erinnert sich
dabei der Shakespearischen Beobachtung: »Vor dem Voll-
bringen einer schweren Tat sind der Genius und die sterblichen Organe im Rate versammelt, und der ganze Mensch
erleidet wie ein kleines Königreich den Zustand der Empörung.«[16] Dies ist zugleich eine Darstellung seiner künstlerischen Methode. – Die Entwicklung eines interessanten
Charakters ist nur in Monologen möglich. Darum tut man
wohl, nur eine Gestalt, den Helden zum Träger einer größern
Entwicklungsreihe oder eines psychologischen Prozesses zu
machen, namentlich nicht zwei Entwicklungsreihen unmittelbar nebeneinander abzuspinnen oder gar noch mehr.

(Ludwig: Shakespeare-Studien. Mit einem Nach-
wort und Anmerkungen von Manfred Hoppe. Re-
clams UB Nr. 6618[3]. S. 158–164)

Kuno F i s c h e r (1824–1907):

Je lebendiger bis in ihre genrehaften Züge hinein die Indi-
vidualitäten entwickelt sind, so daß wir sie sehen und sprechen hören, um so verständlicher und einleuchtender sind

16. »Julius Cäsar« II, 1.

ihre Charaktere. So aber verhält es sich in der Hamlet-Tragödie: sie ist durch und durch *Charaktertragödie*, wohl die
ausgeprägteste, die es giebt. Die ganze Fabel ist so umgestal-
tet und angelegt, daß der Gang ihrer Begebenheiten in lauter charakteristischen Figuren, Handlungen und Reden sich
entwickelt und viel schwieriger zu erzählen als dramatisch
darzustellen ist. Die Personen dieser Tragödie leben vor uns,
sie benehmen sich, handeln und reden ganz so, wie nach
Hamlets Vorschrift die Schauspieler sich haben, sein und
sprechen sollen.
Daher finde ich in dieser Tragödie den Gang und die Art
der Handlungen, verglichen mit der Natur und Beschaffen-
heit der Charaktere, so vollkommen naturgemäß und ein-
leuchtend, daß ich dem Einwurf, es herrsche darin eine irra-
tionale Nothwendigkeit oder ein dunkles Schicksal, alle Trif-
tigkeit absprechen muß und eher fürchte, daß der Schein
eines unauflöslich *düsteren Problems* den Kopf des Kritikers
gefangen nimmt, als daß derselbe das Werk des Dichters
verdunkelt.

(Fischer: Kleine Schriften. Bd. 5 Shakespeares
Hamlet. Heidelberg o. J. [1896]. S. 316 f.)

Friedrich N i e t z s c h e (1844–1900):

Diesem bereits rückwärts gewandten Beschauer müssen wir
aber zurufen: Geh nicht von dannen, sondern höre erst, was
die griechische Volksweisheit von diesem selben Leben aus-
sagt, das sich hier mit so unerklärlicher Heiterkeit vor dir
ausbreitet. Es geht die alte Sage, daß König Midas lange
Zeit nach dem weisen *Silen*, dem Begleiter des Dionysus, im
Walde gejagt habe, ohne ihn zu fangen. Als er ihm endlich
in die Hände gefallen ist, fragt der König, was für den
Menschen das Allerbeste und Allervorzüglichste sei. Starr
und unbeweglich schweigt der Dämon; bis er, durch den
König gezwungen, endlich unter grellem Lachen in diese
Worte ausbricht: »Elendes Eintagsgeschlecht, des Zufalls
Kinder und der Mühsal, was zwingst du mich dir zu sagen,
was nicht zu hören für dich das Ersprießlichste ist? Das
Allerbeste ist für dich gänzlich unerreichbar: nicht geboren
zu sein, nicht zu *sein*, *nichts* zu sein. Das Zweitbeste aber
ist für dich – bald zu sterben.« [. . .]

Die Verzückung des dionysischen Zustandes, mit seiner Vernichtung der gewöhnlichen Schranken und Grenzen des Daseins, enthält nämlich während seiner Dauer ein *lethargisches* Element, in das sich alles persönlich in der Vergangenheit Erlebte eintaucht. So scheidet sich durch diese Kluft der Vergessenheit die Welt der alltäglichen und der dionysischen Wirklichkeit voneinander ab. Sobald aber jene alltägliche Wirklichkeit wieder ins Bewußtsein tritt, wird sie mit Ekel als solche empfunden; eine asketische, willenverneinende Stimmung ist die Frucht jener Zustände. In diesem Sinne hat der dionysische Mensch Ähnlichkeit mit Hamlet: beide haben einmal einen wahren Blick in das Wesen der Dinge getan, sie haben *erkannt*, und es ekelt sie zu handeln; denn ihre Handlung kann nichts am ewigen Wesen der Dinge ändern, sie empfinden es als lächerlich oder schmachvoll, daß ihnen zugemutet wird, die Welt, die aus den Fugen ist, wieder einzurichten. Die Erkenntnis tötet das Handeln, zum Handeln gehört das Umschleiertsein durch die Illusion – das ist die Hamletlehre, nicht jene wohlfeile Weisheit von Hans dem Träumer, der aus zuviel Reflexion, gleichsam aus einem Überschuß von Möglichkeiten, nicht zum Handeln kommt; nicht das Reflektieren, nein! – die wahre Erkenntnis, der Einblick in die grauenhafte Wahrheit überwiegt jedes zum Handeln antreibende Motiv, bei Hamlet sowohl als bei dem dionysischen Menschen. Jetzt verfängt kein Trost mehr, die Sehnsucht geht über eine Welt nach dem Tode, über die Götter selbst hinaus, das Dasein wird, samt seiner gleißenden Widerspiegelung in den Göttern oder in einem unsterblichen Jenseits, verneint. In der Bewußtheit der einmal geschauten Wahrheit sieht jetzt der Mensch überall nur das Entsetzliche oder Absurde des Seins, jetzt versteht er das Symbolische im Schicksal der Ophelia, jetzt erkennt er die Weisheit des Waldgottes Silen: es ekelt ihn.

Hier, in dieser höchsten Gefahr des Willens, naht sich, als rettende, heilkundige Zauberin, die *Kunst*; sie allein vermag jene Ekelgedanken über das Entsetzliche oder Absurde des Daseins in Vorstellungen umzubiegen, mit denen sich leben läßt: diese sind das *Erhabene* als die künstlerische Bändigung des Entsetzlichen und das *Komische* als die künstlerische Entladung vom Ekel des Absurden. Der Satyrchor des Dithyrambus ist die rettende Tat der griechischen Kunst;

an der Mittelwelt dieser dionysischen Begleiter erschöpften
sich jene vorhin beschriebenen Anwandlungen.

> (Nietzsche: Die Geburt der Tragödie aus dem Gei-
> ste der Musik. Mit einem Nachwort von Hermann
> Glockner. Reclams UB Nr. 7131[2]. S. 28f. u.
> 50f.)

Sigmund F r e u d (1856–1939) in »Die Traumdeutung«:

Auf demselben Boden wie »König Ödipus« wurzelt eine
andere der großen tragischen Dichterschöpfungen, der
»Hamlet« Shakespeares. Aber in der veränderten Behandlung des nämlichen Stoffes offenbart sich der ganze Unterschied im Seelenleben der beiden weit auseinanderliegenden
Kulturperioden, das säkulare Fortschreiten der Verdrängung
im Gemütsleben der Menschheit. Im »Ödipus« wird die zu-
grundeliegende Wunschphantasie des Kindes wie im Traum
ans Licht gezogen und realisiert; im »Hamlet« bleibt sie ver-
drängt, und wir erfahren von ihrer Existenz – dem Sach-
verhalt bei einer Neurose ähnlich – nur durch die von ihr
ausgehenden Hemmungswirkungen. Mit der überwältigenden Wirkung des moderneren Dramas hat es sich eigentüm-
licherweise als vereinbar gezeigt, daß man über den Charakter des Helden in voller Unklarheit verbleiben könne. Das
Stück ist auf die Zögerung Hamlets gebaut, die ihm zuge-
teilte Aufgabe der Rache zu erfüllen; welches die Gründe
oder Motive dieser Zögerung sind, gesteht der Text nicht
ein; die vielfältigsten Deutungsversuche haben es nicht anzu-
geben vermocht. Nach der heute noch herrschenden, durch
Goethe begründeten Auffassung stellt Hamlet den Typus
des Menschen dar, dessen frische Tatkraft durch die über-
wuchernde Entwicklung der Gedankentätigkeit gelähmt
wird (»Von des Gedankens Blässe angekränkelt«). Nach anderen hat der Dichter einen krankhaften, unentschlossenen,
in das Bereich der Neurasthenie fallenden Charakter zu
schildern versucht. Allein die Fabel des Stückes lehrt, daß
Hamlet uns keineswegs als eine Person erscheinen soll, die
des Handelns überhaupt unfähig ist. Wir sehen ihn zweimal
handelnd auftreten, das einemal in rasch auffahrender Leidenschaft, wie er den Lauscher hinter der Tapete nieder-
stößt, ein anderesmal planmäßig, ja selbst arglistig, indem er
mit der vollen Unbedenklichkeit des Renaissanceprinzen die

zwei Höflinge in den ihm selbst zugedachten Tod schickt.
Was hemmt ihn also bei der Erfüllung der Aufgabe, die der
Geist seines Vaters ihm gestellt hat? Hier bietet sich wieder
die Auskunft, daß es die besondere Natur dieser Aufgabe
ist. Hamlet kann alles, nur nicht die Rache an dem Mann
vollziehen, der seinen Vater beseitigt und bei seiner Mutter
dessen Stelle eingenommen hat, an dem Mann, der ihm die
Realisierung seiner verdrängten Kinderwünsche zeigt. Der
Abscheu, der ihn zur Rache drängen sollte, ersetzt sich so bei
ihm durch Selbstvorwürfe, durch Gewissensskrupel, die ihm
vorhalten, daß er, wörtlich verstanden, selbst nicht besser sei
als der von ihm zu strafende Sünder. Ich habe dabei ins Bewußte übersetzt, was in der Seele des Helden unbewußt
bleiben muß; wenn jemand Hamlet einen Hysteriker nennen
will, kann ich es nur als Folgerung aus meiner Deutung anerkennen. Die Sexualabneigung stimmt sehr wohl dazu, die
Hamlet dann im Gespräch mit Ophelia äußert, die nämliche
Sexualabneigung, die von der Seele des Dichters in den
nächsten Jahren immer mehr Besitz nehmen sollte, bis zu
ihren Gipfeläußerungen im »Timon von Athen«. Es kann natürlich nur das eigene Seelenleben des Dichters gewesen sein,
das uns im Hamlet entgegentritt; ich entnehme dem Werk
von Georg Brandes über Shakespeare (1896) die Notiz, daß
das Drama unmittelbar nach dem Tode von Shakespeares
Vater (1601), also in der frischen Trauer um ihn, in der
Wiederbelebung, dürfen wir annehmen, der auf den Vater
bezüglichen Kindheitsempfindungen gedichtet worden ist.
Bekannt ist auch, daß Shakespeares früh verstorbener Sohn
den Namen Hamnet (identisch mit Hamlet) trug. Wie »Hamlet« das Verhältnis des Sohnes zu den Eltern behandelt, so
ruht der in der Zeit nahestehende »Macbeth« auf dem
Thema der Kinderlosigkeit. Wie übrigens jedes neurotische
Symptom, wie selbst der Traum der Überdeutung fähig ist,
ja dieselbe zu seinem vollen Verständnis fordert, so wird
auch jede echte dichterische Schöpfung aus mehr als aus
einem Motiv und einer Anregung in der Seele des Dichters
hervorgegangen sein und mehr als eine Deutung zulassen.
Ich habe hier nur die Deutung der tiefsten Schicht von Re-
gungen in der Seele des schaffenden Dichters versucht.

(Freud: Studienausgabe. Bd. 2. Frankfurt a. M.:
S. Fischer 1972. S. 268–270)

Max D e u t s c h b e i n (1876–1949):

In seinem »Hamlet« besonders stellt er [Shakespeare] noch
einmal die Renaissance in all ihrer Herrlichkeit und Stärke
und ihrem Reichtum dar, besonders in der Gestalt des Hamlet. Aber gleichzeitig bedeutet dieses Stück eine kritische
Prüfung der Renaissance, ein In-Frage-stellen und das Suchen nach dem Wege zu einem Neuen. Shakespeare wird zu
einem Wegweiser zu einem neuen Lande. Zuerst im
»Othello« (1604); diese Tragödie leitet innerhalb der Kunst
Shakespeares das Barock ein. Wir haben also in Shakespeares Tragödien den Zusammenbruch der Renaissancewelt
und den Durchbruch und Aufbruch einer neuen Welt vor
uns.

Um diesen Wandel Shakespeares zu verstehen, müssen wir
uns vergegenwärtigen, was das Weltbild, die Weltanschauung Shakespeares innerhalb der Renaissance und sich auf
die Renaissance stützend, gewesen ist, und wie dieses Weltbild allmählich eine Erschütterung erfährt und zu einer
neuen Sicht von der Welt und zu ihrem Sinn führen muß.
Ich spreche von Shakespeares Weltanschauung, nicht von seiner Philosophie. Philosophie im Sinne einer theoretischen
Deutung des Seins auf Grund einer systematischen Erkennt-
nistheorie wird von Shakespeare abgelehnt; fast an allen
Stellen, wo uns das Wort »philosophy« oder dessen Ablei-
tungen begegnen, werden sie vom Dichter im abwertenden
Sinne gebraucht. Shakespeare baut sich vielmehr sein Weltbild auf Grund erlebter Seinszusammenhänge auf.

Der Ausgangspunkt für Shakespeares Weltanschauung, die
für seine Komödien, Historien und Sonette Gültigkeit hat,
ist der *Kosmismus.* Es ist dies eine spezifisch künstlerische
Haltung der Welt gegenüber, die wir in mannigfachen Ab-
wandlungsformen wiederkehren sehen.

[...] Was bedeutet Kosmismus? Der Kosmismus faßt das
Sein als einen in sich ruhenden Kosmos auf, dieser Kosmos
empfängt seine Kräfte nicht von außen, sondern sie sind in
ihm enthalten und mit ihm gegeben, also nicht natura natu-
rata = geschaffene Natur, sondern natura naturans = eine
Natur, die aus sich selbst schafft.

Das Sein ist mit dem unendlichen Universum abgeschlossen.
Ein transzendentes Sein, das seiner Art und seinem Charak-

ter nach von diesem Sein abweicht, ist nicht vorhanden, sondern sogar überflüssig; wenn es überhaupt einen Gott gibt, dann kann er nur in der Welt sein, und zwar als Weltseele. Der Dualismus der christlichen Religion, besonders der stark ausgeprägte Dualismus der mittelalterlichen Religion, ist aufgehoben. An Stelle des christlichen Dualismus tritt ein immanenter Monismus. Nicht die Reformation, sondern dieser Kosmismus der Renaissance ist die schärfste Aufhebung und Antithese zur mittelalterlichen Weltanschauung.

Diese Welt mit ihren eigentümlichen Kräften, mit ihrem sich selbst genügenden Sinn und Zweck ist aber auch Kosmos in dem Sinne, daß sie ein einheitlich geordnetes Ganzes ist. Das Ganze ist auf die Teile, die Teile auf das Ganze abgestimmt. Auch die Teile selbst sind organische Gebilde. Die Welt ist erfüllt und durchwoben von Harmonie, Proportion, Einklang. Von diesem so geformten Universum geht eine starke, ästhetische Wirkung aus. [. . .]

Dieser Kosmos ist aber kein ruhendes starres Gebilde, sondern ein dynamisches, d. h.: es handelt sich um ein Kräftespiel, um das Ringen verschiedener immanenter Mächte. Das chaotische Aufeinanderstoßen dieser Kräfte wird verhindert durch die Existenz eines Zentrums, eines Mittelpunktes, dem die verschiedenen Kräfte sich zuordnen, bzw. durch den sie in eine einheitliche Kreisbewegung geordnet werden. Für Shakespeare ergibt sich nun folgendes Weltbild: zunächst die physikalische Natur: das Universum bildet einen Kosmos, d. h. ein gegliedertes Ganzes mit Abstufung, Rang. So steht die Sonne im Mittelpunkte des Planetensystems. Das Zentrum dieses Weltalls ist aber unsere Erde. Sie bildet den eigentlichen Mittelpunkt des Universums. [. . .]

Das Gewaltige in Shakespeares »Hamlet« ist also, daß hier der Mensch in seine Grenzsituation gestellt wird. Er ist verhaftet in der Natur, die aber keine absolute Daseinsfülle mehr ist. Sie ist eher ein Schatten, ein Traum. Und auf der anderen Seite ragt in diese schattenhafte Welt die transzendente Welt in ihrer Unbegreiflichkeit, in ihrer unendlichen Tiefe hinein, und der Mensch steht gewissermaßen im Schnittpunkt dieser Scheinwelt der Natur und der absoluten Welt der Transzendenz. Diese Stellung ist dem Menschen gegeben, er kann sich ihr nicht entziehen, nicht durch Selbstmord (er darf nicht »shuffle off this mortal coil«); aber

auch nicht dadurch, daß er im Jenseits auf irgendeine Weise
sich Sicherungen schafft. Vielmehr muß er sein Schicksal bejahen in Freiheit in dem Sinne, daß er einen freiwilligen
Glaubensakt vollzieht. Die Freiheit liegt in der Entscheidung, daß wir Gottes Willen als das Letzte, Äußerste und
Unwiderrufliche anerkennen wollen. Die Nature und das
menschliche Dasein an sich haben keinen Wert, keinen Sinn,
aber sie empfangen Sinn und Bedeutung von dem Transzendenten her. Die Autonomie wird abgelöst im »Hamlet«
durch eine Theonomie, das bedeutet das »Erfülltsein der
autonomen Form mit einem sie tragenden und durchbrechen-
den transzendenten Sinn« (Tillich). Nach dieser Auffassung
– und dies ist auch die Auffassung Hamlets – gibt es überhaupt nur einen Sinn im menschlichen Dasein, und dieser
kommt vom Transzendenten her. Es ist ein freier Akt der
göttlichen Gnade, ob er dem menschlichen Dasein Sinn geben
will oder nicht. Die Menschen, deren Leben einen Sinn hat,
sind begnadet. Aber das soll die Menschen nicht stolz machen, sondern demütig. Gibt aber Gott dem Einzeldasein
keinen Sinn, so kann der Mensch wohl bitten, daß der Kelch
an ihm vorübergeht; aber Gott bleibt in seiner Majestät und
Unergründlichkeit bestehen, auch wenn er uns nicht erhört.
Seine Entscheidung ist gültig für das Diesseits und Jenseits.
Der Glaube allein befähigt uns, auch zu der furchtbarsten
Entscheidung Gottes »Ja« zu sagen. Die Größe der Tragik
im »Hamlet« liegt gerade darin: wenn überhaupt ein
Mensch auf dieser Welt gewesen ist, der durch seine Anlagen,
durch seine schicksalhafte Stellung berufen gewesen ist, ein
sinnvolles Leben zu führen, so war dies Hamlet. Und dieses
reiche Menschentum wird durch das Leben vor Aufgaben
gestellt, die ihm eben den Sinn des Lebens als fragwürdig
erscheinen lassen. Aber Hamlet bejaht und anerkennt doch
zuletzt die ungeheure Gewalt und Macht der Transzendenz.
Er erkennt zuletzt die Allmacht, das Richterschwert der
Gottheit selbst an und sagt auch zum Furchtbarsten »Ja«.
Hamlets letzte Weisheit ist enthalten in dem Worte: »The
readiness is all« (V,2,233), ähnlich faßt Edgar im »King
Lear« der letzten Weisheit tiefsten Grund zusammen in den
Worten »Ripeness is all« (V,2,11): das heißt, Hamlet und
Edgar bejahen die Furchtbarkeit unserer menschlichen
Grenzsituation, aber gleichzeitig bringen sie den Mut, die

Kraft, den Glauben auf, ihr Leben unter die Entscheidungen der göttlichen Allmacht zu stellen.

So wird die Autonomie des Menschen, der immanente Monismus des Renaissance-Menschen abgelöst durch einen »gläubigen Realismus«. Dieser anerkennt freiwillig die Grenzsituation des Menschen, der in ein Sein hineingestellt ist, das nur seinen Sinn von einer transzendenten göttlichen Macht empfängt.

Damit sinkt der Kosmismus in Shakespeare zusammen; jener Kosmismus, der in der italienischen Renaissance wurzelt, aber durch Shakespeare eine Bereicherung und auch Vertiefung und damit seine Erfüllung erfahren hat. An seine Stelle tritt ein neues Weltbild, der *Pantragismus.*

Pantragismus besagt eine Haltung, die alles Sein und Geschehen in dieser Welt als von einem letzten tragischen Urgrund getragen auffaßt. Aber diese tragische Grundauffassung vom Sein ist die ausgesprochen germanische Weltanschauung. Von dem ersten Tage an, wo die Germanen in der Völkerwanderungszeit in die Literaturgeschichte eintreten, kündet sich ihre Lebens- und Weltanschauung in dem heroischen Heldenlied an. Es ist derselbe Pantragismus, der hier zum Ausdruck kommt, und den Andreas Heusler, der berufene Führer zum Ethos des Germanentums, in die treffenden Worte zusammenfaßt: »Das heldische Sterben ... ist einer der großen Gedanken der Sagendichtung und wetteifert an Leuchtkraft mit der Rache. Woher die Menge der Sterbeszenen? Weil erst im Tode die höchste Mannesart sich ausweist. Der Held wird gleichsam erst fertig im Augenblick, da er fällt.«

(Deutschbein: Individuum und Kosmos in Shakespeares Werken. Festvortrag, gehalten vor der Deutschen Shakespeare-Gesellschaft. In: Shakespeare-Jahrbuch 69, 1933. S. 7 f. u. 24 f.)

Levin L. S c h ü c k i n g (1878–1964):

Das Material der Motive, das Shakespeare zum Aufbau seines Dramas benutzt, zeigt überall Züge, die uns aus der zeitgenössischen Theaterkunst bekannt anmuten. Stofflich angesehen, gehört der Hamlet ja fast auf Schritt und Tritt in eine *feste Überlieferung*, nämlich die von Seneca ausgehende *Rachetragödie* hinein. Das Problem der Vergeltung

für den Mord eines Vaters oder eines Sohnes wird also in
Stücken wie Kyds »Spanischer Tragödie«[17] oder Marstons[18]
»Antonios Rache« ungemein ähnlich abgehandelt. Was so
viele Hamletkritiker beschäftigt hat: die durch Gemütsver-
düsterung des Helden einsetzende Verzögerung der Handlung – ist dabei eine ganz geläufige Erscheinung. Tiefes see-
lisches Leiden und ein Wandern durch alle Abgründe der
Verzweiflung werden auch schon von den andern immer
wieder zum künstlerischen Vorwurf genommen. Ebenso die
äußere Situation: Ein glänzender Hof und damit kontra-
stierend die Atmosphäre von Nacht und Grauen. Sogar die
Flucht des Helden in die Philosophie nimmt Marstons An-
tonio schon vorweg. Aber was trotz aller genialen Ansätze
keiner seiner Vorgänger oder Nachfolger erreichte, ist seine
Darstellung *individuell* gebundenen Seelenlebens. Daß die
Bindung nun bei Hamlet die *des Melancholikertemperamen-
tes* ist, kann nicht mehr zweifelhaft sein, seitdem die zeit-
genössische Literatur über diesen Lieblingstemperamentstyp
der Elisabethaner erschlossen worden ist. Die Tatsache wird
nur der mißachten, der ausschließlich vom modernen Gesichtspunkt aus an die Schöpfungen des Dramatikers herantritt und die Frage, in welcher Gedankenwelt er lebte und
welche Wirkung er mit seinen Figuren hervorrufen wollte,
grundsätzlich bei Seite schiebt. Auf solche Weise aber läßt
sich dann freilich keine Einigung über diesen Charakter er-
zielen, und die Triebfedern seines Handelns müssen ewig im
Dunkeln bleiben. Kümmert man sich dagegen um die Anschauungen der Elisabethaner, so findet man, daß den Ge-
bildeten unter ihnen der Melancholiker eine ganz geläufige
Figur war. Sein seelischer Zustand kann nach ihrer Meinung
aus verschiedenen Ursachen, namentlich aber aus einem
Übermaß von Kummer herrühren und verrät sich durch ganz
bestimmte, auch körperliche Symptome. Da aber zu Shakespeares künstlerischer Eigenheit die Erfassung des ganzen
Menschen, und zwar nicht nur in seelischer, sondern auch in
leiblicher Hinsicht, und die Beobachtung der Abhängigkeit
des einen vom andern gehört, so fehlen sie auch bei ihm nicht.
Daß Hamlet äußerlich wie innerlich gegen früher verwandelt ist, läßt er ja den König ausdrücklich hervorheben

17. Vgl. Kap. III.
18. John Marston (1575–1634), engl. Dramatiker.

(»Ihr hörtet – Von der Verwandlung Hamlets schon; so nenn'
ich's, – Weil noch der äußere, noch der innere Mensch –
Dem gleichet, was er war« II,2,4 ff.) und spart auch mit
Angaben über seine Krankheitsgeschichte nicht (II,2,146
bis 151), deren schwächende Wirkung auf seine körperliche
Verfassung verschiedentlich angedeutet ist – sogar bis auf
das Anzeichen eines allzu leicht in Schweiß Geratens, das
eine viel mißverstandene Stelle enthält (»he's fat and scant of
breath« = »er ist in Schweiß und außer Atem« V,2,298
[...]). Daß nun ein solcher Zustand den davon Betroffenen
verdüstert im Gemüt, grüblerisch, quälenden und phantasti-
schen Vorstellungen hingegeben, reizbar und zu Anfällen
übermäßiger Heftigkeit, dann wieder zu dumpfem Brüten
geneigt, überhaupt plötzlichem Stimmungswechsel unterworfen macht, ihn ferner träge und säumig zum Handeln bis
zur Gedächtnistrübung und bis zum Vergessen seiner drin-
gendsten Aufgaben werden läßt, wird von den mehr oder
weniger volkstümlichen Lehrbüchern der für physiologische
Fragen interessierten Zeit wieder und wieder beschrieben,
hatte auch längst vor Shakespeare die Aufmerksamkeit der
dramatischen Schriftsteller wachgerufen und war von ihnen
zur Zeichnung von Dramengestalten verwertet worden, die
wie der alte Marschall Hieronimo in Kyds »Spanischer Tragödie« die größte Bewunderung beim Publikum gefunden
hatten. Indem Shakespeare nun, wie so häufig, auch hier
anderer Leute – gegen seine Kunst gehalten – unvollkom-
mene Vorarbeiten übernahm, benutzte er den vorgefundenen
Typ nur als Rahmen. In den äußeren Umriß seiner Züge
zeichnete er das *ausdrucksvollste* und *seelisch tiefste Antlitz*
hinein, das in seinen an unvergeßlichen Gesichtern überrei-
chen Dramen vorhanden ist. Es ist schwer zu sagen, wie den
Zeitgenossen diese Physiognomie erschien. Möglich, daß sie
einzelne ihrer Züge anders deuteten als wir [...]. Uns ist
Hamlet jedenfalls das Bild eines hochbegabten, geradezu
genialen Menschen, der mit seiner reichen Phantasie, seiner
ausgeprägten Empfindsamkeit, seiner Nachahmungsgabe und
seinen ästhetischen Interessen im Grunde eine Künstlernatur
darstellt, was Erkenntnisdrang und den ausgesprochenen
Trieb zur Feststellung allgemein gültiger Wahrheiten nicht
ausschließt. Ihm eignet ferner ein ausgeprägter Sinn für das
Natürliche, ein untrüglicher Blick für alles Unechte und

Übertriebene und ein wahrer Haß gegen die Heuchelei; er besitzt einen Scharfsinn, der bis zur Spitzfindigkeit geht und sich in ironischem Witz und Spottsucht gefällt, überhaupt viel Kritik, Unduldsamkeit und einen gewissen geistigen Hochmut. Bei aller Furchtlosigkeit hat er mehr Neigung, sich zu verschließen, und den Diplomaten zu spielen als Freimut. Das aber hängt mit seiner Willensschwäche zusammen, die sich auch in dem Proteuszuge geltend macht, daß er zu jeder Person, zu Ophelia, Polonius, Horatio, der Königin usw. als ein völlig verschiedener spricht und daß er sich ferner immer wieder mit andern, die Leistungen aufzuweisen haben, messen oder vergleichen muß [. . .]. Dabei ist er von innerer Vornehmheit und voll Widerwillen gegen alle Kriecherei, reich an Hingabe an alles Edle und Große, aber freilich auch wieder von einer gewissen Erbarmungslosigkeit, wo er verletzt wurde, die namentlich im Verhältnis zu seiner Mutter und in geringerem Maße zu Ophelia, Polonius, Rosenkranz und Güldenstern hervortritt. Die sehr vielen Charakteren Shakespeares eigene Neigung zur Innenschau ist durch seinen melancholischen Zustand geradezu ein Drang zur Selbstzerfaserung geworden, wie denn auf die Äußerungen seiner ganzen Persönlichkeit so stark der Schatten einer momentanen neurasthenischen Überreiztheit fällt, daß es schon ein gewagtes Unternehmen darstellt, überall Charakter und Zustand voneinander trennen zu wollen. Auf alle Fälle ist es diese Überreiztheit, die ihn unfähig macht, sich zu sammeln und von den quälenden Vorstellungen loszukommen, die ihn heimsuchen. Sie auch könnte im letzten Grunde als verantwortlich für die an sich ja nicht unbedenkliche Anlegung der Wahnsinnsmaske gedacht werden, die für die ganze Handlung maßgebend wird. (Dabei kann es noch bestehen bleiben, daß Shakespeare, wie es so häufig seine Art war, bei der Übernahme dieses Motivs getrost einer seelenkundlich gröberen Vorlage folgte [. . .].) Die Krankheit, die er vortäuscht, zeigt in gewissem Sinne die Symptome in ungemein gesteigertem Maße, die ihm schon ohnehin seit einiger Zeit eignen. Allmählich aber, wie es namentlich sein Verhalten gegenüber der Leiche des Polonius und besonders deutlich sein »fit« am Grabe der Ophelia zeigen, nimmt dieser Zustand nun wirklich zu Zeiten ausgesprochen pathologischen Charakter an. Wer aber dieser Erklärung den aprioristischen Einwand entgegenhält, daß Shakespeare doch gewiß kein Krankheitsbild zeichnen wollte, sondern für eine Tragödie einen »wirklichen« Helden brauchte, verkennt zweierlei. *Einmal entbehrt Hamlet durchaus nicht der heroischen Züge.* Auch wenn man den großmütigen Nachruf des Fortinbras am Ende des Stückes nicht wichtiger nimmt, als er es seiner Natur nach verdient, bleibt in Hamlets Kampf gegen sich selbst etwas ungemein Heldisches; vor allem der Löwenmut, mit dem das umstellte Wild sich im Schlußkampf auf seinen verbrecherischen Verfolger wirft, läßt den großartigen Zug seiner Natur, an dem der Zuschauer das ganze Stück hindurch nicht gezweifelt hat, im hellsten Licht hervortreten. Dann aber hieße es die Eigenart der Shakespeareschen Kunst verkennen, wollte man annehmen, es sei ihm nur auf einen herkömmlichen »normalen« Heldentyp angekommen, oder er könne keinen Helden brauchen, der krankhafte Züge aufweise. Gewiß will Shakespeare keinen Irrsinnigen darstellen, aber ebenso sicher ist es, daß er die landläufigen Anschauungen seiner Zeit über die Melancholie genau im Kopf hat. Diese aber kennen einen Grad des Leidens, der durch Nachgiebigkeit gegen das eigene Unglücksgefühl erreicht wird, wo Zustände eintreten, in denen der Betroffene die Herrschaft über sich selbst vollständig verliert und so für das, was er tut und sagt, nicht mehr verantwortlich gemacht werden kann. Genau das wird uns in der ersten Szene des fünften Aktes beschrieben. Es ist das, was Shakespeares eigne Sprache mit »ecstasy«, »Ekstase« wiedergibt, und was Schlegel notgedrungen sehr unvollkommen mit »Verzückung« übersetzt. Die Königin selbst charakterisiert an derselben Stelle das Krankhafte an der Erscheinung auf das deutlichste, indem sie auf den jähen Wechsel von anomaler Erregtheit zu vollkommener Lethargie aufmerksam macht:

> »Dies ist bloß Wahnsinn;
> So tobt der Anfall eine Weil' in ihm,
> Doch gleich, geduldig wie das Taubenweibchen,
> Wenn sie ihr goldnes Paar hat ausgebrütet,
> Senkt seine Ruh die Flügel.« (V,1)

Hamlet selbst bestätigt dem Horatio mit Bedauern hernach, daß er sich habe so weit hinreißen lassen. An anderer Stelle dagegen, nämlich im Gespräch mit der Königin, wehrt er sich auf das heftigste gegen den Vorwurf einer »ecstasy«, die dem, was er ihr zu sagen hat, jede Bedeutung nehmen würde, und an dieser Stelle sieht man deutlich, daß Shakespeare *ganz klare Vorstellungen davon hat, wo die Grenzen des Normalen überschritten werden und das Krankhafte einsetzt.* Die Mutter hat den Geist des Vaters nicht gesehen, kann also nicht verstehen, weshalb ihr Sohn mit der leeren Luft spricht, und meint deshalb, er rede irre. Hamlet aber schlägt ihr vor, ihr zu beweisen, daß er in diesem Augenblick völlig bei Verstande sei, denn sein Puls gehe regelmäßig und sein Gedächtnis sei imstande, das Erlebte Wort für Wort zu wiederholen. Wo diese Bedingungen *nicht* vorhanden sind, in jenem Anfall fieberhafter Aufregung z. B., der zugleich Körper und Seele ergreift, da ist eben der Melancholiker in einem psychischen Grenzzustand, der eine Art – vorübergehender – Störung darstellt. Allein was will alles das gegenüber dem Beispiel des »König Lear« besagen, der ja nicht bei solchen Grenzzuständen bleibt, sondern bei dem die Leidenschaft unmittelbar in die geistige Umnachtung überleitet. Man sieht also deutlich, daß Shakespeare die Verwendung des pathologischen Elements durchaus nicht scheut, um die Wirkungen zu erreichen, auf die es ihm ankommt.

Das aber sind die großen Szenen der *Entfesselung der Leidenschaft*, auf die sozusagen seine Tragödie als ihren *wahren Zielpunkt* hinsteuert. Insofern vor allem zeigt sie sich – wie oben dargetan – als zur *barocken* Kunstrichtung gehörig. Schon Marlowe hatte ähnlichen Ehrgeiz besessen. Aber seit der geniale Schwung des Tamerlan-Dichters Senecas donnerndes Pathos in den englischen Vers verpflanzte, war immer mehr an die Stelle der rhetorischen Leidenschaft die sorgfältig beobachtete psychologische getreten. Mit dem Hamlet nun beginnt – wenn wir von Percy Hotspur absehen – die Reihe derjenigen Hauptgestalten Shakespeares, die wie Macbeth, Lear, Othello, Timon, Antonius, Coriolan recht eigentlich Vertreter der Leidenschaft sind. [...]

Jedoch, indem Shakespeare den Hamlet auf solche Weise zu der Familie derer gesellte, bei denen der Trieb stärker als die Vernunft werden kann, macht er sein Urteil von seinem Gefühl abhängig und läßt es dadurch die Objektivität verlieren. Hier aber beginnt nun recht eigentlich die Größe der künstlerischen Leistung. Sie liegt ja nicht, wie man oft hat bemerken wollen, in der Folgerichtigkeit im Erleben des individuell Gebundenen schlechthin. Psychologisch »richtig« im Sinne fehlerlos festgehaltener Charaktervoraussetzungen konnte auch ein großer Menschenkenner wie z. B. Thackeray schildern, bei dessen Bildnissen kaum ein Strich an der falschen Stelle sitzt. Aber seine Probleme würden Shakespeare schwerlich gefesselt haben. Für ihn nämlich *beginnt das Interesse erst bei der ganz außergewöhnlichen Erscheinung.* Dabei ist ihm keine Aufgabe zu schwierig, ja, er sucht die unwirklich elementaren und die primitiven ebenso gern wie die ganz verwickelten Charaktere auf. Wie er nämlich die Welt aus der von ihm erschaffenen Hundeseele Calibans oder der Elfenseele Ariels heraus erlebt, indem er durch die gierigen Augen des einen sieht und die Naturseligkeit und den Freiheitsdurst des andern atmet, wie sein Zettel im »Sommernachtstraum« nicht sobald einen Eselskopf angezaubert bekommt, als er schon die tiefsinnige Entdeckung zum besten gibt, daß »Heu, wirklich süßes Heu« zu den höchsten Werten des Daseins gehöre, so zeigt er etwa im Hamlet mit innigem Behagen, wie sich die Dinge aus der Perspektive eines Totengräbers gesehen ausnehmen.

Schon hier wird übrigens deutlich, wie gerade auf dieser Fähigkeit Shakespeares sein unvergleichlicher Humor beruht, ja, wie er geradezu aus ihr erwachsen *muß.* Denn der Humor verlangt nicht nur eine humane Grundeinstellung, sondern auch die Fähigkeit verständnisvoller Einfühlung und vollkommener Objektivität, womit dann freilich die auf Scharfsinn und Laune beruhende Gabe verbunden sein muß, die Dinge in komischem Kontrast zu sehen. In diesem Sinne ist also Thackerays Erklärung, die den Humor nicht übel als ein Kind von Witz und Liebe bezeichnet, ergänzungsbedürftig.

Aber besonders gern nun versetzt er sich in *große Menschen hinein*, und zwar solche, die das *Kainsmal des drohenden Untergangs* an sich tragen, weil die Natur ihnen bei allen überragenden und wertvollen Fähigkeiten doch in ihrer Leidenschaft eine Schwäche mit auf den Lebensweg gab, die sie verhindert, sich unter Umständen zu behaupten, die für Millionen weit geringerer Begabungen kein Scheitern bedeuten würden. Das Mitleid, das der Zuschauer ihnen gegenüber

empfindet, gilt dem Edlen, das mit ihnen sich selbst vernichtet. Dieses Edle jedoch überzeugend und glaubhaft werden zu lassen, ist recht eigentlich das Geheimnis der Shakespeareschen Kunst. Der Fähigkeit zu seiner Darstellung liegt
ein untrüglicher Sinn für die höchsten Werte der Persönlichkeit, für Dinge, wie unerschütterlicher Mut, uneigennüt-
zige Liebe, Gerechtigkeitssinn, Hochherzigkeit, vor allem
aber für menschliche Würde zugrunde, wie sie einen Be-
standteil seiner eigenen Seele gebildet haben müssen.
In diese Reihe gehört Hamlet. Auch ihn vernichtet die Unfähigkeit, sein Triebleben zu beherrschen. Aber glänzender
als in irgendeinem andern Drama und mit geringerer Rück-
sichtnahme auf unmittelbare Verständlichkeit durch ein
schwerbegriffiges Publikum, als wir sie häufig sonst bei ihm
wahrnehmen, löst er hier die Aufgabe, jemanden darzustellen, dessen *gesamte Lebensäußerungen durch die ganz
abweichende Besonderheit seiner Natur und seines Zustands
bestimmt sind.* Denn Hamlets Meinungen sind durch Melancholie getrübt, sein Weltbild ist schwarzseherisch verzerrt.

(Schücking: Der Sinn des Hamlet. Leipzig 1935.
S. 18–25)

Friedrich G u n d o l f (1880–1931):

Das theatralische Vordergrunds-problem, die mit Schwierigkeiten verknüpfte Bestrafung eines Verbrechens durch
einen edlen Prinzen – dargestellt mit aller Verve eines geüb-
ten Dramatikers – ist nur Vorwand für ein geistiges: den
Kampf zwischen dem notwendig begrenzten Tun und dem
unbegrenzten Denken, zwischen Leben und Erkenntnis ..
Hamlet ist der Handelnde, der kein Gewissen haben darf
und der Betrachtende, der zu viel hat, der Mensch den seine
Pflicht etwas Bestimmtes tun heisst, und der gelähmt ist
durch die Erkenntnis des Weltganzen, vor der kein bestimmtes Tun Sinn hat: *er* kann die Dinge nicht isoliert sehen, wie
es die Tat fordert, sondern im Weltzusammenhang, weil er
den Grund des Lebens schaut, statt seinen Zwecken zu dienen. Dies Problem gehörte damals Shakespeare allein an
und wurde von ihm renaissance-gemäss dargestellt als ein
Gegeneinanderwirken lebendiger Kräfte (nicht als »Problem«, als Denkkonstruktion). Diesen eigenen Hamlet, den

wir heute meinen, schrieb er für sich allein, ein düsteres Selbstgespräch des leidenschaftlichen Schöpferherzens, des Allwissenden, der sich mit einer beschränkten, von ihm durchschauten, verachteten Welt auseinandersetzen musste, um aus seinem Leid und Wesen Nutzen zu schlagen.

(Gundolf: Shakespeare und der deutsche Geist.
Berlin ⁴1920. S. 34 f.)

T. S. E l i o t (1888–1965):

Hamlet

Wenige Kritiker haben je zugegeben, daß »Hamlet« als Schauspiel das übergeordnete, Hamlet als Charakter nur ein untergeordnetes Problem ist. Und Hamlet als Charakter bedeutet eine besondere Versuchung für den gefährlichsten Typus des Kritikers: für den Kritiker, dessen Geist von Natur schöpferisch geartet ist, der sich aber infolge einer gewissen Schwäche des schöpferischen Vermögens statt dessen kritisch betätigt. Diese Geister finden oft in Hamlet ein stellvertretendes Dasein für ihre eigene künstlerische Gestaltung. Solchen Geistes war Goethe, als ihm Hamlet einen Werther, ebenso Coleridge, der aus Hamlet einen Coleridge machte; und wahrscheinlich erinnerte sich keiner von ihnen, als er über Hamlet schrieb, daran, daß seine Hauptaufgabe die Erforschung eines Kunstwerks sei. Die Art der Kritik, die Goethe und Coleridge zutage förderten, als sie über Hamlet schrieben, ist die denkbar irreführendste. Denn beide besaßen sie fraglos kritische Einsicht, und beide machen sie ihre kritischen Verirrungen um so einleuchtender durch die Vertauschung – nämlich ihres eigenen mit dem Shakespeareschen Hamlet –, die ihre schöpferische Begabung bewirkt. Wir sollten dankbar sein, daß Walter Pater[19] seine Aufmerksamkeit nicht auf dies Schauspiel richtete.

Zwei Schriftsteller unserer Zeit, J. M. Robertson und Professor Stoll von der Universität Minnesota, haben Bücher begrenzten Umfangs veröffentlicht, zu deren Lobe zu sagen ist, daß sie in der anderen Richtung gehen. Stoll hat das Verdienst, unsere Aufmerksamkeit wieder auf die Bemühungen der Kritiker des 17. und 18. Jahrhunderts[20] zu lenken.

19. Walter Pater (1839–94), engl. Literaturkritiker.
20. Mir ist, nebenbei gesagt, nie eine zwingende Widerlegung der Ein-

Wie er bemerkt, »verstanden sie weniger von Psychologie als
neuere Hamlet-Kritiker, standen aber Shakespeares Kunst
geistig näher; und da sie auf die Bedeutung der Wirkung
des Ganzen mehr Gewicht legten als auf die des Hauptcharakters, waren sie, auf ihre altmodische Weise, dem Geheimnis der dramatischen Kunst überhaupt näher«.

Als Kunstwerk läßt sich das Kunstwerk nicht interpretieren;
es gibt da nichts zu interpretieren; wir können es nur nach
Maßstäben, im Vergleich mit anderen Kunstwerken kriti-
sieren; und die Hauptaufgabe der ›Interpretation‹ ist die
Darbietung der belangvollen geschichtlichen Tatsachen, deren Kenntnis beim Leser nicht vorauszusetzen ist. Robertson
legt sehr eindringlich dar, wie gewisse Kritiker mit ihrer
»Hamlet«-›Interpretation‹ gescheitert sind, da sie nicht be-
achteten, was selbstverständlich sein sollte: daß »Hamlet«
das Ergebnis einer Schichtung ist, daß er die Anstrengungen
einer Reihe von Männern zum Ausdruck bringt, von denen
ein jeder aus dem Werk seines Vorgängers machte, was er
konnte. Shakespeares »Hamlet« wird sich uns sehr anders
darstellen, wenn wir, anstatt die gesamte Handlung des
Stückes auf Shakespeares Plan zurückzuführen, seinen
»Hamlet« als über viel roheren Stoff gelagert wahrnehmen,
der sich noch in der Endgestalt behauptet.

Wir wissen von einem älteren Schauspiel Thomas Kyds,
jenes außerordentlichen dramatischen – nicht ohne weiteres
dichterischen – Genies, der aller Wahrscheinlichkeit nach der
Verfasser zweier einander so wenig ähnlicher Stücke wie
der »Spanischen Tragödie« und des »Arden of Feversham«
war. Wie dies Schauspiel etwa aussah, können wir nach drei
Anhaltspunkten vermuten: nach der »Spanischen Tragödie«
selber, nach der Erzählung bei Belleforest, auf der Kyds
»Hamlet« beruht haben muß, und nach einer zu Shakespeares Lebzeiten in Deutschland gespielten Fassung, die
stark den Anschein erweckt, als sei sie nach dem älteren,
nicht dem jüngeren Stück zurechtgemacht. Aus diesen drei
Quellen ergibt sich deutlich, daß in dem älteren Stück das
Motiv einfach ein Rachemotiv war; daß die Handlung oder
ihre Verzögerung ebenso wie in der »Spanischen Tragödie«

(Fortsetzung Fußnote 20.)
wände Thomas Rymers gegen »Othello« zu Gesicht gekommen (Anm.
Eliots).

lediglich durch die Schwierigkeit, einen von Wächtern um-
gebenen Herrscher zu ermorden, bedingt ist, und daß
Hamlets ›Verrücktheit‹ vorgetäuscht war, um keinen Verdacht aufkommen zu lassen, und zwar mit Erfolg. In dem
endgültigen Stück Shakespeares anderseits ist ein Motiv gegeben, das bedeutsamer ist als das der Rache und es unverkennbar ›abstumpft‹; die Verzögerung der Rache ist nicht
durch Gründe der Notwendigkeit oder Zweckmäßigkeit er-
klärbar; und die Wirkung der ›Verrücktheit‹ geht dahin,
den Verdacht des Königs nicht zu beschwichtigen, sondern
zu erregen. Die Veränderung ist jedoch nicht vollständig
genug, um zu überzeugen. Ferner gibt es unmittelbare wört-
liche Anklänge an die »Spanische Tragödie«, die keinen
Zweifel daran lassen, daß Shakespeare den Text Kyds stel-
lenweise nur *überarbeitete*. Und schließlich gibt es unerklär-
liche Szenen – die Polonius-Laertes- und die Polonius-Rey-
naldo-Szenen –, zu deren Gunsten sich wenig sagen läßt.
Diese Szenen zeigen nicht den Versstil Kyds und nicht zwei-
felsfrei den Stil Shakespeares. Robertson sieht in ihnen Szenen des ursprünglichen Stückes von Kyd, die von dritter
Hand, vielleicht von Chapman[21], umgearbeitet worden
sind, bevor Shakespeare sich des Stückes annahm. Er folgert
mit gewichtigen Gründen, daß Kyds Originalwerk gleich
gewissen anderen Rachestücken aus zwei Teilen zu je fünf
Akten bestand. Das Ergebnis von Robertsons Untersuchung
ist, wie wir glauben, unumstößlich: Shakespeares »Hamlet«,
soweit er von Shakespeare herrührt, ist ein Stück, das von
der Wirkung der Schuld einer Mutter auf ihren Sohn handelt, und Shakespeare war außerstande, dies Motiv mit Erfolg dem ›widerspenstigen‹ Stoff des älteren Stückes auf-
zuprägen.
An der Widerspenstigkeit ist nicht zu zweifeln. Weit davon
entfernt, Shakespeares Meisterwerk zu sein, ist das Stück
ganz sicher ein künstlerischer Fehlschlag. In verschiedener
Hinsicht ist es rätselhaft und beunruhigend wie kein anderes. Von allen Stücken ist es das längste und vielleicht das-
jenige, mit dem Shakespeare sich am meisten abgemüht hat;
und doch hat er darin überflüssige und nicht in den Zusammenhang passende Szenen stehen lassen, die auch eine eilige

21. George Chapman (1559–1634), engl. Dramatiker.

Überarbeitung hätte bemerken müssen. Die Verstechnik ist
verschiedenwertig. Verse wie

> Look, the morn, in russet mantle clad,
> Walks o'er the dew of yon high eastern hill, [. . .][22]

gehören dem Shakespeare von »Romeo und Julia«. Die
Verse im fünften Akt, Szene 2,

> Sir, in my heart there was a kind of fighting
> That would not let me sleep . . .
> Up from my cabin,
> My sea-gown scarf'd about me, in the dark
> Grop'd I to find out them: had my desire;
> Finger'd their packet; [. . .][23]

gehören seiner vollen Reife. Sowohl Technik wie Gedanke
sind unfest. Wir sind sicher berechtigt, das Stück, ebenso wie
jenes andere höchlich interessante Stück mit ›widerspensti-
gem‹ Stoff und auffallender Verstechnik, nämlich »Maß für
Maß«, einer Krisenzeit zuzuteilen, an die sich die tragischen
Erfolge anschließen, die in »Coriolanus« gipfeln. »Coriolanus« ist vielleicht nicht so ›interessant‹ wie »Hamlet«, aber
er ist neben »Antonius und Cleopatra« Shakespeares un-
zweifelhaftester künstlerischer Erfolg. Und wahrscheinlich
ist es öfter geschehen, daß Leute in »Hamlet« ein Kunstwerk
sahen, weil sie es interessant fanden, als daß sie es interessant fanden, weil es ein Kunstwerk ist. Es ist die ›Mona
Lisa‹ der Literatur.
Die Gründe dafür, daß »Hamlet« mißglückt ist, liegen nicht
unmittelbar auf der Hand. Robertson kommt zu dem zweifellos richtigen Ergebnis, daß die wesentliche Gemütsbewe-
gung in dem Stück das Empfinden eines Sohnes gegenüber
einer schuldigen Mutter ist:
»[Hamlets] Ton ist der eines Menschen, der durch die Er-
niedrigung seiner Mutter Martern erlitten hat . . . Die Schuld
einer Mutter ist ein fast unerträgliches Motiv für ein Drama,
aber es war festzuhalten und hervorzuheben, um zu einer
psychologischen Lösung oder vielmehr dem Hinweis auf eine
solche zu führen.«

22. Vgl. I,1,166 f. (S. 10).
23. Vgl. V,2,4–15 (S. 111).

Das ist jedoch durchaus nicht alles. Es ist nicht nur die
›Schuld einer Mutter‹, die sich nicht behandeln läßt, wie
Shakespeare den Argwohn Othellos, Antonius' Betörung
oder Coriolans Stolz behandelt hat. Der Gegenstand hätte
sich, so sollte man denken, zu einer Tragödie gleich ihnen
ausweiten lassen, verständlich, in sich geschlossen, gleichmä-
ßig belichtet. »Hamlet« ist gleich den Sonetten voll von
einem Stoff, den der Verfasser nicht ans Licht zu ziehen, zu
betrachten oder in Kunst umzusetzen vermochte. Und suchen
wir nach diesem Gefühl, so ergibt es sich, daß wir es, ebenso
wie in den Sonetten, sehr schwer zu lokalisieren vermögen.
Man kann es nicht in den Reden aufweisen; untersucht man
vielmehr die beiden berühmten Monologe, so findet man
wohl die Verskunst Shakespeares, aber einen Inhalt, auf den
auch jemand anders Anspruch erheben könnte, etwa der
Verfasser der »Revenge of Bussy d'Ambois«, fünfter Akt,
1. Szene. Wir finden Shakespeares »Hamlet« nicht so sehr in
der Handlung, in irgendwelchen Zitaten, die wir auswählen
könnten, als vielmehr in einem unverkennbaren Ton, der in
dem früheren Stück unverkennbar nicht vorhanden ist.

Der einzige Weg, ein Gefühlserlebnis künstlerisch zu gestalten, besteht im Auffinden einer ›gegenständlichen Entsprechung‹, mit anderen Worten: einer Reihe von Gegenständen,
einer Situation, einer Kette von Ereignissen, welche die Formel dieses *besonderen* Erlebnisses sein sollen, so daß, wenn
die äußeren Tatsachen, die sinnlich wahrnehmbar sein müssen, gegeben sind, das Erlebnis unmittelbar hervorgerufen
wird. Untersucht man eine von Shakespeares gelungeneren
Tragödien, so findet man dies genaue Gegenstück; man findet, daß der Gemütszustand der schlafwandelnden Lady
Macbeth durch eine geschickte Häufung von Sinneseindrük-
ken in der Einbildung vermittelt worden ist; Macbeths
Worte, als er vom Tode seiner Gattin hört, treffen uns, als
wären, im Ablauf der Ereignisfolge, diese Worte automatisch von dem letzten Ereignis der Reihe ausgelöst. Die
künstlerische ›Unausweichlichkeit‹ liegt in dieser vollständigen Entsprechung zwischen dem Äußeren und dem Gefühl:
und eben dies ist es, was in »Hamlet« fehlt. Hamlet – der
Mensch – wird von einem Gefühl beherrscht, das unaussprechlich ist, weil es über die Tatsachen, wie sie in die
Erscheinung treten, weit hinausreicht. Und die angebliche

Identität Hamlets mit seinem Dichter trifft insofern zu, als
Hamlets Verlegenheit angesichts des Fehlens einer gegenständlichen Entsprechung seiner Gefühle die Verlegenheit seines
Schöpfers angesichts seiner künstlerischen Aufgabe fortsetzt.
Hamlet steht der Schwierigkeit gegenüber, daß sein Abscheu
von seiner Mutter verursacht wird, daß aber seine Mutter
kein zulänglicher Gegenstand desselben ist; sein Abscheu
schließt sie ein und reicht über sie hinaus. Es ist also ein Gefühl, das er nicht verstehen kann, er kann es nicht objekti-
vieren: so beharrt es, vergiftet sein Leben und verhindert
sein Handeln. Keine Handlung, die möglich wäre, kann es
befriedigen; und nichts, was Shakespeare mit seinem Stoff
anzustellen vermag, kann Hamlet für ihn zu vollem Ausdruck bringen. Es ist zu bemerken, daß es in der Natur der
Gegebenheiten seiner Aufgabe als solcher liegt, eine gegen-
ständliche Entsprechung auszuschließen. Eine Steigerung des
verbrecherischen Charakters der Königin hätte dazu geführt,
die Formel für ein ganz verschiedenartiges Gefühl in Hamlet zu liefern. Eben *weil* ihr Charakter so negativ und unbedeutend ist, erregt sie in Hamlet das Gefühl, das zu re-
präsentieren sie nicht fähig ist.
Hamlets ›Verrücktheit‹ war für Shakespeare vorgegeben: in
dem älteren Stück war sie eine einfache List und wurde, so
dürfen wir annehmen, bis zum Schluß von den Hörern als
List verstanden. Für Shakespeare ist sie weniger als Verrücktheit und mehr als gespielt. Hamlets Leichtfertigkeit,
seine Wortwiederholungen, seine Witze gehören nicht zu
einem wohlerwogenen Plan der Selbstverhüllung, sondern
sind eine Art Gefühlserleichterung. Bei Hamlet als Bühnen-
gestalt ist es das Possenspiel eines Gefühls, das keinen Ausweg ins Handeln finden kann; beim Dramatiker ist es das
Possenspiel eines Gefühls, das er nicht in künstlerischen Ausdruck umsetzen kann. Das gesteigerte Empfinden, verzückt
oder schreckhaft, das gegenstandslos ist oder über seinen
Gegenstand hinausreicht, hat jeder empfindsame Mensch
kennengelernt; ohne Zweifel ist es ein Stoff für patholo-
gische Forschung. Oft tritt es im Jünglingsalter auf: der
gewöhnliche Mensch schläfert solche Empfindungen ein oder
stutzt seine Empfindungen so zurecht, daß sie in die prak-
tische Welt passen; der Künstler hält sie lebendig vermöge
seiner Fähigkeit, die Welt zu seinen Gefühlserlebnissen em-

porzusteigern. Laforgues[24] Hamlet ist ein Jüngling, Shakespeares Hamlet ist es nicht, diese Erklärung und Entschuldigung steht ihm nicht zu Gebote. Wir müssen einfach zugestehen, daß Shakespeare hier eine Aufgabe angriff, die sich für ihn als zu groß erwies. Warum er sich überhaupt an ihr versuchte, ist ein unlösbares Rätsel. Unter dem Druck welcher Erfahrung er versuchte, das unaussprechlich Grausige auszusprechen, können wir nie in Erfahrung bringen. Es fehlt uns eine große Menge von Tatsachen seiner Biographie; und wir wüßten gern, ob und wann und nach oder neben welchem persönlichen Erlebnis er Montaigne II/12, die »Apologie de Raimond Sebond«, gelesen hat. Wir müßten schließlich etwas wissen, was von vornherein nicht wißbar ist, denn es war, wie wir annehmen, ein Erlebnis, das in dem angegebenen Sinne über die Tatsachen hinausreichte. Wir müßten etwas verstehen, was Shakespeare selber nicht verstand.

(Eliot: Ausgewählte Essays 1917–1947. Ausgewählt und eingeleitet von Hans Hennecke. Berlin u. Frankfurt a. M.: Suhrkamp 1950. S. 177 bis 186. Übersetzung von H. H. Schaeder)

Jan K o t t (geb. 1914):

Der Hamlet der Jahrhundertmitte
I

Die Bibliographie der Abhandlungen und Studien über »Hamlet« ist zweimal so dick wie das Warschauer Telefonbuch. Über keinen leibhaftigen Dänen ist so viel geschrieben worden wie über Hamlet. Dieser Shakespearesche Prinz ist ganz gewiß der berühmteste aller Dänen. Stimmen und Kommentare umranken Hamlet, so daß er zu einem der wenigen literarischen Helden wurde, die unabhängig vom Text, unabhängig vom Theater leben. Sein Name bedeutet selbst denen etwas, die Shakespeare nie gelesen noch gesehen haben. Er ähnelt darin, wie Eliot bemerkte, Leonardos Mona Lisa. Bevor wir das Bild zu sehen bekommen, wissen wir bereits, daß es lächelt. Dieses Lächeln hat sich gleichsam vom Porträt gelöst, es hat sich verselbständigt. Es enthält nicht nur das, was Leonardo hineingelegt hat, sondern auch

24. Jules Laforgue (1860–87), franz. Dichter.

das, was darüber geschrieben und gesprochen wurde. Zuviel
Mädchen und Frauen, Dichter und Maler haben sich an der
Deutung des Lächelns versucht. Und wenn wir dann vor
dem Bild stehen, so lächelt uns nicht nur Mona Lisa an, sondern alle die, die dieses Lächeln durchschauen wollten.

So verhält es sich auch mit Hamlet, und vor allem mit dem
Theater-Hamlet. Denn zwischen uns und dem Text steht
nicht nur das Eigenleben Hamlets in der Kultur, sondern
ganz einfach sein Umfang. »Hamlet« läßt sich nicht im ganzen spielen, er würde sechs Stunden dauern. Man muß eine
Auswahl treffen, Kürzungen und Streichungen vornehmen.
Man kann nur einen »Hamlet« spielen, einen von denen, die
in diesem Erzstück enthalten sind. Es wird immer ein »Hamlet« sein, der ärmer ist als der Shakespearesche, aber es kann
auch einer sein, der reicher ist, reicher um unsere Zeit. Er
kann, nein, er muß es sein.

Denn »Hamlet« läßt sich nicht ganz einfach »aufführen«.
Vielleicht liegt darin seine Anziehungskraft für Regisseure
und Schauspieler. In »Hamlet« haben viele Generationen
nach ihren eigenen Zügen gesucht, und sie haben sie gefunden. Vielleicht beruht das Geniale »Hamlets« gerade darauf,
daß man sich darin spiegeln kann. Der vollendete »Hamlet«
müßte gleichzeitig maximal shakespearehaft und maximal
modern sein. Ist das möglich? Ich weiß es nicht. Aber nur an
diesen Fragen kann man die einzelnen Shakespeare-Insze-
nierungen beurteilen. Man muß sich fragen, wieviel darin
von Shakespeare und wieviel von uns gegeben ist.

Und es geht mir hier keineswegs um eine an den Haaren
herbeigezogene Modernisierung, um einen Hamlet im Exi-
stentialistenkeller. Man hat »Hamlet« im Frack und im
Zirkustrikot, in mittelalterlicher Rüstung und im Renais-
sancekostüm gespielt. Um das Kostüm geht es nicht. Wichtig
ist nur, daß man durch den Shakespeareschen Text hindurch
zu den Erfahrungen unserer Zeit findet, zu unserer Unruhe
und unserer Empfindsamkeit.

In »Hamlet« gibt es viele Fragen: die Politik, die Gewalt-
tätigkeit und die Moral, den Streit um die Übereinstimmung
von Theorie und Praxis, um die letzten Dinge und den Sinn
des Lebens; »Hamlet« ist eine Tragödie der Liebe, der Familie, des Staates, es ist eine philosophische, eschatologische

und metaphysische Tragödie. Alles, was ihr wollt! Und obendrein eine aufrüttelnde, psychologische Studie. Eine blutige Fabel, ein Duell und ein großes Gemetzel sind darin enthalten. Man hat die Wahl. Aber man muß wissen, weshalb und wozu man wählt.

II

Der »Hamlet«, der in Krakau einige Wochen nach dem 20. Parteitag der KPdSU aufgeführt wurde, dauerte drei Stunden. Und keine Minute länger. Er ist beschwingt und durchsichtig, gespannt und aggressiv, modern und konsequent, auf eine Frage reduziert. Er ist durch und durch ein politisches Drama. »Es ist etwas faul im Staate Dänemark.«

Das ist der erste Akkord der neuen Aktualität »Hamlets«. Darauf folgt das dumpfe, dreifache: »Dänemark ist ein Gefängnis.« Und schließlich die herrliche Szene des Gesprächs zwischen den Totengräbern, frei von Metaphysik, brutal und eindeutig.

Die Totengräber wissen, wessen Gräber sie graben. Der Galgen, sagen sie, ist das stärkste Gebäude, er steht fester als die Kirche.

Auf der Bühne ist am häufigsten von Verfolgung und Spionage die Rede. Alle spionieren hier allen nach, alle ausnahmslos und ohne Unterlaß. Polonius, der große Minister des verbrecherischen Königs, schickt selbst nach dem eigenen Sohn in Frankreich einen Späher aus. Ja, Shakespeare war genial. Hören wir, was der Minister sagt:

> Inquire me first what Danskers are in Paris;
> And how, and who, what means, and where they keep,
> What company, at what expense; and finding
> By this encompassment and drift of question
> That they do know my son, come you more nearer
> Than your particular demands will touch it. [. . .][25]

Hinter jedem Vorhang auf dem Schloß von Elsinor steckt jemand. Der brave Minister traut selbst der Königin nicht. Ja, Shakespeare war genial. Hören wir wieder den Minister:

25. Vgl. II,1,7–12 (S. 31).

> Tis meet that some more audience than a mother,
> Since nature makes them partial, should o'erhear
> The speech, of vantage. [...][26]

Alles auf dem Schloß ist von Angst durchsetzt: die Ehe, die Liebe und die Freundschaft. Welche höllischen Erfahrungen mußte Shakespeare zur Zeit der Verschwörung und der Hinrichtung Essex' gemacht haben, um den Gang des Großen Mechanismus kennenzulernen. Hören wir den König an: er hat die jungen Freunde Hamlets zu sich rufen lassen:

>   ... I entreat you both,
> That, being of so young days brought up with him,
> And since so neighbour'd to his youth and humour,
> That you vouchsafe your rest here in our court
> Some little time; so by your companies
> To draw him on to pleasures, and to gather,
> So much as from occasion you may glean,
> Whe'r aught to us unknown afflicts him thus,
> That, open'd lies within our remedy. [...][27]

Ja, Shakespeare war genial: »Ob irgend etwas, uns unbekannt, ihn drückt, das, offenbart, zu heilen wir vermöchten.« In diesem Mörder-Oheim muß eine akute Wachsamkeit Hamlet gegenüber bestehn. Warum will er ihn nicht aus Dänemark herauslassen? Dieser Hamlet ist doch so unbequem am Hof, er mahnt immerfort daran, was alle vergessen möchten. Aber vielleicht hegt er einen Verdacht? Vielleicht ist es besser, man gibt ihm keinen Paß, um ihn auf diese Weise immer bei der Hand zu haben? Aber vielleicht wollte der König Hamlet auch so schnell wie möglich loswerden, aber er hat sich der Königin gebeugt, die ihren Sohn bei sich haben will? Und sie, wie denkt sie darüber? Fühlt sie sich schuldig? Was weiß die Königin? Sie ist durch Leidenschaft, Verbrechen und Schweigen gegangen. Sie mußte alles in sich unterdrücken. Unter ihrer Ruhe verbirgt sich ein Vulkan.
In dieses große Spiel wird auch Ophelia hineingezogen. Man belauscht ihre Gespräche, man verhört sie, fängt ihre Briefe ab. Sie selbst händigt sie aus. Sie ist zugleich ein Rädchen des Mechanismus und dessen Opfer. Die Politik lastet hier auf

---

26. Vgl. III,3,32–34 (S. 71).
27. Vgl. II,2,10–18 (S. 35).

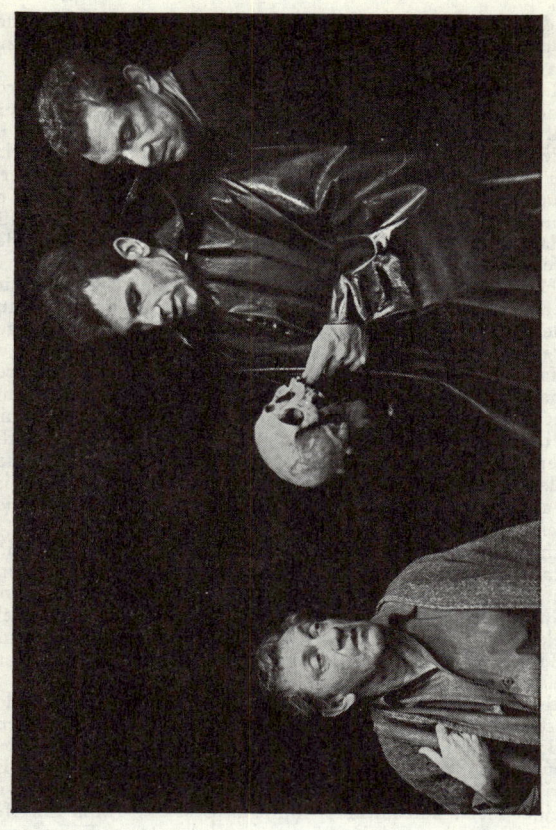

Friedhofszene, Deutsches Schauspielhaus Hamburg, 1963.
Regie: Gründgens, Totengräber: Offenbach, Hamlet: Schell,
Horatio: Haupt (Foto: Rosemarie Clausen)

jedem Gefühl und es gibt kein Entrinnen. Alle Personen des
Dramas sind von der Politik vergiftet. Sie sprechen einzig
davon. Bis zum Wahnsinnigwerden.

Hamlet liebt Ophelia. Aber er weiß, daß er verfolgt wird,
und er hat wichtigere Dinge im Kopf. Diese Liebe sickert
allmählich aus ihm heraus. Es gibt keinen Platz dafür in
dieser Welt. Der dramatische Aufruf Hamlets: »Ophelia,
geh ins Kloster!« ist nicht nur an Ophelia gerichtet, sondern
auch an jene, die das Liebespaar belauschen. Für jene soll es
die Bestätigung des vorgetäuschten Wahns sein. Aber für
Hamlet und Ophelia bedeutet es, daß es in der Welt des
Verbrechens keinen Platz für Liebe gibt.

»Hamlet« wurde 1956 in Krakau eindeutig und mit erschüt-
ternder Klarheit aufgeführt. Zweifelsohne ist das ein redu-
zierter »Hamlet«. Aber gleichzeitig ist er so suggestiv gewesen, daß ich den Text, den ich nach der Aufführung zur
Hand nahm, nur noch als Drama eines politischen Verbrechens verstand. Auf die klassisch gewordene Frage, ob Hamlet den Wahn vortäusche oder ob er tatsächlich wahnsinnig
sei, antwortete die Krakauer Inszenierung: Hamlet täuscht
den Wahn vor, er verbirgt sich kaltblütig hinter seiner
Maske, um den Staatsstreich zu vollziehen; Hamlet ist
wahnsinnig, denn die Politik, wenn sie alle Gefühle vertrie-
ben hat, ist selbst ein großer Wahnsinn.

Ich kann dieser Interpretation nichts vorwerfen. Und ich
trauere den vielen anderen Hamlets nicht nach: weder Hamlet, dem Moralisten, der sich mit der scharfen Trennung von
Gut und Böse nicht abfinden kann, noch Hamlet, dem Intel-
lektuellen, der keinen ausreichenden Beweggrund für seine
Handlungen finden kann, noch Hamlet, dem Philosophen,
für den die Existenz der Welt in Frage steht.

Ich ziehe diesen allen den jungen Burschen vor, der von der
Politik befallen ist, frei von Illusionen, sarkastisch, leidenschaftlich und brutal. Er begehrt auf wie Jugendliche, besitzt aber gleichzeitig etwas von der Anmut James Deans. Er
wird von einer ungestillten Passion getrieben. Er wirkt in
seiner Heftigkeit mitunter kindisch. Und er ist ohne Zweifel
primitiver als seine Vorgänger in dieser Rolle. Er ist ganz
Tat, nicht Reflexion. Er ist voller Entrüstung und berauscht
sich daran. Das ist der polnische Hamlet nach dem 20. Parteitag. Einer von vielen. Noch hat er keine tieferen mora-

lischen Zweifel erfahren, aber man kann nicht sagen, daß er
simpel sei. Er will wissen, ob sein Vater wirklich ermordet
worden ist. Dem Geist und überhaupt Geistern will er nicht
vollends vertrauen. Er sucht nach überzeugenderen Beweisen, und deshalb veranstaltet er das Experiment des psychologischen Tests, die Theaterinszenierung des Verbrechens. Er
verabscheut die Welt, und deshalb opfert er Ophelia. Aber
er scheut nicht vor dem Staatsstreich zurück, obwohl er weiß,
daß ein Staatsstreich kein Kinderspiel ist. Er zieht alle Für
und Wider in Erwägung. Er ist der geborene Konspirateur.
»Sein« bedeutet für ihn: den Vater rächen und den König
töten; »Nichtsein«: auf den Kampf verzichten.

Es ist interessant, daß Hans Reichenbach[28] in seinem letzten,
kurz vor seinem Tod erschienenen Buch »Der Aufstieg der
wissenschaftlichen Philosophie«, in dem er dem Monolog
Hamlets zwei kleine Seiten widmet, zu ähnlichen Schlüssen
gelangt. In Hamlets Monolog sieht er den inneren Dialog
zwischen dem Logiker und dem politischen Funktionär. Es
sei dies eine Wahrscheinlichkeitsrechnung der moralischen
Zulässigkeit der Tat. Ohne die Erfahrungen der Kriegs- und
Nachkriegszeit hätte der neopositivistische Gelehrte diese
zwei Seiten nicht geschrieben.

Aber der Krakauer »Hamlet« ist nicht nur dank der aktuali-
sierten Problematik modern. Modern ist auch seine Psychologie und Dramatik. Er steht unter derselben Spannung,
unter der wir leben. Befreit von großen Monologen, bar
jeglicher Deskriptivität, weist er die Heftigkeit der Konflikte unserer Zeit auf: die Vermischung von Politik, Erotik
und Karrieremacherei, die Brutalität der Reaktionen, die
Abruptheit der Lösungen. In diesem »Hamlet« stößt man
auf Blackouts eines zeitgenössischen politischen Kabaretts.
Auf großen bitteren Hohn. Zitieren wir Shakespeare:

K i n g. Now, Hamlet, where's Polonius?
H a m l e t. At supper.
K i n g. At supper! Where?
H a m l e t.
Not where he eats, but where he is eaten. [. . .][29]

---

28. Hans Reichenbach (1891–1953), Philosoph.
29. Vgl. IV,3,18–20 (S. 84).

Dieser Witz könnte in einem Kleinen Handbuch des Surrea-
lismus stehen. Hier liegen derselbe Stil und dieselbe Doppel-
bödigkeit vor. Wobei der eine Boden spöttisch, der andere
grausam ist. Oder hören wir uns diese kurze Unterrichts-
stunde politischen Opportunismus an, die einem wahrhaft
satirischen Theater zum Vorbild gereichen könnte. Wir zitieren Shakespeare. Man muß immer Shakespeare zitieren.

> H a m l e t. Do you see yonder cloud that's almost in
> shape of a camel?
> P o l o n i u s. By the mass, and 'tis like a camel, indeed.
> H a m l e t. Me thinks it is like a weasel.
> P o l o n i u s. It is backed like a weasel.
> H a m l e t. Or like a whale?
> P o l o n i u s. Very like a whale. [...][30]

III

»Hamlet« ist wie ein Schwamm. Wenn man ihn nicht stili-
siert oder antiquiert spielt, saugt er sogleich die ganze
Gegenwart in sich auf. Es ist das eigenartigste aller Stücke,
die je geschrieben wurden; eben wegen seiner Porosität,
wegen seiner offenen Stellen. »Hamlet« ist ein großes Szenarium, in dem jeder Schauspieler eine mehr oder weniger
tragische oder grausame Rolle zu spielen hat. Dabei hat er
prächtige Dinge zu sagen. Er hat eine Aufgabe zu erfüllen,
die ihm von dem Autor des Szenariums auferlegt wurde.
Dieses Szenarium existiert unabhängig von seinen Helden.
Es ist früher entstanden. Es bestimmt die Situationen, bezeichnet die gegenseitigen Beziehungen zwischen den Personen, determiniert ihre Gesten und Worte. Aber es sagt nicht,
wer die Helden sind. Und deshalb kann das Szenarium
»Hamlet« von verschiedenen Helden gespielt werden.
Der Schauspieler übernimmt immer eine fertige Rolle, die ja
nicht eigens für ihn geschrieben worden ist. In dieser Hinsicht unterscheidet sich »Hamlet« selbstverständlich nicht
von allen anderen Stücken. Bei der ersten Probe setzen sich
die Schauspieler erst einmal zusammen. »Sie spielen den König«, bestimmt der Regisseur, »Sie Ophelia, Sie Laertes. Be-

---

30. Vgl. III,2,393–399 (S. 70).

ginnen wir mit der Lektüre.« Aber in dem Stück selbst geht
es ganz ähnlich zu. Hamlet, Laertes und Ophelia müssen
gleichfalls Rollen spielen, die ihnen auferlegt wurden, gegen
die sie sich sträuben. Sie sind Schauspieler eines Dramas,
das sie nicht durchweg verstehen, in das sie verwickelt wurden. Das Szenarium entscheidet, wie die Personen des Dramas zu handeln haben, aber es entscheidet nicht über die
Motive des Handelns und nicht über die Psychologie. So ist
es im Theater. So ist es im Leben.

Ein Beispiel. Eine Widerstandsgruppe beschließt, ein Attentat zu verüben. Man entwirft einen exakten Aktionsplan,
bestimmt den Tatort, die Personen der Attentäter, den Flan-
kenschutz, die Ersatzleute, die Fluchtrichtung. Nun heißt es,
die Rollen verteilen: du wirst an der und der Ecke stehen
und das Tuch schwenken, sobald du den kleinen grauen
Wagen siehst. Du fährst zu Z. und bringst die Granatenkiste
zum Haustor Nr. 12. Du wirst in Richtung W. schießen und
in Richtung M. fliehen. Die Aufgaben sind vergeben, die
Rollen verteilt. Selbst die Gesten sind festgelegt. Aber der
Junge, der in Richtung W. schießen soll, konnte noch am
Vorabend Rimbaud gelesen oder Wodka getrunken oder das
eine und das andere getan haben. Er kann ein junger Philosoph sein oder ein gewöhnlicher Rowdy. Das Mädchen, das
die Granaten bringen soll, kann unglücklich verliebt oder
ein verlottertes Flittchen sein. Oder beides. Der Plan des
Attentats ändert sich dadurch nicht. Das Szenarium bleibt
unverändert.

Man kann den Inhalt »Hamlets« auf die verschiedenste
Weise schildern: als Geschichtschronik, als Kriminalroman,
als philosophisches Drama. Das werden gewiß drei grund-
verschiedene Stücke sein, obschon alle drei von Shakespeare
stammen. Aber wenn wir bei der Schilderung auf jegliche
Färbung verzichten, dann wird das Szenarium der Stücke
immer ein und dasselbe bleiben. Mit der Einschränkung, daß
jeweils eine andere Ophelia, ein anderer Hamlet und ein
anderer Laertes die Rollen übernehmen werden. Sehen wir
uns also das Szenarium an. Denn schließlich war es Shakespeare, der das Szenarium geschrieben oder zumindest das
alte umgearbeitet hat. Und er hat auch die Rollen vorgeschrieben. Aber er hat sie nicht vergeben. Die Rollen verteilt

die jeweilige Zeit. Sie entsendet ihre eigenen Poloniuse, Fortinbrase, Hamlets und ihre eigenen Ophelien auf die Bühne. Zuvor aber müssen sie in die Garderobe gehen. Mögen sie dort nicht allzulange verweilen. Sie können stattliche Perükken aufsetzen, ihren Schnurrbart abrasieren oder sich Bärte ankleben, hautenge mittelalterliche Hosen anziehen, oder byroneske Pelerinen über die Schultern werfen. Sie können im Ringelhemd oder im Frack auftreten. Im Grunde ändert das nicht allzuviel. Die Hauptsache, ihre Verkleidung wirkt nicht übertrieben. Denn sie müssen ihre modernen Gesichter bewahren. Sonst spielten sie nicht »Hamlet«, sondern ein Kostümstück.

Brecht wählte im »Kleinen Organon für das Theater« den »Hamlet« als Beispiel für die zeitnahe Auslegung eines alten Stückes. »Angesichts der blutigen und finsteren Zeitläufe, in denen ich dies schreibe, verbrecherischer Herrscherklassen, eines verbreiteten Zweifels an der Vernunft, welche immerfort mißbraucht wird, glaube ich, diese Fabel so lesen zu können: Die Zeit ist kriegerisch. Hamlets Vater, König von Dänemark, hat in einem siegreichen Raubkrieg den König von Norwegen erschlagen. Als dessen Sohn Fortinbras zu einem neuen Krieg rüstet, wird auch der dänische König erschlagen, und zwar von seinem Bruder. Die Brüder der erschlagenen Könige, nun selbst Könige, wenden den Krieg ab, indem den norwegischen Truppen erlaubt wird, für einen Raubkrieg gegen Polen dänisches Gebiet zu queren. Nun ist aber der junge Hamlet vom Geist seines kriegerischen Vaters aufgerufen worden, die an ihm verübte Untat zu rächen. Nach einigem Zaudern, eine blutige Tat durch eine andere blutige Tat zu beantworten, ja schon willig, ins Exil zu gehen, trifft er an der Küste den jungen Fortinbras, der mit seinen Truppen auf dem Weg nach Polen ist. Überwältigt durch das kriegerische Beispiel, kehrt er um und schlachtet in einem barbarischen Gemetzel seinen Onkel, seine Mutter und sich selbst, Dänemark dem Norweger überlassend. In diesen Vorgängen sieht man den jungen, aber schon etwas beleibten Menschen die neue Vernunft, die er auf der Universität in Wittenberg bezogen hat, recht unzulänglich anwenden. Sie kommt ihm bei den feudalen Geschäften, in die er zurückkehrt, in die Quere. Gegenüber der unvernünftigen Praxis ist seine Vernunft ganz unpraktisch. Dem Widerspruch zwischen solchem Räsonieren und solcher Tat fällt er tragisch zum Opfer.«[31]

Brecht hat sein »Kleines Organon« in den Jahren des zweiten Weltkriegs geschrieben. Kein Wunder, daß er in Shakespeares Tragödie vor allem Feldzüge gesehen hat, die das Land verheeren, Truppenbewegungen, Eroberungskriege und die Ohnmacht der Vernunft. Das persönliche Drama Hamlets und das Mißgeschick der zärtlichen Ophelia sind angesichts der Gewalt der Geschichte zusammengeschrumpft.

Brecht war für die Politik in »Hamlet« empfänglich und ihn interessierten die Bilder historischen Konflikts bei weitem mehr als die Seelenabgründe des dänischen Prinzen. Trotz aller Unterschiede war der Ausgangspunkt der polnischen »Hamlet«-Inszenierungen der Jahre 1956/59 ein ähnlicher. 1956 war »Hamlet« ein politisches Stück, und er blieb es auch im Jahre 1959, wenn auch der dänische Prinz inzwischen wieder an innerer Kompliziertheit gewonnen hatte und durch weitere Erfahrungen gegangen war.

Schauen wir uns das Szenarium an, um zu sehen, was für Rollen es hier zu verteilen gibt. Wir wissen bereits, daß diese Rollen von modernen Helden übernommen werden. »Hamlet« als Szenarium ist die Geschichte dreier Jungen und eines Mädchens. Die Jungen sind Altersgenossen und heißen Hamlet, Laertes und Fortinbras. Das Mädchen ist jünger und heißt Ophelia. Alle vier sind in ein blutiges, politisches und familiäres Drama verwickelt. Drei von ihnen werden darin umkommen, und der vierte wird ziemlich unerwartet dänischer König werden. Ich sagte absichtlich: daß sie ins Drama verwickelt seien, denn niemand aus diesem Quartett hat sich seine Rolle selbst ausgesucht, sie wurde jedem aufgezwungen, sie stammt von außen, wurde im Szenarium *vorgeschrieben*. Auch das Szenarium *muß* ausgetragen werden, bis zum Schluß, unabhängig davon, wer die Helden sind. Wer ist Ophelia in Wirklichkeit, wer ist Hamlet? Sehen wir erst einmal davon ab, was das Szenarium in Wirklichkeit bedeutet. Ob es der Geschichtsmechanismus, das Schicksal oder die menschliche Verfassung ist. Es kann sowohl das erste wie das zweite und das dritte sein, in der Folge unserer Lesart. »Hamlet« ist ein Drama der auf-

31. Aus: Bertolt Brecht »Kleines Organon für das Theater«, Berlin 1953.

gezwungenen Situationen. Das scheint der Schlüssel zu seiner
modernen Lesart zu sein.

Der König, die Königin, Polonius, Rosenkranz und Güldenstern sind eindeutig durch ihre Situation bestimmt. Diese
kann tragisch sein wie im Falle der Königin oder grotesk wie
im Falle Polonius. Aber zwischen Situation und Gestalt gibt
es hier keine Lücke. Claudius spielt nicht die Rolle eines
Mörders und Königs. Er ist Mörder und König. Polonius
spielt nicht die Rolle eines despotischen Vaters, des königlichen Lauschers. Er ist ein despotischer Vater und der Lauscher des Königs.

Anders Hamlet. Hamlet ist nicht nur der Thronfolger, der
seinen Vater zu rächen versucht. Hamlet wird nicht nur
durch eine Situation bestimmt, jedenfalls nicht eindeutig.
Diese Situation wurde ihm aufgezwungen, Hamlet akzeptiert sie, bäumt sich aber gleichzeitig dagegen auf. Er nimmt
die Rolle an, befindet sich jedoch selbst außerhalb der Rolle.
Er ist jemand anderer als seine Rolle. Er überragt sie.

Der Shakespearesche Hamlet hat in seinen Studentenjahren
Montaigne verschlungen. Mit diesem Montaigne in der
Hand macht er auf den Terrassen des Schlosses zu Elsinor
Jagd auf den mittelalterlichen Geist. Kaum ist der Geist
entschwunden, schon notiert Hamlet am Rande des Buches,
daß einer lächeln und immer lächeln und doch ein Schurke
sein könne. Shakespeare hat den eifrigsten aller Montaigne-
Leser in die feudale Welt zurückversetzt. Und er hat ihm
eine Falle gestellt.

»Ein armer Junge mit einem Buch in der Hand . . .«, so
schrieb der polnische Maler, Dramatiker und Regisseur
Stanisław Wyspiański[32], den Gordon Craig[33] als den univer-
salsten Theaterkünstler bezeichnet hat, im Jahre 1904 über
»Hamlet«. Wyspiański ließ den polnischen »Hamlet« in den
Renaissancegalerien des Krakauer Königsschlosses lustwan-
deln. Das Szenarium der Geschichte zwang dem Hamlet der
Jahrhundertwende den Kampf um die nationale Befreiung
auf. Der Hamlet der damaligen Zeit las die polnischen
Romantiker und Nietzsche. Er litt an seiner Ohnmacht und
sah darin ein persönliches Scheitern.

32. Stanisław Wyspiański (1869–1907).
33. Gordon Craig (1872–1966), engl. Schauspieler und Bühnenbildner.

Jeder Hamlet hat ein Buch in der Hand. Aber was für ein Buch liest der Hamlet unserer Zeit? Der Hamlet der Krakauer Aufführung des Spätherbstes 1956 las nur Zeitungen. Er schrie, daß Dänemark ein Gefängnis sei, und wollte die Welt verbessern. Er war ein rebellierender Ideologe, verzehrte sich ganz im Handeln. Der Hamlet einer Warschauer Aufführung im Teatr Powszechny im Jahre 1959 war schon voller Zweifel. Er war wieder der traurige »arme Junge mit einem Buch in der Hand«. Es fällt nicht schwer, ihn sich in einem schwarzen Sweater und Blue jeans vorzustellen. Das Buch, das er in der Hand hält, ist nicht Montaigne, sondern Sartre, Camus, Kafka. Er studierte in Paris oder in Brüssel und vielleicht sogar wie Hamlet selbst in Wittenberg. Er kam vor drei oder vier Jahren zurück nach Polen. Er ist voller Zweifel darüber, ob die Welt sich auf ein paar simple Thesen reduzieren läßt. Oftmals quälen ihn Gedanken über die grundsätzliche Absurdität des Daseins.

Dieser letzte, modernste Hamlet ist in einem gespannten Augenblick nach Polen zurückgekehrt. Der Geist des Vaters verlangt von ihm, daß er sich räche. Die Freunde erwarten von ihm, daß er den Kampf um die Thronfolge ausfechten werde. Aber er will wieder zurück. Er kann nicht. Alle zerren ihn in die Politik hinein. Schließlich wird er davon gepackt. Er befindet sich in einer Zwangslage. In einer Situation, der er sich entziehen will. Er sucht nach innerer Freiheit, er will sich nicht fixieren lassen. Schließlich trifft er die Entscheidung, die ihm aufgezwungen wird. Aber er engagiert sich nur im Handeln, in der Tat. Nicht in seinen Gedanken. Er weiß, daß jegliche Tat eindeutig ist. Aber er will die Eindeutigkeit der Motivierung nicht akzeptieren. Er will die Gleichschaltung von Praxis und Theorie nicht anerkennen. Innerlich ist er ausgedörrt. Er ist der Ansicht, daß sein Leben von vornherein verspielt ist. Er möchte sich von diesem großen Spiel loskaufen, verhält sich jedoch den Spielregeln gegenüber loyal. Er las bei Sartre: »Wenn der Mensch auch nicht das tut, was er will, so ist er dennoch für sein Leben verantwortlich.« Und daß »nicht das wichtig ist, was man aus uns gemacht hat, sondern einzig und allein das, was wir selbst aus dem machen, was man aus uns gemacht hat«. Manchmal fühlt er sich wie ein Existentialist, dann wieder nur wie ein rebellierender Marxist. Aber er weiß, daß »der

Tod das Leben zum Schicksal« macht. Er hat Malraux' »La
condition humaine« gelesen. Das Hamletisieren dieses modernen Hamlets ist die Verteidigung seiner inneren Freiheit.
Am meisten fürchtet er, eindeutig fixiert zu werden. Aber er
muß handeln. Ophelia kann frisiert sein wie die »Dame mit
dem Wiesel« von Leonardo oder offenes Haar tragen. Einen
Zopf oder einen Pferdeschwanz. Sie weiß ebenfalls, daß man
sein Leben von vornherein verspielt hat. Sie will nicht zu
viel in ihre Partie investieren. Die Umstände zwingen sie
dazu, ihr eigenes Maß zu übersteigen. Ihr Freund hat sich in
die große Politik verwickelt. Sie hat mit ihm geschlafen.
Aber sie ist die Tochter eines Ministers und überdies eine
gehorsame Tochter. Sie geht darauf ein, daß ihr Vater das
Gespräch mit Hamlet belauscht. Vielleicht will sie ihn retten.
Aber sie geht selbst in die Falle. Die Geschehnisse haben sie
in eine Sackgasse getrieben. Das Szenarium der Geschichte
hat das normale Mädchen, das ihren Freund liebte, mit einer
tragischen Rolle bedacht.

IV

Die klassische Hamletologie des 19. Jahrhunderts beschäf-
tigte sich fast ausschließlich damit, wer Hamlet in Wirklichkeit sei, und warf Shakespeare vor, ein liederliches, inkonse-
quentes und schlecht gebautes Meisterwerk geschrieben zu
haben. Das gemeinsame Merkmal aller modernen Studien
über »Hamlet« ist die theatralische Sicht. »Hamlet« ist
weder ein philosophischer noch ein moralischer noch ein
psychologischer Traktat. »Hamlet« ist Theater. Das bedeutet, er ist ein Szenarium mit Rollen. Aber wenn er ein Szenarium ist, so muß man mit der Frage des Fortinbras beginnen. Denn Fortinbras ist es, der über das Szenarium
»Hamlets« entscheidet. Ich stelle mir die analytischen Proben »Hamlets« unter einem modernen Regisseur so vor: der
Regisseur läßt seine Schauspieler an einem runden Tisch
Platz nehmen und sagt: »Wir werden das Stück Shakespeares
mit dem Titel ›Hamlet‹ spielen. Wir werden versuchen, es
so redlich wie möglich zu spielen. Das heißt, wir werden den
Text weder verändern noch verbessern – wir wollen versuchen, so viel wie möglich von dem Text zu bringen, so viel
wie man in dreieinhalb Stunden bringen kann. Wir werden

uns jede Streichung genau überlegen. Wir wollen versuchen, einen modernen ›Hamlet‹ zu zeigen, und mit der peniblen Deskriptivität des 19. Jahrhunderts brechen. Uns müssen eine Leinwand, ein treppenförmiges Podest und auf beiden Seiten der Bühne je ein Sessel genügen. Dafür wollen wir uns bemühen, zu beweisen, daß unsere Kostüme von zeitgenössischen Menschen getragen werden. Ihr sollt weder eure Hände in die Luft werfen noch euch auf die Zehenspitzen stellen und auch nicht wie auf Stelzen gehen. Die im Szenarium gezeigte Welt ist grausam, aber jedem von uns ist die Grausamkeit der Welt aus eigener Erfahrung geläufig. Die einen lehnen sich dagegen auf, die anderen fügen sich darunter wie unter ein Gesetz. Aber sowohl die einen wie die anderen scheitern daran.«

Einer der älteren Schauspieler, der die Rolle des Polonius spielen soll, wird nach diesen Worten vielleicht fragen: »Ist ›Hamlet‹ für Sie ein politisches Stück?«

»Ich weiß es nicht«, wird der Regisseur darauf wahrscheinlich entgegnen. »Das hängt davon ab, was Dänemark den drei jungen Leuten bedeutet.« Und er wird auf das junge Mädchen weisen, das die Rolle der Ophelia spielen soll, auf den jungen Schauspieler, der gerade das grüne Kostüm des Laertes anprobiert hat, und dann auf den unruhigsten von allen, auf Hamlet, der in einer Ecke sitzt und sein silbernes Medaillon betrachtet. Vielleicht wird der Regisseur dann noch einmal kurz überlegen und leise – wie zu sich selbst – sagen: »Und vielleicht hängt es davon ab, wer unser Fortinbras sein wird.« In allen neueren »Hamlet«-Analysen (H. Granville-Barker, F. Fergusson, J. Paris) steht die Gestalt des Fortinbras an erster Stelle. In den Strukturanalysen ist »Hamlet« ein Drama analoger Situationen, ein Spiegelsystem, in dem sich ein und dasselbe Problem hintereinander tragisch, pathetisch, ironisch und grotesk spiegelt: drei Söhne, die nacheinander ihre Väter verlieren, Hamlets Wahnsinn und der Wahn Ophelias. In den mehr historisch ausgerichteten Interpretationen bleibt »Hamlet« das Drama der Macht und der Erbfolge. Im ersten Fall gilt Fortinbras als ein ›Doppelgänger‹, ein ›Medium‹ Hamlets, sein Alter ego. Im zweiten Fall ist er der Thronerbe Dänemarks, der die Kette der Verbrechen und Racheakte unterbrochen und im dänischen Königreich die Ordnung wiederhergestellt hat. Diese

Ordnung kann als moralische aber auch als »neue Ordnung in Europa« verstanden werden. Der Schluß der Tragödie wurde auf beide Weisen interpretiert. Wenn man nämlich die moralischen Konflikte in »Hamlet« in einer beliebigen historischen Situation fixieren soll, gleichviel, ob es sich um eine mehr renaissancehafte oder aktualisierte Version handelt, kann man die Rolle Fortinbras' nicht übergehen.

Die Schwierigkeit liegt darin, daß Fortinbras im Text selbst nur sehr spärlich umrissen ist. Auf der Bühne erscheint er nur zweimal: das erste Mal im IV. Akt, als er mit seinem Heer gegen Polen zieht. Das zweite Mal, als er nach dem allgemeinen Gemetzel eintrifft, um das herrenlose Szepter aufzuheben. Aber es ist oftmals die Rede von dem jungen Fortinbras. Hamlets Vater hat seinen Vater getötet. Ein jeder der jungen Leute in diesem Stück hat einen erschlagenen Vater: Hamlet, Laertes und Ophelia. Der Zuschauer verliert leicht den Faden, wenn er das Geschick des jungen Fortinbras mitverfolgen will. Aus dem Prolog erfährt man, daß er gegen Dänemark zu ziehen beabsichtigt, dann schlägt er sich mit den Polen um irgendein Stückchen Meeresufer, das keine fünf Dukaten wert ist, und schließlich taucht er in Elsinor auf. Er spricht die letzten Worte des blutigen Dramas.

Wer ist dieser junge norwegische Prinz? Wir wissen es nicht. Shakespeare hat es uns verschwiegen. Was soll er darstellen? Das blinde Schicksal, die Sinnlosigkeit der Welt oder den Sieg der Gerechtigkeit? Die Shakespearologen haben alle drei Interpretationen nacheinander verfochten. Die Entscheidung liegt beim Regisseur. Fortinbras ist ein junger, kräftiger und strahlender Bursche. Er kommt und sagt: »Schafft die Leichen weg. Hamlet ist ein braver Junge, aber nun ist er tot. Jetzt werde ich euer König sein. Es fügt sich vortrefflich, denn ich entsinne mich, daß ich ein Anrecht auf diese Krone besitze.« Dann lächelt er und scheint äußerst zufrieden mit sich.

Ein großes Drama hat sich abgespielt. Auf der Bühne waren Menschen. Sie haben miteinander gekämpft, einander verfolgt, sich gegenseitig umgebracht. Sie haben aus Liebe Verbrechen begangen. Und sie sind aus Liebe in Wahn geraten. Sie haben erschütternde Dinge über das Leben, den Tod und das menschliche Schicksal gesagt. Sie haben sich gegenseitig

Fallen gestellt und sind in diese Fallen gegangen. Sie haben
ihre Macht verteidigt, oder haben sich der Macht in die
Quere gestellt. Sie wollten die Welt verbessern oder wollten
sich vielleicht auch nur selbst retten. Alle hatten irgendein
Anliegen, allen ging es um etwas. Selbst ihre Verbrechen
besaßen irgendein Maß. Dann kam dieser kräftige junge
Bursche und sagte mit einem bezaubernden Lächeln: Schafft
die Leichen weg. Nun werde ich euer König sein.

(Kott: Shakespeare heute. Aus dem Polnischen
übertragen von Peter Lachmann. München u.
Wien: Langen Müller 1964. S. 77–93)

Martin W a l s e r (geb. 1927):

Hamlet als Autor

Wann man den »Ulysses« zum erstenmal zu lesen versuchte,
weiß man ungefähr. Aber mit Shakespeare wächst man auf,
wie man in einer Landschaft aufwächst; erst nachträglich
stellt man fest, in welcher Art Landschaft man da aufgewachsen ist. Es ist vielleicht ähnlich wie mit Mozart: bis man
Genaueres über ihn erfährt, hat man ihn schon tief im Ohr.
Was man als Schriftsteller etwa bei Joyce lernen kann oder
lernen muß, das spürt man schon während der ersten Lektüre. Shakespeare gegenüber ist man angewiesen auf unbe-
wußte Erfahrung. Ich zumindest hatte nie die Freiheit und
Distanz, Shakespeares Techniken zu studieren. Als sein Leser
und Zuschauer bin ich ziemlich willenlos, erlebe, mache Erfahrungen und komme nicht dazu, ans Metier zu denken.
Diese Art Erfahrungen macht man sonst nur in der Wirklichkeit selber. Wer in die Badeanstalt geht, um Strandleben
zu beobachten, sieht nichts. Wer zehn Jahre lang gern in die
Badeanstalt ging, kann nach zehn Jahren plötzlich feststellen, daß er eine ganze Menge Erfahrungen hat mit badenden
Menschen. So könnte es einem mit Shakespeare gehen. Man
wird ein Kenner, aber man weiß nicht recht, ob sich diese
Kennerschaft je auswirken wird.
Nun sagte kürzlich einer meiner Freunde, als er mein letztes
Stück gelesen hatte: »Daß es an Hamlet erinnert, kümmert
dich nicht?« Ich erschrak. Mir war zwar beim Überarbeiten
des Stückes aufgefallen, daß da Hamlet-Situationen passier-
ten. Aber daß das ganze Stück jenen übermächtigen Schatten

herbeschwören würde, hatte ich nicht befürchtet. Ich bat mich
selber um Auskunft. Das Stück stellt einen jungen Mann vor,
der wissen will, was sein Vater zwischen 1933 und 1945 getan hat; also provoziert er seinen Vater; um den Vater zum
Sprechen zu bringen, spielt der Sohn als Rolle, was der Vater
vermutlich in Wirklichkeit getan hat. Der Sohn spielt sich
auf als Schuldiger, um seinen Vater darauf aufmerksam zu
machen, daß da Schuld ist, die verschwiegen wurde. Offenbar hat dieser Sohn hamletische Mittel und Praktiken der
Provokation gewählt.
Einmal darauf aufmerksam gemacht, wollte ich mich nicht
länger unbedacht in der Atmosphäre des größten Stückes der
Theaterliteratur aufhalten. Deshalb versuchte ich, mir klar-
zumachen, daß weder Größenwahnsinn noch die gegenteilige
Art von Blindheit mich in diese Atmosphäre brachten, sondern eher ein zeitgeschichtlicher Umstand.
Jetzt fiel mir auf, daß Hamlet tatsächlich der intime Bun-
desgenosse jener Generation genannt werden kann, die zwischen 1933 und 1945 in Deutschland aufwuchs. Hamlet ist
universal, ich weiß. Und daß man ihn bei uns schon immer
gern zu einem Landsmann gemacht hätte, weiß ich auch.
»Deutschland ist Hamlet«, dieser Satz aus dem vergangenen
Jahrhundert ist natürlich im Shakespeare-Jahr wieder auf
das feinste untersucht worden. Trotzdem glaube ich eigensinnig, daß jene Generation eine besondere Intimität zu
Hamlet hat. Die gründet sich auf die schlimmsten geschichtlichen Umstände.
Die Erinnerung ist nicht davon abzubringen, daß die Jugend
das Beste gewesen sei. Auch wenn diese Jugend stattfand
zwischen 1933 und 1945 in Deutschland. Nachträglich erfährt man, was gleichzeitig stattfand in diesem Land. Während ich das Proustsche Törtchen zum erstenmal in die
Schokolade tunkte, rauchten die Kamine in Auschwitz. Das
erste Fahrrad, das ich hatte, nimmt in der Erinnerung mit
jedem Jahr zu an Glanz und Vollkommenheit, aber der Mai,
in den ich damit fuhr, stellt sich heraus als der Mai, den
andere nur durch den Stacheldraht von Dachau erlebten,
etwa als ihren letzten Mai überhaupt. Und doch gelingt es
mir nicht, das üblich-prächtige Bilderbuch der Jugend mit
jenen Farben zu überziehen, die mir nachträglich geliefert
wurden. Unvereinbar nebeneinander existieren mein erstes

Erlebnis des »Sommernachtstraums« und die Verhaftungen,
die gleichzeitig stattgefunden haben müssen. Das Unverein-
bare bleibt unvereinbar, aber man sieht es jetzt andauernd
nebeneinander. So wird die Jugend eine Groteske.

Nun hat man auch noch einen Vater. Wurde der nicht umgebracht zwischen 1933 und 1945, was hat er dann wohl getan in dieser Zeit? Was alle Väter miteinander getan haben,
ist jetzt bekannt. Besieht man sich das, kann man sich am
eigenen Geburtsdatum wieder freuen. Man hat einfach Glück
gehabt. Nicht mehr sattsehen kann man sich an seinem eigenen Geburtsdatum. Und wenn man vor sich den Parolen-
schwall aufbranden läßt aus jener Zeit, dann spürt man
einen Abstand zur Generation der Väter, der von Freud
noch nicht formuliert werden konnte. Ohne alle Mühe ist
man schon besser als fast alle Väter zusammen. Man hat
nichts verbrochen damals. Was aber hat der eigene Vater getan? Genügt es, immerfort bloß an das zu denken, was alle
Väter miteinander getan haben? Muß man nicht, um seiner
selbst willen, so genau als möglich erfahren, wozu der eigene
Vater imstande war? Ich, immerhin aus seinem Fleisch und
Blut, hätte vielleicht ähnlich gehandelt, wenn es an mir gewesen wäre, damals zu handeln. Oder hätte ich wirklich anders gehandelt? Dazu müßte ich zuerst einmal wissen, was
mein Vater getan hat. Die Väter sprechen aber nicht gern
über jene Zeit. Vor allem sprechen sie nicht genau. Für alles
haben sie nachträgliche Namen. Was soll also der Sohn tun?
Er fängt an, seinen Vater zu beobachten. Er stellt Fangfra-
gen. Er versucht, sich seinen Vater als Mörder vorzustellen.
Das gelingt nicht. Er liebt seinen Vater: das gibt es doch
auch. Auf jeden Fall, mit Freud kann er sich nicht erklären,
was zwischen ihm und seinem Vater steht. Manchmal kommt
sich der Sohn sehr gewissenhaft vor, weil ihm die Vergangenheit seines Vaters so wichtig ist. Manchmal ist er bereit, alles pauschal zu verurteilen, manchmal will er es pauschal billigen. Es schüttelt ihn hin und her zwischen Ver-
urteilung und Verständnis. Gewissen, sonst eine eher seltene
Begabung, wird so möglich für eine ganze Generation. Nor-
malerweise gibt es Gewissen sicher nicht häufiger als etwa
absolutes Musikgehör, und auch diese Generation ist mit Gewissen nicht reicher gesegnet als eine andere, aber durch die
Handlungen der Väter ist sie unfreiwillig in einen Konflikt

gekommen, der Gewissen anstößt. Wer damit konkret zu
tun hat, denkt dabei nicht gleich an Hamlet. Und wer die
Schulterstücke oder Kragenspiegel seines Vaters in der Schublade findet und dadurch erfährt, daß sein Vater bei der SS
war, fängt nun nicht gleich an, den Hamlet zu spielen. Es
fehlt ihm dazu die große Leichtigkeit, Elsinore, der ganze
ungeheure Text. Vielleicht sieht er einmal eine Hamlet-Vor-
stellung, dann beneidet er den schwankenden Prinzen. Das
läßt sich vermuten. Er muß ihn beneiden, weil Hamlets
Vater auf der Seite der Opfer ist. Das gibt dem Schmerz
eine schönere Richtung. Daß unser Sohn trotzdem Hamlet
besser zu verstehen glaubt als irgend jemand sonst, das liegt
wohl an Hamlets Mutter, die auf der Seite des Täters ist.
Der Anteil, den die Mutter an Hamlets Zögern hat, macht
Hamlet zu einer besonders verständlichen Figur für die,
deren Väter zwischen 1933 und 1945 in Deutschland handel-
ten. Wer damals geboren wurde und jetzt seinen Vater sucht
in den Handlungen von damals, der ist auf eine traurige
Weise prädestiniert für das Verständnis aller Hamlet-Ein-
fälle. Wie der Vater das Stück begreift, sieht der Sohn, der
neben dem Vater im Theater sitzt. Für den Vater ist es ein
prächtiger Theaterabend. Der Sohn hört Wort für Wort und
muß sich nichts übersetzen in das Vokabular der Gegenwart.
Das Ballett des Gewissens, das Hamlet da droben tanzt,
macht er mit, Schritt für Schritt. So möchte er, denkt der
Sohn, morgen und übermorgen und so lange seinen Vater
umlauern, umtanzen und vor dem hinphantasieren, beziehungsreich und anzüglich und provozierend, bis der
plötzlich gestände. Aber gleich nach dem Theater, auf dem
Heimweg, wird er völlig verstummen, wenn der Vater
kenntnisreich die Aufführung rühmt, wenn der behauptet,
eine solche Ophelia habe er noch nie gesehen, so gut balan-
ciert zwischen Liebreiz und Wahnsinn; und der König sei
klüger kaum darzustellen als Verkörperung persönlicher
Triebhaftigkeit und notwendiger Staatsraison. Und wenn
sie heimkommen, ist da kein Schloß Elsinore, es fehlt der
zum vielsinnigen Spaß reizende Polonius, vor allem aber
ist der Vater kein König Claudius, er ist kein Onkel, sondern ein Vater.
Da sagt unser Hamlet nur noch insgeheim seinen Text auf.
Nur noch heimlich probiert er die schönen und scharfen

Tanzschritte des Prinzen. Er genießt seine innige Verwandt-
schaft mit dem großen Hamlet. Am liebsten würde er in
einen Winkel des inzwischen von allen Lichtern verlassenen
Bühnenschlosses Elsinore flüchten und im Schatten irgendeiner Hamletbewegung sein Leben verbringen, so anziehend
sind die Hamlet-Bewegungen, so einladend zum Verschwinden aus der unversöhnlichen Gegenwart. In Elsinore wäre
schon alles gelöst. Er setzt sich auf den Bettvorleger und legt
den Kopf auf die Bettkante, wie Hamlet seinen Kopf auf
die Schenkel Ophelias legte. Was geht es mich an, denkt er?
Warum mir selber lästig werden? Hekuba hin oder her, ich
gehöre einer anderen Generation an, ich bin das Gras, das
darüber wächst. Wenn die Täter wieder schlafen können,
warum soll ich nicht noch viel besser schlafen können. Aus
und Amen.

Und dann holt er wieder seinen Geburtsschein aus der
Schublade und liest ihn und liest ihn und kann sich nicht
sattsehen daran. Es ist aber möglich, daß ihm plötzlich wieder ein Hamlet-Vers unterkommt. Einer von den unglücklich nagenden Versen. Aber mehr als Hamlet kann seinem
Vater doch gar nicht vorgespielt werden, denkt er. Wenn
Hamlet ihn nicht dazubringt, daß er spricht mit mir, wer
soll ihn dann dazubringen? Und er erinnert sich, wie glücklich sein Vater applaudiert, wenn Nathan der Weise seine
elfenbeinerne Toleranz predigt; wie seines Vaters Gesicht
sich verklärt, wenn Goethes Iphigenie die anstrengende Läu-
terungsgymnastik bis zum Salto ins pure Humane erlernt und
gleich auch noch lehrt. Wie befriedigt sieht der Vater auch
dann noch zu, wenn Schillers realistischere Balance zwischen
idealistischem Soll und weltlichem Haben zelebriert wird.
So möchte sein Vater seine Sache dargestellt sehen. So schön
allgemein. Aber selbst dem viel wahrhaftigeren Personal
Shakespeares klatscht der Vater seinen Beifall. Und man
kann nicht sagen, daß er Richard Gloucester herzlicher
applaudiert als dem armen Clarence.

Natürlich steht am nächsten Tag in der einen Zeitung, die
Inszenierung des »Hamlet« habe herausgearbeitet, was für
uns zur Zeit besonders wichtig sei. In der anderen Zeitung
steht, die Inszenierung habe zu sehr betont, was zur Zeit
wichtig sei; dadurch habe die Inszenierung den »Hamlet«

beschädigt. Der Vater liest die Zeitungen und gibt den Zeitungen recht. Einerseits, anderseits. Zitate gibt's für alles.
Und plötzlich fällt es dem Sohn ein: wie hat denn Hamlet
seinen König zum Sieden gebracht? Doch dadurch, daß er
ihm einen anderen König vorspielen ließ. Und einen Mord,
der dem dort gehabten Mord ungeheuer ähnlich war. Einen
Zwilling von einem Mord ließ Hamlet spielen. Da blieb der
Kunstsinn auf der Strecke. Vorbeisehen wurde unmöglich
gemacht. Für den Sohn wirkt diese Einsicht wie eine Befreiung. Er gibt es auf, den Hamlet in der Vorstadtvilla zu
spielen und beziehungsreich daherzureden. Seinem Vater,
was er argwöhnt, fast weiß, ins Gesicht zu sagen, dafür gibt
es keine Sprache. Leben können sie miteinander nur, wenn
der Vater das erste Wort sagt. Dann könnte man alles zur
Sprache bringen. Und dieses erste Wort, hofft der Sohn,
wird der Vater sagen müssen, wenn er Zeuge wird der Darstellung seines eigenen Falles auf der Bühne. Eine Darstellung, die den Fall so erkennbar werden läßt, wie Hamlets
Schauspieler ihn erkennbar werden ließen auf Schloß Elsinore.
Also wird der Sohn, sich an Hamlets Methode erinnernd,
keinen König darstellen, sondern einen Mann, der nicht mehr
der Jüngste ist, der aber arbeitet, als wäre er der Jüngste.
Dieser Mann baut eine Wirtschaft wieder auf, an deren Zerstörung er eben noch beteiligt war. Bei aller Mühe bleibt er
unverdrossen. Bemerkenswert unverdrossen. Und der Sohn
wird die Frage stellen: woher diese Ausdauer, diese Ruhe-
losigkeit, diese Hingabe an die kleinste Pflicht? Immer ist
dieser Vater in Bewegung. Von der Dusche zum Tennisplatz,
vom Tennisplatz nach Frankfurt, in die Klinik, in die Re-
daktion, ins Büro. Und wieviel Nachsicht für den Sohn, der
bloß zuschaut! Was muß man hinter sich haben, um so nach-
sichtig zu werden? Und an Weihnachten christlich, am Wahl-
tag demokratisch, am Karfreitag nachdenklich, und fröhlich
summend wie eine Hummel an Pfingsten. Aber am ersten
Werktag funktioniert er wieder, als hätte er keine Sekunde
ausgesetzt. Was muß man hinter sich haben, um so besin-
nungslos arbeiten zu können, fragt da der Sohn. Was soll da
vergessen werden? Die Antworten werden die Väter geben.
Aus dem Fundus der Handlungen aller Väter seiner Generation wird sich der Sohn die Handlungen seines Vaters er-

denken. Das wird er aufschreiben als ein Theaterstück. Die
Väter und die Söhne sollen es miteinander anschauen. Da
fällt ihm wieder Hamlet ein. Er nimmt sich vor, während
der Vorstellung nicht auf die Bühne zu schauen, sondern ins
Publikum. Er wird aufpassen, ob der Vater links neben ihm
und der Vater rechts neben ihm, ob sie die Handlung als
ihre Handlung erkennen, ob sie lächeln werden oder die
Lippen zerbeißen. Und auf dem Heimweg, hofft er, wird
nicht nur davon die Rede sein, daß diese Ophelia besser
war. Davon wird überhaupt nicht die Rede sein, weil keine
Ophelia mitspielen wird und weil die Schauspieler die Rollen zum erstenmal spielen. Man wird also nur darüber sprechen, wie der und der Schauspieler den ehemaligen SS-Funk-
tionär spielte. Und man wird fragen können: waren SS-
Funktionäre so? Oder: wie sind sie jetzt? Und damit wäre
das erste Wort gefallen.
So etwa, denke ich, spielt Hamlet zur Zeit bei uns seine
Rolle. Er regt an, die Bühne zu benützen zur Darstellung
des gerade Geschehenen, daß alle miteinander Zeugen werden; daß öffentlich wird, was geschehen ist; daß zur Sprache
gebracht wird, was verschwiegen wurde. Hamlet als Autor
holt sich das Beispiel, das er seiner Umwelt vorspielt, aus
dem Stoff dieser Umwelt. Aber er läßt keinen Augenblick
vergessen, daß jetzt die Handlungen gespielt werden. Er
imitiert nicht bloß, er spielt und läßt spielen.
Hamlet sah offenbar kein anderes Mittel, sich zu helfen. Die
in einer verwandten Situation sind, die zum Beispiel in einer
Familie leben, in der gerade noch gemordet wurde, werden
dieses Mittel immer benutzen.
Es ist sowieso schwer zu verstehen, daß wir so viele Stücke
haben über Iphigenie, Amphitryon oder Faust und nur ein
nennenswertes über Hamlet. Mag sein, das liegt daran, daß
dieses eine gleich das denkbar Vollkommenste ist. Wie anders sollte man begreifen, warum Hamlet nicht zum immer
wieder auftauchenden Motiv der europäischen Literatur
wurde, wo uns doch die Geschichte ein ums andere Mal mit
Ereignissen konfrontiert, denen gegenüber wir Hamlet sind.

(Walser: Erfahrungen und Leseerfahrungen.
Frankfurt a. M.: Suhrkamp 1965. S. 51–58)

VI. Bibliographie

1. Kommentierte Ausgaben

Hamlet. Ed. W. G. Clark and W. A. Wright. Cambridge/London 1864. (The Globe Edition.)
Hamlet. A New Variorum Edition. Ed. H. H. Furness. Philadelphia 1877.
Hamlet. Ed. J. D. Wilson, Cambridge 1934. (The New Shakespeare.)
Hamlet. Ed. H. Jenkins. London 1982. (The Arden Shakespeare. New Series.)
Hamlet. Hrsg. von H. M. Klein. Bd. 1: Text (Engl./Dt.). Bd. 2: Kommentar. Stuttgart 1984. (Der Neue Reclam Shakespeare.)

2. Konkordanzen

A New and Complete Concordance or Verbal Index to Words, Phrases, and Passages in the Dramatic Works of Shakespeare. By W. Bartlett. London 1984.
A Complete and Systematic Concordance to the Works of Shakespeare. By M. Spevack. Bd. 1 ff. Hildesheim 1968 ff.

3. Bibliographien und Anthologien der »Hamlet«-Kritik

Bevington, D. M. (ed.): Twentieth Century Interpretations of »Hamlet«. Englewood Cliffs 1968.
Conklin, P. S.: A History of Hamlet Criticism. 1601–1821. New York 1947.
Ebisch, W./Schücking, L. L.: A Shakespeare Bibliography. Oxford 1931.
Erzgräber, W.: Probleme der »Hamlet«-Interpretation im 20. Jahrhundert. Darmstadt 1977.
Hunter, G. K.: Hamlet Criticism. In: Critical Quarterly 1 (1959).
Leech, C.: Studies in Hamlet, 1901–1955. In: Shakespeare Survey 9 (1956).
McManaway, J. G. / Roberts, J. A.: A Selective Bibliography of Shakespeare. Charlottesville 1975.
Payne, W. R. N.: A Shakespeare Bibliography. London 1969.
Raven, A. A.: A Hamlet Bibliography and Reference Guide, 1877–1935, Chicago 1935.
Smith G. R.: A Classified Shakespeare Bibliography, 1936–1958. University Park 1963.
Williamson, C. C. H.: Readings on the Character of Hamlet, 1661–1947. London 1950.

4. Elisabethanischer Hintergrund

Suerbaum, U.: Das elisabethanische Zeitalter. Stuttgart 1989.
Schabert, I. (Hrsg.): Shakespeare-Handbuch. Stuttgart 1972.
Tillyard, E. M. W.: The Elizabethan World Picture. London 1943.
Wilson, J. D.: Life in Shakespeare's England. Cambridge 1911.

5. Elisabethanisches Theater

Adams, J. C.: The Globe Playhouse: Its Design and Equipment. Cambridge, Mass., 1942.
Baldwin, T. W.: The Organization and Personnel of the Shakespearean Company. Princeton 1926.
Chambers, E. K.: The Elizabethan Stage. Oxford 1923.
Nagler, A. M.: Shakespeare's Stage. New Haven 1958.
Le Winter, O.: Shakespeare in Europe. Middlesex 1970.

6. Shakespeare-Biographien

Alexander, P.: Shakespeare's Life and Art. London 1939.
Bentley, G. E.: Shakespeare. A Biographical Handbook. New Haven 1961.
Chambers, E. K.: William Shakespeare: A Study of Facts and Problems. Oxford 1930.
Reese, M. M.: Shakespeare's World and His Work. London 1953.

7. Sprache und Metaphorik

Charney, M.: Style in »Hamlet«. Princeton 1969.
Clemen, W.: Shakespeares Bilder. Bonn 1936. Nachdr. 1951. 1975.
Evans, B. I.: The Language of Shakespeare's Plays. London 1952.
Franz, W.: Die Sprache Shakespeares in Vers und Prosa. Halle 1939. [4. Aufl. der »Shakespeare-Grammatik«.]
Spurgeon, C.: Shakespeare's Imagery and What it Tells Us. Cambridge 1935.
Stauffer, D. A.: Shakespeare's World of Images. New York 1949.

8. Shakespeares Tragödien

Bradley, A. C.: Shakespearean Tragedy. London 1904.
Harrison, G. B.: Shakespeare's Tragedies. London 1951.
Knight, G. W.: The Wheel of Fire. London 1948.
Lawlor, J.: The Tragic Sense in Shakespeare. London 1960.
Siegel, P. N.: Shakespearean Tragedy and the Elizabethan Compromise. New York 1957.
Tillyard, E. M. W.: Shakespeare's Problem Plays. London 1950.

9. Text- und Quellenstudium

Duthie, G. I.: The »Bad« Quarto of Hamlet. Cambridge 1941.
Evans, M. B.: »Der bestrafte Brudermord«. Sein Verhältnis zu Shakespeares »Hamlet«. Hamburg 1910. Repr. Nendeln (Liechtenstein) 1978.
Malone, K.: The Literary History of Hamlet. Bd. 1. Heidelberg 1923.
Muir, K.: Shakespeare's Sources. London 1957.
Parrott, Th. M. / Craig, H.: A Critical Edition of the Second Quarto. Princeton/London 1938.

Schücking, L. L.: Zum Problem der Überlieferung des Hamlet-Textes. Leipzig 1931. (Sächsische Akademie der Wissenschaften.)
Walker, A.: The Textual Problem of Hamlet. In: Review of English Studies 27 (1951).
Wilson, J. D.: The Manuscript of Shakespeare's Hamlet. Cambridge 1934.

10. Datierungsfragen

Chambers, E. K.: Shakespearean Gleanings. Oxford 1944.
Honigmann, E. A. J.: The Date of Hamlet. In: Shakespeare Survey 9 (1956).

11. Stoffgeschichte, Aufnahme und Entwicklung der Hamlet-Kritik in Deutschland

Dollerup, C.: Denmark, Hamlet and Shakespeare. 2 Bde. Salzburg 1975. (Elizabethan and Renaissance Studies. 47.)
Glunz, H.: Das Problem des »Hamlet« heute. In: Wege der Shakespeare-Forschung. Hrsg. von K. L. Klein. Darmstadt 1971.
Klein, U.: Zur »Hamlet«-Rezeption. Ein Vergleich. In: Shakespeare-Jahrbuch 111 (1975).
Ledebur, R. Freifrau von: Deutsche Shakespeare-Rezeption seit 1945. Frankfurt a. M. 1974.
Lüthi, H. J.: Das deutsche Hamletbild seit Goethe. Bern 1951.
Schick, J. (Hrsg.): Corpus Hamleticum. Hamlet in Sage und Dichtung, Kunst und Musik. 5 Bde. Berlin/Leipzig 1912–38.
Weitz, M.: Hamlet and the Philosophy of Criticism. Chicago 1964.
Wolffheim, H.: Die Entdeckung Shakespeares. Hamburg 1959.

12. Interpretationen

a) Englisch

Alexander, P.: Hamlet, Father and Son. Oxford 1955.
Bowers, F. T.: Hamlet as Minister and Scourge. In: PMLA (Publications of the Modern Language Association of America) 70 (1955).
Clark, C.: A Study of Hamlet. Stratford 1926.
Draper, J. W.: The Hamlet of Shakespeare's Audience. Durham, N. C., 1938.
Eliot, T. S.: Hamlet and his Problems. In: T. S. E.: The Sacred Wood. London 1920. – Dt. Übers. von H. H. Schaeder in: T. S. E.: Ausgewählte Essays 1917–1947. Berlin / Frankfurt a. M. 1950.
Elliott, G. R.: Scourge and Minister: A Study of Hamlet as a Tragedy of Revengefulness and Justice. Durham, N. C., 1951.
Feibleman, J.: The Theory of Hamlet. In: Journal of the History of Ideas 6 (1946).
Flatter, R.: Hamlet's Father. London 1949.
Gottschalk, P.: The Meanings of Hamlet. Albuquerque 1972.
Granville-Barker, H.: Prefaces of Shakespeare. Third Series: Hamlet. London 1937.

Greene, Th.: The Postures of Hamlet. In: Shakespeare Quarterly 11 (1960).

Hardison, O. B.: The Dramatic Triad in Hamlet. In: Studies in Philology 57 (1960).

Hogrefe, P.: Artistic Unity in Hamlet. In: Studies in Philology 46 (1949).

Johnson, S. F.: The Regeneration of Hamlet. In: Shakespeare Quarterly 3 (1952).

Jones, E. E.: Hamlet and Oedipus. New York 1949.

Joseph, B.: Conscience and the King, a Study of Hamlet. London 1953.

Knights, L. C.: An Approach to Hamlet. London 1960.

Lawrence, W. W.: Hamlet and Fortinbras. In: PMLA 61 (1946).

Levin, H.: The Question of Hamlet. New York 1959.

Lewis, C. S.: Hamlet: The Prince or the Poem? London 1942. (British Academy Lecture.)

Mack, M.: The World of Hamlet. In: Yale Review 41 (1952).

De Madariaga, S.: On Hamlet. London 1948.

Marsh, D. R. C.: Shakespeare's Hamlet. Sydney 1970.

Murray, G.: Hamlet and Orestes: A Study of Traditional Types. London 1914. (British Academy Lecture.)

Nosworthy, J. M.: The Structural Experiment in Hamlet. In: Review of English Studies 22 (1946).

Prior, M. E.: The Thought of Hamlet and the Modern Temper. In: Journal of English Literary History 15 (1946).

Reed, R. R., Jr.: Hamlet, the Pseudo Procrastinator. In: Shakespeare Quarterly 9 (1958).

Spencer, Th.: Hamlet and the Nature of Reality. In: Journal of English Literary History 5 (1938).

Stoll, E. E.: Hamlet, a Historical and Comparative Study. Minneapolis 1919.

Swart, J.: »I know not seems«: A Study of Hamlet. In: Review of English Literature 2 (1960).

Trench, W. F.: Shakespeare's Hamlet: A New Commentary with a Chapter on First Principles. London 1913.

Waldock, A. J. A.: Hamlet, a Study in Critical Method. Cambridge 1931.

Walker, R.: The Time is Out of Joint: A Study of Hamlet. London 1948.

Walley, H. R.: Shakespeare's Conception of Hamlet. In: PMLA 48 (1933).

Wilson, J. D.: What Happens in Hamlet. Cambridge 1935.

b) Deutsch (außer den in Kap. V zitierten Texten)

Beyer, M.: Die Spiele im »Hamlet« als Formen der Handlung. In: Shakespeare-Jahrbuch West 1981.

Brennecke, D.: Shakespeares »Hamlet«: Die Tragödie der Vernunft. In: Shakespeare-Jahrbuch West 1974.

Breuer, H.: Zur Methodik der »Hamlet«-Deutung von Ernest Jones. In: Shakespeare-Jahrbuch West 1973.

Fischer, A.: »Hamlet« als Historie? Überlegungen zu Brechts Deutung von Shakespeares »Hamlet«. In: Shakespeare-Jahrbuch West 1978/79.

Glunz, H. H.: Der Hamlet Shakespeares. Frankfurt a. M. 1940.

Goethe, J.W.: Zum Shakespeares-Tag (1771); Shakespeare und kein Ende (1813–16). In: J.W.G.: Werke. Hamburger Ausg. Hrsg. von E. Trunz [u. a.]. Bd. 12. München 1981.

Gottsched, J.Ch.: Beyträge zur Critischen Historie der Deutschen Sprache, Poesie und Beredsamkeit (1732–44). 27. und 29. Stück. In: Ebd. Repr. Hildesheim / New York 1977.

Gundolf, F.: Shakespeare, sein Wesen und Werk. Bd. 2. Berlin 1928.

Lenz, J.M.R.: Über die Veränderung des Theaters im Shakespear (1776); Das Hochburger Schloß (1777). In: J.M.R.L.: Anmerkungen übers Theater. Shakespeare-Arbeiten und Shakespeare-Übersetzungen. Hrsg. von H.-G. Schwarz. Stuttgart 1976 [u. ö.]. (Reclams Universal-Bibliothek. 9815.)

Lessing, G.E.: Briefe, die neueste Literatur betreffend (1759). 17. Brief. In: Ebd. Hrsg. und komm. von W. Bender. Stuttgart 1972 [u. ö.]. (Reclams Universal-Bibliothek. 9339.)

Loening, R.: Die Hamlet-Tragödie Shakespeares. Stuttgart 1893.

Mehl, D.: Handlung und Handeln im »Hamlet«. In: Shakespeare-Jahrbuch West 1981.

Plett, H.F.: Hamlets Rede an die Schauspieler. In: Shakespeare-Jahrbuch West 1981.

Schopenhauer, A.: Die Welt als Wille und Vorstellung (1818). 3. Buch, § 51. In: A. Sch.: Sämtliche Werke. Hrsg. von A. Hübscher. Bd. 2. Wiesbaden 1966.

Schwanitz, D.: Theatrum Mundi und soziales Rollenspiel: Zur sozialgeschichtlichen Deutung des Hamlet. In: Shakespeare Jahrbuch West 1978/79.

Traumann, E.: Hamlet, die Tragödie des Menschengeistes. In: Shakespeare-Jahrbuch 29 (1894).

13. Übersetzungen ins Deutsche

Korninger, S.: Shakespeare und seine deutschen Übersetzer. In: Shakespeare-Jahrbuch 92 (1956).

Stricker, K.: Deutsche Shakespeare-Übersetzungen im letzten Jahrhundert. In: Shakespeare-Jahrbuch 92 (1956).

Suerbaum, U.: Der deutsche Shakespeare. In: K. Muir / S. Schoenbaum (Hrsg.): Shakespeare. Eine Einführung. Stuttgart 1972.

Weitere Beiträge zu diesem Thema befinden sich im Shakespeare-Jahrbuch West 1971 und in den Folgebänden (seit 1993 Shakespeare-Jahrbuch).

Aktuelle Hamlet-Bibliographien enthalten die Hamlet-Ausgaben von H.M. Klein in Reclams Universal-Bibliothek Nr. 8243 / 8244 (zweisprachig) und Nr. 9292 (Fremdsprachentexte) sowie die 2000 erschienene »Hamlet«-Interpretation von Andreas Höfele in: Interpretationen. Shakespeares Dramen (Reclams Universal-Bibliothek Nr. 17513).